国家社会科学基金项目
"宋王朝形态研究"
（20BZS044）

# 君主、道学与宋王朝

方诚峰 著

图书在版编目(CIP)数据

君主、道学与宋王朝 / 方诚峰著. -- 北京：北京大学出版社，2024.8. -- (博雅史学论丛). -- ISBN 978-7-301-35401-8

Ⅰ.D691.21

中国国家版本馆 CIP 数据核字第 2024K9D943 号

| | |
|---|---|
| 书　　　名 | 君主、道学与宋王朝 |
| | JUNZHU、DAOXUE YU SONGWANGCHAO |
| 著作责任者 | 方诚峰　著 |
| 责 任 编 辑 | 张　晗 |
| 标 准 书 号 | ISBN 978-7-301-35401-8 |
| 出 版 发 行 | 北京大学出版社 |
| 地　　　址 | 北京市海淀区成府路 205 号　100871 |
| 网　　　址 | http://www.pup.cn　　新浪微博：@北京大学出版社 |
| 电 子 邮 箱 | 编辑部 wsz@pup.cn　　总编室 zpup@pup.cn |
| 电　　　话 | 邮购部 010-62752015　　发行部 010-62750672 |
| | 编辑部 010-62767315 |
| 印 　刷　 者 | 三河市北燕印装有限公司 |
| 经 　销　 者 | 新华书店 |
| | 690 毫米×980 毫米　16 开本　19 印张　280 千字 |
| | 2024 年 8 月第 1 版　2024 年 8 月第 1 次印刷 |
| 定　　　价 | 79.00 元 |

未经许可，不得以任何方式复制或抄袭本书之部分或全部内容。
版权所有，侵权必究
举报电话：010-62752024　电子邮箱：fd@pup.cn
图书如有印装质量问题，请与出版部联系，电话：010-62756370

# 目　录

绪　论　/ 1

## 上篇　君主支配

**第一章　从唐宋"宰相概念"论君主支配模式　/ 17**
　　一、《通典》与《册府元龟》论"宰相"　/ 17
　　二、隋与唐前期的"知政事官"　/ 22
　　三、中唐以来的"内职"与王朝结构变化　/ 35
　　四、本章结语："委托制"与"枢机制"　/ 50

**第二章　南宋后期政治中的"双重委托"　/ 53**
　　一、史弥远时代的"双重委托"　/ 55
　　二、史嵩之的复刻　/ 65
　　三、史嵩之退场　/ 81
　　四、本章结语　/ 86

**第三章　后权相时代的困境　/ 88**
　　一、二相制下的信任危机　/ 88
　　二、后权相时代的朝阃关系　/ 104
　　三、贾似道的特点　/ 122
　　四、本章结语　/ 136

## 下篇　道学的政治理论与实践

**第一章　道学政治理论的两截　/ 141**
　　一、明明德与格物致知　/ 142
　　二、絜矩之道　/ 149
　　三、道学实践的分化　/ 155
　　四、本章结语　/ 169

**第二章　宋理宗"敬天"　/ 171**
　　一、宋理宗御制《敬天图》　/ 172
　　二、宋理宗的应天之"实"与反响　/ 185
　　三、本章结语　/ 195

**第三章　"省赋恤民"与"剜肉补疮"　/ 197**
　　一、朱熹在南康军的"省赋恤民"　/ 199
　　二、陈宓在南康军　/ 211
　　三、"代输"的形式与实质　/ 226
　　四、本章结语　/ 237

**第四章　南宋末年的公田法与道学、道学家　/ 243**
　　一、公田法的倡议者　/ 244
　　二、提领、督催与分司官　/ 249
　　三、六郡专官　/ 257
　　四、本章结语　/ 262

**全书结语　/ 267**

**附录　宋理宗端平恢复考　/ 271**

**参考文献　/ 283**

# 绪 论

本书的主题是"宋王朝形态",也就是对于宋朝这个政治体特性的探讨。自秦始皇至辛亥革命,中国传统王朝体制存在了两千多年。相较于其后的元明清大一统诸朝,宋朝(960—1276)是一个比较"纯粹"的中原政权,因其高度发达的政治思想、成熟复杂的制度而对后世产生了深远影响。因此,揭示宋王朝的基本结构、运行方式、思想基础,对于认识中国传统王朝和政治的特性有重要的价值。

如何把握"宋王朝形态"这个抽象的命题?笔者原先设计了三个具体议题:一是君相关系问题,借此探讨宋代君主支配的基本模式;二是中央政治体制问题,特别是"中枢"之下的六部寺监层级;三是从思想史视角探讨王朝政治的展开逻辑,核心是南宋"道学"影响下的政治实践。总的来说,是希望摆脱一种成见——古代王朝就是一种粗放版本的现代国家,进而从历史的逻辑把握宋朝的特点。

鉴于上述第二个问题较为专门,且新近已有研究探析了笔者较为关心的宋代元丰改制(1080—1082)以降到南宋的省部寺监体制[①],故本书最终聚焦于问题一、三,即君主支配、道学的政治理论与实践两者,也就以"君主、道学与宋王朝"为名。

## 一

对于"王朝形态"这个主题来说,无论以何种角度切入,将君主支

---

[①] 黄光辉《宋代省部寺监体制研究(1080—1276)》,清华大学博士学位论文,2022年5月。

配/统治/权威设为议题之一大概不需要解释①。在这个议题上,百余年来已有丰厚的学术积累。

首先是中国学者非常熟悉的"专制论"。毛泽东《中国革命和中国共产党》(1939)一文关于秦以后中国政治形态的描述——"专制主义的中央集权的封建国家""皇帝有至高无上的权力""依靠地主绅士作为全部封建统治的基础"②,主导了1949年以后学界对中国古代国家的认识。这个论断除了"封建国家"之说,"专制"云云均是民国时期通行的观点③。

"专制"这个概念在中国近现代广泛流行,它可以是"分权""立宪"或"共和"的对立概念,或者兼而有之④。阎步克对中文语境中的"专制主义"作了学理性的总结:

1. 高度集中化的单一君主权力。(第1点体现了absolutism之"绝对"的词义。)

2. 全体臣民对单一君主的人格依附与单一君主对全体臣民的人身支配,君臣间无条件的统治权利与效忠义务。(第2点体现了despotism之"主人"的词义。)

---

① 关于"支配"一词,本书是在马克斯·韦伯"支配"(Herrschafts)的意义上使用之。在韦伯的"支配社会学"中,该词有时候可与"权威"(Autorität)互换,也可理解为"统治"(rule/domination),中文学界多译为"支配"。(马克斯·韦伯著,康乐等译《经济与历史 支配的类型》,广西师范大学出版社,2010年,第291—292页,注释2。)苏国勋即用"统治"而非"支配"。(苏国勋《理性化及其限制——韦伯思想引论》,上海人民出版社,1988年,第188—210页。)韦伯说,"支配"意味着:支配者所明示的意志(命令)乃是要用来影响他人(即被支配者)的行动,而且实际上对被支配者的行动的确也产生了具有重要社会性意义的影响——支配者就像把命令的内容当作自己的行动准则;与支配相对的即是"服从"。(马克斯·韦伯著,康乐、简惠美译《支配社会学》,广西师范大学出版社,2010年,第8页。)因此,"支配"不能被单向地理解为强力控制,关键在于基于何种"妥当性"依据而构成不同的支配类型。(马克斯·韦伯《支配社会学》,第18—20页。)
② 《毛泽东选集》第二卷,人民出版社,1991年,第624页。
③ 侯旭东《中国古代专制说的知识考古》,《近代史研究》2008年4期,第24页。
④ 侯旭东《中国古代专制说的知识考古》,《近代史研究》2008年4期。蒋凌楠《晚清"专制"概念的接受与专制历史谱系的初构》,《史学理论与史学史学刊》2015年卷,社会科学文献出版社,2016年,第153—178页。郑小威《关于中国专制论的辩论》,邓小南、方诚峰主编《宋史研究诸层面》,北京大学出版社,2020年,第165—214页。

3. 财富、资源与声望高度集中于君主个人及其家族。(第3点体现了"为谁而统治"的思路,与此相应,第1、2点体现了"由谁来统治"的思路。)①

其中最为关键是第一、二点,即独揽大权和人身依附关系(主奴关系)。这也是亚里士多德以降西方"专制"概念的基本要点②。这两点之中,第二点又更关键。在亚里士多德那里,专制的原则就是家内主人对待奴隶的方式③,而城邦政治则是自由人对自由人的统治④。不必纠结于希腊城邦是否确实如亚里士多德描绘的那样,重要的是他区分了家计(主奴支配)和政治(自由人对自由人的统治)两种原则。权力集中可以存在于古今各种类型的政治体之中,不具有特殊性,但两种原则却有根本差别。把作为家计的主奴支配、人身性关系扩展到统治领域,就是"专制"的核心内涵。

其次,既有专制论,就有非专制论。钱穆就提出了"信托政权""士人政府"之说⑤。"信托"主要就君主性质而言,"若依卢梭《民约论》,谓西国政治权之理论来源为由于民众之契约,则中国传统政权之理论来源乃在民众之信托。若目西国政权谓'契约政权',则中国政权乃一种'信托政权'"⑥。"契约"与"信托"在西方政治思想中实无法区分,此阎鸿中已指出⑦。钱穆这种"创造性转化",实际上已把帝制中国推入了现代民权政治的范畴,就差直接说中国古代属于"君

---

① 阎步克《政体类型学视角中的"中国专制主义"问题》,《北京大学学报》2012年6期,第33页。引文括号中的文字本是3条定义后跟随的解释,笔者将其括注在各条之下,以便理解。
② 施治生、郭方《"东方专制主义"概念的历史考察》,《史学理论研究》1993年3期,第54页。
③ 亚里士多德著,吴寿彭译《政治学》,商务印书馆,1965年,第133、147页。
④ 亚里士多德著,吴寿彭译《政治学》,第125页。
⑤ 参见阎鸿中《职分与制度——钱宾四与中国政治史研究》,《台大历史学报》第38期,2006年12月,第120—128页。
⑥ 钱穆《政学私言》下卷《中国传统政治与儒家思想》,《钱宾四先生全集》40,台北:联经出版事业公司,1998年,第135页。
⑦ 阎鸿中《职分与制度——钱宾四与中国政治史研究》,第122页。

主立宪"了。

为了反对"专制"中的君主独揽大权之意,钱穆提出了君主不可能以一人之力宰制天下,须依靠以宰相为首的"政府","皇帝是国家的元首,象征此国家之统一;宰相是政府的领袖,负政治上一切实际的责任"。这种政府"是一个崇尚文治的政府,即'士人政府'"①。选举、科举制度的存在,使得这种士人政府具有广泛的代表性②。他认为,宋代定型为"科举社会","科举制度之用意,是在选拔社会优秀智识分子参加政府。而这一政府,照理除却皇帝一人外,应该完全由科举中所选拔的人才来组织"③。就宋代而言,钱穆认为是皇权加强、相权低落的时代④,不过即使如此也不能说是"皇帝专制"⑤。

1980年代以后的宋史研究中,"专制论"固然影响仍很深,但"非专制论"也相当流行。如王瑞来基于宋代的皇权、相权研究,提出宋代皇权走向象征化,宋代政治的基本模式乃是士大夫政治之下的、君臣合作的宰辅专权,这是走向君主立宪制政体的前奏⑥。张其凡也有一系列文章,不但指出北宋宰相事权增重,更认为宋代皇权、相权、台谏形成"三权分立"之结构,此即"皇帝与士大夫共治天下"的政治架构⑦。对宋代士大夫政治的这些解读,虽对宋代皇权、相权的大小定性与钱穆不同,但结论仍在钱穆的延长线上。

最后,与专制论略接近却不同的是日本学者提出的"君主独裁

---

① 钱穆《中国历代政治得失》,《钱宾四先生全集》31,第9、24页。
② 钱穆《中国历代政治得失》,《钱宾四先生全集》31,第40—41、61—62、66页。
③ 钱穆《中国社会演变》,《钱宾四先生全集》30,第31页。
④ 钱穆《论宋代相权》,原载《中国文化研究汇刊》第二卷,1942年9月,收入宋史座谈会编《宋史研究集》第1辑,第455—462页。
⑤ 钱穆《中国历代政治得失》,《钱宾四先生全集》31,第91页。
⑥ 王瑞来《论宋代相权》,《历史研究》1985年2期;《论宋代皇权》,《历史研究》1989年1期;《宰相故事——士大夫政治下的权力场》,东京:汲古书院,2001年;中华书局,2010年。
⑦ 张其凡《宋初中书事权初探》,《华南师范大学学报》1986年2期;《宋初中书事权再探》,《暨南学报》1987年3期;《北宋"皇帝与士大夫共治天下"略说》,《中报月刊》1986年5月号;皆收入《宋初政治探研》,暨南大学出版社,1995年。张其凡《"皇帝与士大夫共治天下"试析——北宋政治架构探微》,《暨南学报》2001年6期。

论"。京都学派"唐宋变革论"的核心要义是"宋代近世国家论"①,近世国家最关键的特征是"君主独裁制"。宫崎市定说:"君主独裁,并不是说君主恣意而为。从官制上来说,是把尽量多的机关置于君主的直接指挥下,所有的国家组织,只由君主一人之手统辖。"②佐伯富也说:"(宋代)君主独裁并非意味着君主能够任意地颐使文武官员,而是借着制度性的改变,先尽可能地分割官僚机构原有的事权,再将众多的官僚机构悉数纳入皇帝直接指挥的系统之内,由皇帝作出最后的裁决。"③这些界定足够清楚:所谓的"君主独裁制"实际上是指以君主为首的官僚制,从义项上来说只覆盖了专制论中的君主集权一项。

一般认为,"唐宋变革论"中关于"君主独裁"的概念,源自欧洲历史中的绝对主义王权(absolutism)④。至少在宫崎市定的时代,欧洲的绝对君主制被认为是从封建国家向现代国家的过渡形态,因逐步建立了政治与行政理性化,是走向现代官僚制的前奏⑤。要注意的是,虽然欧洲的绝对君主有时会被批判为专制君主,但君主独裁制与君主专制仍然是两种相当不同的学术理路。前者强调君主为首,意在其近代性;后者虽也有君主集权的义项,但关键内涵是其人身性的君臣关系,可以说是一种"前现代性"。

不过,当下的研究其实常折中君主专制与君主独裁两种脉络。白钢主编《中国政治制度通史》可谓国内政治制度史研究的集大成之作,该书无疑认为中国古代属"君主专制政体",但在实际写作中却有用现

---

① 内藤湖南《概括的唐宋时代观》(1922)、宫崎市定《东洋的近世》(1950),收入《日本学者研究中国史论著选译》第一卷《通论》,中华书局,1992年。
② 宫崎市定《东洋的近世》,《日本学者研究中国史论著选译》第一卷《通论》,第191页。
③ 佐伯富《宋朝集權官僚制の成立》,《岩波講座世界歷史》(九),东京:岩波书店,1970年。转引自刘静贞《皇帝和他们的权力——北宋前期》,台北:稻乡出版社,1996年,第3页。
④ 葭森健介撰,马彪译《唐宋变革论于日本成立的背景》,《史学月刊》2005年5期,第21—23页。平田茂树《日本宋代政治研究的现状与课题》,《宋代政治结构研究》,上海古籍出版社,2010年,第25页。李华瑞《宋史研究应当翻过这一页——从多视角看"宋代近世说(唐宋变革论)"》,《古代文明》12卷1期(2018年1月),第16页。
⑤ 张弛《法国绝对君主制研究路径及其转向》,《历史研究》2018年4期。

代国家结构去理解中国古代王朝的倾向①。具体到朱瑞熙执笔的第六卷《宋代》,虽使用了"专制主义中央集权"的概念,却是在这样的语境中使用的:

> 宋朝虽然采取了种种措施,把政治和军事、财政大权最大限度地集中到朝廷中央,不过它是按照"人主苴权,大臣审权,争臣议权"的原则建立起专制主义中央集权制度,因此各项制度中也包含着对皇权适当约束的内容。同时,思想家提出一系列限制皇权的理论,在社会上广泛流传,产生深远影响。②

该卷对宋代皇帝权力的论述分为两部分,第一部分论皇帝具有至高无上的权力,第二部分则论皇权所受限制——一是朝廷宰辅集团和台谏系统、封驳系统的约束机制,二是史官对皇权的约束,三是思想家所提出的限制皇权的理论。③ 可见,《中国政治制度通史》既高举了"专制主义中央集权"的旗帜,又试图将非专制论者的论述折中进来,并参照现代国家职能划分理解古代国家,使得整部著作的"专制"概念较为形式化,实质更加接近近世国家论下的"君主独裁制"。

对世界范围内的中国研究产生深远影响的还有马克斯·韦伯(Max Weber,1864-1920)的论断。他认为,中国自秦以后就进入了"家产官僚制"时代,指其具有官僚制的一些特点,但却按照家产制的原则运行,故而根本上是个家产制国家。什么是"家产制国家"?首先,"家产制支配"是家父长制支配结构的一种特殊变形,指把家之土地、农具等分配给家中的年轻男子及其他依附者,从而使家权力分散化④。所以,家产制国家概念并不是要强调其支配之专断的一面。其

---

① 第一卷《总论》说,自秦以后,中国的政治体制形成了行政、军事、监察三大系统鼎立的格局,于是定下了十个方面的写作内容:首脑与中央决策系统及其运行机制、行政管理制度、军事制度、立法司法制度、监察制度、人事管理制度、财政制度、户籍管理制度、民族宗教事务管理制度、外国事务管理制度。见白钢《中国政治制度通史》第一卷《总论》,社会科学文献出版社,2011年,第3—4页。
② 朱瑞熙《中国政治制度通史》第六卷《宋代》,社会科学文献出版社,2011年,第19页。
③ 朱瑞熙《中国政治制度通史》第六卷《宋代》,第11—29页。
④ 马克斯·韦伯著,康乐、简惠美译《支配社会学》,第96页。

次,在政治领域中,"当君侯以一种人身的强制,而非领主式的支配,扩展其政治权力于家产制之外的地域与人民,然而其权力的行使仍依循家权力的行使方式时,我们即称之为'家产制国家'"①。支配有家内外之分,支配者首先(而且也是最重要的)从其人身依附者(奴隶与隶属民)中拔擢官吏,也经常被迫从家产制之外来拔擢其官吏,但出身家产制之外的官吏,也得跟非自由人出身的官吏同样接受人身隶属关系。总之,在一个家产制国家里,官吏必须得是君主的家人,与君主之间存在人身性的关系②。因此,家产制的管理中虽然有官僚制的形式,但不符合现代官僚制"就事论事"的特点,故实际上不能把"家产官僚制"中的"官僚制"部分理解为现代法理型的官僚制,它只是家产制管理制度的一种。

韦伯关于家产制君主与官吏关系的论断——"依循家权力的行使方式",即家父长制支配中的"人身性关系"③,与"专制国家论"是相通的,即在君臣之间存在一种本质上可以归之于主奴关系的人身性关系。

以上各种论述大抵可以分为两类,一类如专制国家、家产制国家论,强调古代国家在根本上区别于现代国家;另一类如反专制论(士大夫政治)、君主独裁论等,认为中国古代王朝在结构上高度类似于近现代国家或者正在走入近现代。笔者从前一类论述得到了更多的启发,上篇就是在此逻辑之下所做的研究,是对君主支配性质的探讨:一是从唐宋时代的史料提炼宰相概念的基本要素,然后基于此构建君主支配的两种理想类型——枢机制与委托制;二是基于该类型梳理南宋后期的政治变动,试图用"双重委托"概念为南宋后期政治史的内外问题提供一个整合性的框架和线索。

---

① 马克斯·韦伯著《支配社会学》,第99页。
② 马克斯·韦伯著《支配社会学》,第100—101、120—121页。
③ 在罗马法中,家子是家父的"攫取物"(Mancipia),该词通常是俘虏的意思,故而子女在法律上是家父的奴隶、特殊财产。(见徐国栋《罗马私法要论:文本与分析》,科学出版社,2007年,第109—110页。)因此,韦伯的"家权力的行使方式"就是指一种主奴式的人身支配方式。

## 二

下篇的议题是"道学的政治实践"。以道德性命为主要研究对象的哲学史一般来说不用太关注道学的实践问题,也不必特别关注王朝史。思想与历史的关联是思想史(intellectual history)的主题。

20世纪一度相当盛行的马克思主义思想史研究,以侯外庐主编的《中国思想通史》《宋明理学史》为代表,既主要以思想家的思想为分析对象,也努力地将思想家、思想与历史脉络联系起来。但是这种联系的双方非常特殊,一方是基于唯物(进步)、唯心(反动)区分而建构的思想谱系,另一方是以阶级划分、阶级关系谱写的历史脉络。侯外庐在《中国思想通史》第四卷第一章"中国封建制社会的发展及其由前期向后期转变的特征"中,提供了唐到明思想演变的社会历史根源,包括:封建土地所有制的相对变化(国家或皇帝的最高土地所有权没有变化,但占有权放宽,对私人占有土地广泛承认)、阶级关系和等级制度的再编制(在统治阶级内部,品级性豪族地主式微,半品级的庶族地主兴起)、地租形态变化(劳役地租转向实物地租,农民阶级对地主阶级的人身依附性降低、国家的剥削更重)、专制主义政权的阶级基础(豪族地主和庶族地主的品级联合,又相互矛盾而造成政治上的党争)①。该卷第九章论"王安石的新学、变法思想和唯物主义哲学"、第十章论"北宋唯心主义道学的形成",就示范了如何把阶级关系、政治斗争、思想冲突结合起来:"宋神宗以后,代表庶族的新党和代表豪族的旧党之间即展开了尖锐的斗争,在思想战线上的反映即'新学'和'道学'的迭相崇黜。"②在这种论述中,思想阵营只是社会阶级对垒状况的折射。可以看到,在这些思想史家的撰述中,确实存在着"思想"与"历史"的结合,而非纯粹的哲学史、观念史。不过,此"历史"指的

---

① 侯外庐主编《中国思想通史》第四卷(上),人民出版社,1959年,第1—107页。
② 侯外庐主编《中国思想通史》第四卷(上),第498页。

是将唯物史观应用于中国历史后所得出的阶级结构、历史发展线索方面的结论,这些结论提供了"思想"产生、演变的根源与前提。因而是抽象的结构决定了思想,并不是具体历史实践与思想的互动。在1980年代初编纂的《宋明理学史》中,侯外庐等人已经放弃了这种做法,该书《绪论》提供了一个简短的宋明理学产生的"历史条件",有政治条件、学术思想条件①,其中有些内容固然与《中国思想通史》重合,但这些仅仅是条件、背景,不再是决定性的前提。相应地,《宋明理学史》的写作方式其实颇接近哲学史,当然谱系大不相同。

英语世界的宋代思想史研究较早就注意到宋代儒学的实践面向,不过这些实践主要发生在地方社会、教化领域。早在1950年代,狄培理提示,道学既是研究、思索儒学经典的成果,也是政治争议、实践的产物;朱熹认为,王安石的失败说明改革只有通过长期的教育和道德改造才能达成,因此在朱熹的改革计划中,教育领域的内容占据了优势;在哲学领域,朱熹回到了儒学的中心——人性、修养、人在宇宙中的位置②。1980年代以后,在郝若贝(Robert M. Hartwell)提出的"地方转向"指引之下,研究者认为,道学士人批判政治权力的道德威信,强调为己之学是对终极价值的实现,并参与地方建设、传播思想;而道学家在地方的活动,主要如建设书院、祠堂、义庄、社仓,订立乡约,发展家族等,重在教化与建设,是疏离中央权力的"自发主义"表现。③ 就建立思想与历史的逻辑联系而言,这些研究十分值得重视,但研究普

---

① 侯外庐、邱汉生、张岂之主编《宋明理学史》(上卷),人民出版社,1984年第一版,1997年第二版,第5—8页。
② W. Theodore De Bary, "A Reappraisal of Neo-Confucianism," in Arthur Wright, ed., *Studies in Chinese Thought*, Chicago: University of Chicago Press, 1953, pp. 105-106.
③ 包弼德《宋明理学与地方社会:一个12至16世纪间的个案》,杜永涛译,收入张聪、姚平主编《当代西方汉学研究集萃·思想文化史卷》,上海古籍出版社,2012年,第39—88页。(Peter K. Bol, "Neo-Confucianism and Local Society, Twelfth to Sixteenth Century: A Case Study," Paul J. Smith & Richard von Glahn ed., *The Song-Yuan-Ming Transition in Chinese History*, Cambridge: Harvard University Asia Center, 2003, pp. 241-283.)包弼德著,王昌伟译《历史上的理学》,浙江大学出版社,2010年,第191—224页。亦参见 Robert P. Hymes & Conrad Schirokauer ed., *Ordering the World: Approaches to State and Society in Sung Dynasty China*, Berkeley and Los Angeles: University of California Press, 1993。

遍秉持的去国家的立场,也使他们笔下的道学思想与行动面向与中文学界熟知的政治史相当脱节。

回到中文学界,在马克思主义的思想史写作之外,中国古代思想的"经世"面向从来就不是个问题。对于北宋儒学复兴运动下的"先王之道""天道"与政治革新的关系,学界有颇多的积累。早年钱穆就有许多论述①,1980年代以后更是有不少阐发②。其中,2003年出版的余英时《朱熹的历史世界——宋代士大夫政治文化的研究》影响最大。该书采用"政治史与文化史交互为用的研究方法",政治史指北宋至南宋的变法、党争、皇权,文化史则包括新学、理学在内的整个儒学复兴运动。不过,这种"政治文化"研究的重心还是政治史,或曰权力世界,而不是思想世界。余著更关心的是道学家作为一种政治势力得君行道的过程,并非具体道学思想的历史展开。比如,该书《绪说》分析了张载《西铭》、程颐《易传》、朱熹的"君道"观念,但皆是"政治解读",基本结论是:他们皆有约束君主绝对权力的精神③。再比如该书第十二章指出,"皇极"传统解释为"大中",朱熹释皇为天子、极为标准,皇极意为君主修身以为表率,这是因为宋光宗、官僚集团以"皇极"为国是,用"大中"文饰其消极苟且、镇压政敌的执政方针,朱熹的新解既破除了该国是的理论基础,又是约束人君的原则——他要求皇帝做无为而治的虚君④。因此,在《朱熹的历史世界》中,"道学家"作为一种政治势力参与政治博弈的内容是主体,但"道学"作为一种思想则处

---

① 见钱穆《中国学术思想史论丛》(五),九州出版社,2011年。
② 例如:邓广铭《略谈宋学》,收入《邓广铭全集》7,河北教育出版社,2005年,第398—410页。刘复生《北宋中期儒学复兴运动》,台北:文津出版社,1991年,第125—154页。陈植锷《北宋文化史述论》,中国社会科学出版社,1992年,第309—314页。卢国龙《宋儒微言——多元政治哲学的批判与重建》,华夏出版社,2001年,第81—137页。余英时《朱熹的历史世界——宋代士大夫政治文化的研究》,台北:允晨文化,2003年;生活·读书·新知三联书店,2004年。此处所引为三联版。张钰翰《北宋新学研究》,北京师范大学出版社,2022年,第215—240页。刘成国《荆公新学研究》(增订本),上海古籍出版社,2023年,第332—347页。
③ 余英时《朱熹的历史世界——宋代士大夫政治文化的研究》,第183页。
④ 余英时《朱熹的历史世界——宋代士大夫政治文化的研究》,第814—833、849页。

于较为次要的位置,似乎只有一些"限制君权"的说法被关注了。就此而言,虽然该书以"地方转向"为对话对象之一,但在思想史的层面上这一对话并未真正发生。

从已有的尝试看来,将道学思想与王朝历史结合起来,并不是一种新的做法,只是在操作上需要特别注意:这种结合是具体的思想与具体的行动之间的逻辑关系,而不是抽象结构之间的决定与被决定,也不是权力斗争视角下对思想人物行为的政治史解读。

还需要注意一种矫枉过正的立场。20世纪上半叶,剑桥学派的政治思想史研究兴起,猛烈批判观念史研究在诠释经典文本中出现的学说神话(the mythology of doctrines)、融贯性神话(the mythology of coherence)、预期神话(the mythology of prolepsis)[①]。其风所及,思想史研究大量地疏远创造性思想家,转向探索二三流思想家乃至一般人的思想世界。宋史研究中"政治文化"概念的流行,又使得部分人傲慢地以为哲学史、观念史研究的心性理气等抽象命题无关紧要。把普通人的"想法"与"思想"混为一谈、把超越性的思想观念视为特定行动的附属物,这些矫枉过正的立场都阻碍了对思想的历史理解,哲学史、观念史家对经典文本、创造性思想家的探索,仍是思想史的基本出发点之一。

朱熹创建了一套自修身至治国平天下的完整思想体系,该体系在南宋社会与朝廷上广泛流行,对个人行为、政治社会的面貌都产生了深远的影响。因此,道学思想及其具体的历史展开形态,是王朝形态这个课题必须处理的。本书不认为道学在理论和实践上将政治完全伦理化,或限制了君权,或专注于地方教化与建设,故下篇将先梳理道学政治理论的基本内容,将其分为"明明德""新民"两截,接着分别探讨其对君主为政、地方治理(主要是财政)的影响。在不同的层次,道

---

[①] 昆廷·斯金纳(Quentin Skinner)撰,任军锋译《观念史中的意涵与理解》(1969),载《政治思想史研究》第一卷《思想史的元问题》,广西师范大学出版社,2005年,第39—67页。参考彭刚《叙事的转向:当代西方史学理论的考察》,北京大学出版社,2009年,第80—115页。

学产生了不同性质的冲击:"明明德"之说从理论上的要求变为君道的现实,配合了君主支配;"新民"要求的"絜矩之道"则推动了道学家持续不断的省赋恤民行动,以"公田法"为最后高潮,最终改变了南宋军事财政的形态。

除上篇第一章外,本书主要涉及的时段是南宋后期,权相、战守和、道学是这段历史的关键词[①]。经过多年积累,南宋史研究已不再是筚路蓝缕阶段,各领域皆取得了不少成果,基本事件与脉络大体已被揭示清楚。不过,限于材料之分散、领域之隔阂,内政、边事、思想方面的脉络各成体系,相互之间比较独立。这当然并非历史的实态。本书就尝试在"王朝形态"这个主题之下,把三个方面的线索统合起来。实际上,也正是南宋后期如此突出的特点,为从不同角度综合地观察传统中国国家的特性提供了绝佳的案例。值得一提的是,在《略论南宋的重要性》中,刘子健把南宋文化视为其后中国八百多年的领导模式,并提出了九个方面的特点,其中第三点是君权和代理相权的独断,第八点是理学或道学兴起后在社会上的具体应用[②]。某种程度上,本书也可谓对这两点的进一步发挥。

---

[①] 学界一般把宋宁宗嘉定元年(1208)以后视为南宋后期或晚期,特点是:内部权相专政达到顶峰,对外从宋金关系转向宋蒙(元)关系,加之理学(道学)确立统治地位。见:张其凡《试论宋代政治史的分期》,载邓广铭、王云海等主编《宋史研究论文集(一九九二年年会编刊)》,河南大学出版社,1993年,第354—370页。胡昭曦《略论晚宋史的分期》,《四川大学学报》1995年1期。

[②] 刘子健《略论南宋的重要性》,收入《两宋史研究汇编》,台北:联经出版事业公司,1987年,第79—85页。

# 上篇　君主支配

在马克斯·韦伯看来,同是"家产制国家",中国的秦朝属于家产制支配中的东方式苏丹制和宠幸政治①。汉代独尊儒术以后,支配形态就转向了家产制中的身份制支配②。身份团体主要是指士大夫阶层,他们通过外家产制选拔进入政权,限制了统治者的权力,与苏丹制和宠幸政治对抗③。在汉以后,宰相在身份制的家产制国家中有一个特殊的位置。因为在中央存在着一个"合议制政体"④,宰相作为合议制的首长,既担负着行政责任,成为君主的"安全瓣",也可能限制君主权力⑤。因此,帝制中国的君主、宠幸、宰相三者中面貌最为复杂的就

---

① 马克斯·韦伯著,康乐、简惠美译《中国的宗教:儒教与道教》,广西师范大学出版社,2010年,第81—84页。

② 简惠美《韦伯论中国——〈中国的宗教〉初探》,台湾大学文史丛刊,1988年,第37—38页。

③ 简惠美《韦伯论中国——〈中国的宗教〉初探》,第38—39页。所谓家产制的拔举(patrimonial rekrutiert),即与支配者已经以传统型恭顺关系结合的人,如族亲;奴隶;家臣性质的附庸,特别是家士;客;部曲;解放的奴隶。所谓外家产制(extrapatrimonial)的选拔,如宠幸;对领主有忠诚关系的人,如封臣;自愿投入此一基于个人恭顺的网络中为官吏的自由人。但是韦伯也说,这两者没有本质区别,"家产制支配者都企图迫使非家产制的子民像家产制子民一样无条件地服从于其权力之下,将所有权力视为他个人的财产,就象家权力与家产一样,这是家产制支配的内在倾向"。见马克斯·韦伯著,康乐、简惠美译《支配社会学》,第115、120—121、128页。

④ 关于合议制,见马克斯·韦伯著,康乐等译《经济与历史　支配的类型》,第405—424页。

⑤ 简惠美《韦伯论中国——〈中国的宗教〉初探》,第41—42页。

是"宰相",他既是家产制支配的工具,也代表了身份团体、合议制与君主相抗衡。但无论如何,宰相是家产制管理制度的一环,并非"官僚制"的一部分,这是由国家的性质所决定的。

但今天学界的一般看法并非如此。今天对中国古代国家的认识,常常基于近现代国家结构反观。如用决策—行政之分、分化的行政体系对古代王朝条分缕析。典型的认识是,古代的中央决策就是皇帝通过决策机构,制定相应的政策来行使最高权力,宰相虽然也是决策体制的一部分,但主要的定位是行政体制的首脑①。祝总斌的说法广为接受:中国古代宰相的两个必要条件,是议政权、监督百官执行权,且后者更为根本;君主与宰相之间的关系,类似于现代最高国家权力机关与最高国家行政机关的关系②。与此相关,前辈学者关于中国古代宰相的形成有一种经典认识:宰相往往来自于"内朝"即君主的私臣,完成"外朝化"后成为"百僚之首",即宰相③;作为"外朝化"后的"百僚之首",宰相所托身的"官僚制"往往被认为是对君权的一种限制④。

---

① 白钢《中国政治制度通史》第一卷《总论》,第 188—192、210—251 页。
② 参见祝总斌《两汉魏晋南北朝宰相制度研究》,中国社会科学出版社,1998 年,第 4、12、361—363 页。按,民国时李俊也采用议政、行政之分,认为秦汉宰相职权,一为"谏诤"与被"咨询"(议政),二为以百官之长的身份主监督与考课(执行)。至宋朝,宰相议政权衰微。明清则宰相仅为君主之顾问、咨询、侍从,不具有"行政官署"之地位。李俊认为,中国古代的宰相"乃系君主之幕僚长,完全对君主负其责任"(李俊《中国宰相制度》,"民国丛书"第 5 编第 24 册,上海书店 1996 年影印,第 1、27、36、75、150、223—224、239 页)。张帆亦指出,中国古代宰相的职权一是议政,二是施政(参见张帆《元代宰相制度研究》,北京大学出版社,1997 年,第 106 页)。
③ 关于私臣向宰执之转化,章太炎于辛亥革命后所作《检论·官统》中已有辨析(参见章太炎《检论》卷七《官统上》,《章太炎全集》第 1 辑,上海人民出版社,2014 年,第 564—565 页)。和田清又提出"波纹的循环发生"说(参见和田清编著《"支那"官制发达史·序说》,东京:中央大学出版部,1942 年,第 4 页)。对两说的述评,参见余英时《君尊臣卑下的君权与相权——"反智论与中国传统政治"余论》,《历史与思想》,台北:联经出版事业公司,1987 年,第 53—55 页。劳榦较早对汉代的内外朝问题做了分析。参见劳榦《论汉代的内朝与外朝》,《"中研院"历史语言研究所集刊》13 本,1948 年 1 月,第 227—267 页;收入《劳榦学术论文集甲编》,台北:艺文印书馆,1976 年,第 547—587 页。两汉魏晋南北朝的中朝官、尚书、门下、中书的情况,参见祝总斌《两汉魏晋南北朝宰相制度研究》,第 71—360 页;总结与新近讨论,参见渡邉将智《後漢政治制度の研究》,东京:早稻田大学出版部,2014 年。
④ 参见余英时《君尊臣卑下的君权与相权》,《历史与思想》,第 59—62 页。

与上述认识有所不同,日本"唐宋变革论"者参照欧洲近代史,认为从唐到宋的政治体制已由中世贵族合议政体演变为君主独裁政体,宋以后的宰相成为君主之顾问、秘书官①,强调了宰相之于独裁君主的依附性,而这又是近世国家的特色。以近现代国家结构理解中国古代王朝无疑成果斐然,但与前述韦伯的论说相比,却消解了古今国家的性质差异。

可以说,"宰相"是中国古代君主支配的轴心,对它的界定是理解中国古代"国家"性质的关键。在中国古代史上,"宰相"从未作为一个正式的官称出现。即使辽朝使用了"宰相"之名,也只是对契丹语㷄的汉语意译,而不是借自汉语的词②。正因如此,针对"宰相"概念的讨论应先于实在的宰相制度。而讨论传统的宰相概念不能从现代国家结构出发,而是要从古代人自身的阐述与实践出发。上篇的任务,首先是从唐宋史料中提炼宰相的内涵,由此认识君主支配的基本结构——枢机制与委托制。在此基础上,第二、三两章将这组概念运用到南宋政治史中,尝试从"双重委托"的角度提供一个理解南宋政治史的基本框架。

---

① 参见内藤湖南《概括的唐宋时代观》,刘俊文主编,黄约瑟译《日本学者研究中国史论著选译》第一卷,中华书局,1992年,第13页;宫崎市定《东洋的近世》,刘俊文主编《日本学者研究中国史论著选译》第一卷,第190—191页;宫崎市定著,于志嘉译《宋代官制序说——宋史职官志的读法》,《大陆杂志》78卷第1期,1989年1月,第2页。

② 契丹语中另有借自汉语的"相"字,详参清格尔泰等《契丹小字研究》,中国社会科学出版社,2018年,第123页。此承康鹏先生见教。

# 第一章　从唐宋"宰相概念"论君主支配模式

　　首先，本章将分析唐宋时代两篇关于宰相的论述，一是唐代杜佑（734—812）《通典》的"宰相"条，二是北宋大中祥符六年（1013）成书的《册府元龟》之"宰辅部"总序。这些文本所展现的唐宋宰相概念的基本要素有二，一是"枢机"，即"近要之官"；二是"总统"，即统摄百官百司。二者之中，又以"枢机"为基础。其次，本章将上述文本分析的结论置于《通典》与《册府元龟》所在的唐宋历史之中，以理解"枢机"在王朝结构中的角色。最后试图说明，包括宰相在内的诸种"枢机"，是唐宋君主支配天下的关键设置。

## 一、《通典》与《册府元龟》论"宰相"

　　如前所述，官制中本无"宰相"，而在中国历代的官制撰述中，唐代杜佑于德宗贞元十七年（801）所进的《通典》中第一次为"宰相"专设条目，分别见于其书卷一九"要略·宰相"条、卷二一"宰相"条，记事自传说时代至唐德宗贞元十年[1]。"要略"部分是总述，"宰相"条则有更具体的解释。

　　"要略·宰相"开篇云：

　　　　黄帝置六相。尧有十六相。殷汤有左右相。周成王有左右相。[2]

---

[1] 杜佑撰，王文锦等点校《通典》卷一九《职官一·要略·宰相》，中华书局，1988年，第489—490页；卷二一《职官三·宰相》，第533—542页。

[2] 杜佑《通典》卷一九《职官一·要略·宰相》，第489页。

先秦时代的六相、十六相、左右相的具体所指,杜佑在"宰相"条引经据典做了解释:

> 黄帝得六相而天地治,神明至。(黄帝得蚩尤而明天道,得太常而察地理,得苍龙而辨东方,得祝融而辨南方,得风后而辨西方,得后土而辨北方,谓之六相。)虞舜臣尧,举八恺,使主后土,(后土,地官也。)以揆百事,莫不时叙,地平天成。(揆,度。成,平也。)举八元,使布五教于四方,内平外成,(内,诸夏。外,夷狄。)谓之十六相。(亦曰十六族。)
>
> 及成汤居亳,初置二相,以伊尹、仲虺为之。武丁得傅说,爰立作相,王置诸其左右。(武丁,殷之高宗也。得贤相傅说,于是礼命立以为佐相,使在左右也。)
>
> 周时,召公为保,周公为师,相成王,为左右,亦其任也①。

在此不必追踪记事的可靠性,对上引杜佑所述先秦时代的"宰相"略做梳理,制如下表:

**表1 杜佑论先秦"宰相"的特点**

| 时代与名称 | 特点 |
| --- | --- |
| 黄帝,六相 | 明天道、察地理、辨东南西北四方 |
| 尧,十六相 | 主后土、揆百事、布教于四方 |
| 商,左右相 | 在左右 |
| 周,左右相 | 在左右 |

可以看到杜佑所述先秦之"宰相"大抵分为两种:一种是黄帝、尧时之"相",主四方之事;另一种是商周之"相",仅云其在左右,虽所指不明,但未提及以四方、夏夷事为职任。

如果说这种内外区分在杜佑论及先秦时还只是隐约存在,那么在论及秦汉魏晋南北朝时就非常明确了。在杜佑看来,秦汉魏晋南北朝

---

① 杜佑《通典》卷二一《职官三·宰相》,第533—534页。

的"宰相"有两种:一种是丞相、相国、三公,另一种是掌机要之中书监令、侍中等,区分非常清晰。

关于丞相、相国、三公,杜佑云:

> 金印紫绶,掌丞天子,助理万机。……《春秋》之义,尊上公谓之宰,言海内无不统焉。故丞相进,天子御座为起,在舆为下。丞相有病,皇帝法驾亲至问疾,从西门入。……后汉废丞相及御史大夫,而以三公综理众务,则三公复为宰相矣。①

秦汉丞相、三公作为"宰相"的主要特色是"海内无不统焉""综理众务"。而且此种宰相在礼制上有极为特殊的地位,虽不能与天子抗礼,亦超绝百僚。

至于魏晋南北朝时代掌机要之中书监令、侍中等,《通典》云:

> (后汉)至于中年以后,事归台阁,则尚书官为机衡之任。至献帝建安十三年,复置丞相,而以曹公居之。又有相国。……(曹魏)而文帝复置中书监、令,并掌机密,自是中书多为枢机之任。……(晋)其后或有相国,或有丞相,省置无恒,而中书监、令常管机要,多为宰相之任。自魏晋以来,相国、丞相多非寻常人臣之职。……
>
> 按:自魏晋以来,宰相但以他官参掌机密或委知政事者则是矣,无有常官。其相国、丞相,或为赠官,或则不置,自为尊崇之位,多非人臣之职。其真为宰相者,不必居此官。……
>
> (后魏)尤重门下官,多以侍中辅政,则侍中为枢密之任。……(北齐)为宰相秉持朝政者,亦多为侍中。②

概言之,东汉以降至南北朝,无论是何种官,只要参掌机密、委知政事者皆是"宰相"。此种"枢机""枢密"之官,又多为中书、门下给事君主左右之侍从官员。这里的"枢机"是比附北斗七星星名(第一天枢、第

---

① 杜佑《通典》卷二一《职官三·宰相》,第534—537页。
② 杜佑《通典》卷二一《职官三·宰相》,第537—540页。

二天璇、第三天机),即君主"近要之官"的意思①,强调的是其君主侍从而非百官之首、综理众务的角色。

杜佑关于魏晋南北朝宰相的论述,在学界颇有争议,如祝总斌指出,"依此类推,不但南北朝许多宰相桂冠将归诸恩幸、阉宦,而且连两汉三公的宰相地位也保不住了","此说贯彻到底,则举凡皇帝身旁大小臣工、佞幸、宦官、小吏,都有可能随时转化为宰相",故祝总斌认为杜佑的说法"不具备普遍性,含孕着内在矛盾,因而也就没有太大价值,不足为据";他进而认为,上述中书监令、门下侍中,因其仅一时参与机密,权力又不稳定,故不能视作宰相②。

杜佑当然没有否定秦汉丞相、三公的宰相之位,只是在他看来,有一部分宰相并不以总统海内、综理众务为特色,"枢机"之任即是。而且从秦汉到南北朝,总统与枢机两种宰相的区分是较为清楚的。

但是,这两条分立的线索进入隋唐时代就难以区分了,"要略·宰相"云:

> 隋有内史、纳言,是真宰相。(柳述为兵部尚书,参军机密;又杨素为右仆射,与高颎专掌朝政。)
>
> 大唐侍中、中书令为真宰相,中间尝改为左右相。他官参者无定员,但加同中书门下三品及平章事、知政事、知机务、参与政事及平章国重事之名者,并为宰相,亦汉行丞相事之例也。(其同中书门下三品,自贞观中以兵部尚书李勣始。)③

内史、纳言即唐之中书令、侍中,如此则隋唐时代的宰相为三种官职:中书令、门下侍中、他官参掌者。而所谓他官参掌,既指掌机密、机务,

---

① 范晔《后汉书》卷一○上《皇后纪》载,汉明帝"防慎舅氏,不令在枢机之位"。唐李贤注引《春秋运斗枢》云:"枢机,近要之官也。"(中华书局,1965年,第411页)又,班固《汉书》卷九三《石显传》引萧望之语云:"尚书百官之本,国家枢机,宜以通明公正处之。武帝游宴后庭,故用宦者,非古制也。宜罢中书宦官,应古不近刑人。"(中华书局,1962年,第3727页)此处"国家"指皇帝,"国家枢机"指君主近要。
② 祝总斌《两汉魏晋南北朝宰相制度研究》,第3—4、11—12页。
③ 杜佑《通典》卷一九《职官一·要略·宰相》,第490页。

与魏晋南北朝的枢机之官一脉相承,又可能泛指掌政务,类似汉代总统海内之丞相,即"汉行丞相事之例也"。在杜佑的叙述中,隋唐之前并行不相参杂的总统、枢机两种概念的"宰相",在隋唐融为一体了。

《通典》撰进200多年以后,北宋大中祥符六年,枢密使王钦若等上"君臣事迹"一千卷,宋真宗御制序,赐名《册府元龟》①。《册府元龟》"宰辅部·总序"开篇云:

> 夫辅相之职,所以左右天子,总领庶尹,弥纶机务,宣翼统纪,燮调元化,甄叙流品,亲附百姓,镇抚四夷,裁决庶政,班布王度,乃其任也。是故公台之任,无所不总。②

这段话以宰辅为"左右天子,总领庶尹,弥纶机务"之角色,即前所述枢机与总统之合一。"总序"接下来对于历代宰辅的叙述大体与《通典》仿佛,也可分为"总统"与"枢机"两个方面。最后说:

> 唐氏中叶,有枢密之任,宣传制命,掌以内侍。(宋)[朱]梁而降,大建官署,崇署使号,并分吏局,兵戎之政,邦国之务,多所参掌,均于宰府。迹其行事,咸用编述。凡宰辅部四十二门。③

与唐不同的是,枢密院长贰在宋代亦是"执政"的组成部分,故《册府元龟》及之。当然,唐中后期宦官掌"枢密之任",毫无疑问亦可归于"枢机"角色,只不过不被视为"宰相"。

综上所述,《通典》《册府元龟》所论宰相概念有两个要素——"枢机"与"总统",且在唐宋时代,宰相被认为是统合了这两个要素的一种身份。而且,《通典》《册府元龟》之论与今人最大的区别是,二书认为宰相可以仅为"枢机"(近要之官),而今人认为宰相必有监督百官执行权,即必是外朝百僚之首(总统),特殊情况下可以不必参掌机密。

---

① 李焘撰,上海师范大学古籍整理研究所、华东师范大学古籍整理研究所点校《续资治通鉴长编》(简称《长编》)卷八一,大中祥符六年八月壬申,中华书局,2004年,第1845页。
② 王钦若等编,周勋初等校订《册府元龟》卷三〇八《宰辅部一·总序》,凤凰出版社,2006年,第3476页。
③ 王钦若等编《册府元龟》卷三〇八《宰辅部一·总序》,第3477页。

《通典》进于唐德宗贞元十七年,此前的编纂过程有三十余年①,此后杜佑又任德宗、顺宗、宪宗三朝的宰相。按照学界通行的理解,杜佑写作时,唐代的"宰相制度"已从"三省制"演变为"中书门下体制",一直到北宋元丰改制皆如此;宋代又有枢密院与中书门下构成"二府"。而且一般认为,唐中后期佞幸活跃,宦官掌权。那么,如何在唐宋时代的制度、政治中理解构成宰相概念的"枢机"与"总统"这两个元素呢?

## 二、隋与唐前期的"知政事官"

《通典》虽然撰进于唐德宗末年,但杜佑实是把隋唐作为一体来看待的。故而仍须从所谓的"三省制"时代谈起。

1. 三省制下的宰相与"枢机"

唐代的宰相被称为"知政事官",这没有争议②。那么何谓"知政事"?先从一个具体的制度问题谈起,即尚书省长贰是否为当然的知政事官。

在杜佑的时代,唐代的宰相衔的确不包括尚书省长贰,而是门下侍中、中书令以及他官"同中书门下平章事"者。五代、北宋前期的宰相衔也不包括尚书令,一直到北宋元丰改制前,宰相名号都不涉及尚书省③。但学者多认为,唐前期的尚书仆射为宰相、尚书省为宰相兼行政机关;只是神龙(705—706)以后仆射才被排除在宰相名号之外,尚

---

① 刘昫等《旧唐书》卷一四七《杜佑传》,中华书局,1975年,第3982—3983页。李翰《通典序》,杜佑《通典·卷首》,第2页。
② 雷家骥《隋唐中央权力结构及其演进》,台北:东大图书公司,1995年,第191—192页。吴宗国《隋与唐前期的宰相制度》,《盛唐政治制度研究》,上海辞书出版社,2003年,第13页。
③ 陈振《关于北宋前期的宰相制度》,《中州学刊》1985年6期,第97—99页。张祎《关于北宋的"大敕系衔"》,《首都师范大学学报》2015年6期,第26—29页。

书省成为单纯的行政机构①。有学者对此提出异议②,但随即被反驳③。不过,这一认识仍有重新讨论的必要。

前引《通典》卷一九"要略·宰相"论隋唐宰相云:

> 隋有内史、纳言,是真宰相。
>
> 大唐侍中、中书令为真宰相,中间尝改为左右相。他官参者无定员,但加同中书门下三品及平章事、知政事、知机务、参与政事及平章国重事之名者,并为宰相,亦汉行丞相事之例也。

如此,隋、唐代所谓"真宰相"就是门下侍中(纳言)、中书令(内史),此外其他官员带知政事名义者亦为宰相,但不是"真宰相"。杜佑未提及尚书省长贰。

但到了卷二一"宰相"条,杜佑的叙述就有所不同,他在"大唐侍中、中书令是真宰相"下附注云:

> 尚书左右仆射亦尝为宰相……其仆射贞观末始加平章事,方为宰相,具仆射篇。④

则唐朝前期左右仆射亦是宰相。相应地,"仆射"条云:

> 大唐左右二仆射因前代,本副尚书令。自尚书令废阙,二仆射则为宰相……及贞观末,除拜仆射必加"同中书门下平章事"及"参知机务"等名,方为宰相,不然则否。然为仆射者,亦无不加焉。至开元以来,则罕有加者。⑤

---

① 严耕望《论唐代尚书省之职权与地位》,原刊《"中研院"历史语言研究所集刊》第24本,1953年,第1—68页;增补稿收入《严耕望史学论文集》,上海古籍出版社,2009年,第261—267页。后续讨论多承其说。参见雷闻《隋与唐前期的尚书省》,吴宗国主编《盛唐政治制度研究》,第68、78—80页。仆射不为宰相、尚书省不为宰相机关的时间,诸说有不同。

② 李湜《论唐代宰相中书门下二省制》,《中国史研究》1996年1期,第73—83页。

③ 韩国磐《唐初三省长官皆宰相——〈论唐代宰相中书门下二省制〉读后》,《厦门大学学报》1997年4期,第7—13页。刘后滨《唐代中书门下体制研究——公文形态·政务运行与制度变迁》,齐鲁书社,2004年,第42页。

④ 杜佑《通典》卷二一《职官三·宰相》,第540页。

⑤ 杜佑《通典》卷二二《职官四·尚书上》,第596—597页。

如此,左右仆射本为宰相,贞观以后则例加"同中书门下平章事"及"参知机务"等名为宰相,开元以后方与宰相彻底脱离关系。就此看来,《通典》关于隋与唐前期宰相的叙述前后不一致①。

此处有一点需要特别留意:《通典》始终认为,隋唐所谓的"真宰相"只有门下侍中和中书令,其他包括尚书省长贰在内的宰相并不属于"真宰相"。这种区分,前引《通典》已经清楚地说明了:"他官参者无定员,但加同中书门下三品及平章事、知政事、知机务、参与政事及平章国重事之名者,并为宰相。"即非侍中、中书令者,必须得到某种名义的授权,方为宰相。那么,所谓"真宰相"即当然之宰相,其他宰相则是特别授权之宰相。尚书省长贰正是后一种,即任尚书省左右仆射者(官员)为宰相,并不等于左右仆射(官衔)为当然的宰相衔。

学者已指出,"尚书省"并不能被视为"宰相机关",其长贰尚书令、仆射的"宰相职"是因为入内参与政事堂会议和入阁朝议,不是因为其总领尚书省②,甚是。学者也已指出,在隋开皇(581—600)初,尚书省左右仆射任宰相者,须兼任纳言、内史令之官;之后兼任之例逐渐减少,逐渐发展起来的则是他官参政,多为"参豫朝政"或"参掌朝政"③。

尚书令在隋朝就已经相当虚化,至唐朝更是非寻常人臣之职。唐高祖李渊在隋末义宁元年(617)曾任尚书令④,李渊称帝建国后又以李世民为尚书令⑤,故史言唐太宗曾任尚书令导致该职此后阙而不置⑥,尚书省左右仆射成为实际上的尚书省长贰。

---

① 吴宗国认为,《通典》没有把尚书仆射列为隋朝宰相,这是唐开元以后的附会之说。见吴宗国主编《盛唐政治制度研究》,第 11 页。
② 袁刚《隋唐中枢体制的发展演变》,台北:文津出版社,1994 年,第 33 页。
③ 赵和平《隋代宰相制度》,《历史教学》1985 年 3 期,第 8 页。雷家骥《隋唐中央权力结构及其演进》,第 181—187 页。
④ 司马光编著《资治通鉴》卷一八四,隋恭帝义宁元年十一月壬戌、甲子条,中华书局,1956 年,第 5765 页。
⑤ 欧阳修、宋祁《新唐书》卷一《高祖纪》,中华书局,1975 年,第 6 页。
⑥ 李林甫等撰,陈仲夫点校《唐六典》卷一《尚书都省》,中华书局,1992 年,第 6 页。杜佑《通典》卷二二《职官四·尚书令》,第 594 页。

《唐会要》卷一《帝号上》载唐高祖朝宰相16人①。其中,高士廉、房玄龄是玄武门之变后方为宰相,长孙无忌、杜如晦则未有在高祖朝任相的记载。其余12位高祖朝宰相新任时,多为中书令、门下侍中,唯有李世民与裴寂为尚书省长贰:"赵国公世民为尚书令,相国长史裴寂拜尚书右仆射、知政事。"②可知至少裴寂(或亦包括李世民)明确有"知政事"之授权,此学界所熟知。学者据此认为,至少唐朝一开始就没有把仆射视为当然宰相③。唐前期,裴寂之后所有出任仆射者应例皆知政事④,但史料中并没有明确提及。其原因恐在于学者已经指出的,唐前期各种名义的"知政事"乃动宾词组,并未成为固定的系衔⑤。

那么,为何门下侍中、中书令为"真宰相"即当然的知政事官,而其他宰相则要额外授权呢?这正与宰相的"枢机"性质直接相关。案,"中书、门下,机要之司"⑥,其长官中书令、侍中就是当然的"枢密"之任——"丝纶枢秘,寄任帷扆,功当纳献,职惟显要"⑦。将侍中(左相)、中书令(右相)视为"枢要之职""知机密""枢密之任"的例子很多,不赘举。相比之下,包括尚书省在内其他官司则不在枢机之位,故尚书仆射等官必须有"知政事"的授权才能具备这一性质。

由此引发的问题就是,唐代所谓的"知政事",并不能泛指掌各种政务,而是特指掌机要、枢密。《隋书·百官志》在论及南朝陈之制时说,"国之政事,并由中书省……总国内机要,而尚书唯听受而已"⑧。《唐六典》述及尚书省时说:"国政枢密皆委中书,八座之官但

---

① 王溥《唐会要》卷一《帝号上》,上海古籍出版社,2006年,第2页。
② 《新唐书》卷六一《宰相表上》,第1627页。
③ 吴宗国《盛唐政治制度研究》,第14页。
④ 雷家骥《隋唐中央权力结构及其演进》,第239页。
⑤ 吴宗国《盛唐政治制度研究》,第15—16页。
⑥ 吴兢撰,谢保成集校《贞观政要集校》卷一,中华书局,2009年,第30页。孙国栋已指出,唐代三省中,中书省、门下省是"枢机"。见《唐代三省制之发展研究》,《唐宋史论丛》,中华书局,2010年,第158页。
⑦ 宋敏求编《唐大诏令集》卷三五《秦王等兼中书令制》,中华书局,2008年,第149页。
⑧ 魏徵、令狐德棻《隋书》卷二六《百官上》,中华书局,1973年,第742页。

受其成事而已。"①"政事""国政"须理解为"机要""枢密",而不能泛指。另,王应麟《困学纪闻》卷一三《考史》云:"汉政归尚书,魏、晋政归中书,后魏政归门下,于是三省分矣。"袁刚指出,此处"政"指出纳诏命,典掌机密②,甚是。此种用例,恐与"政"字一义为君之命令有关③。

下面的例子更可说明唐代所谓"知政事"指参掌枢机。贞观十九年(645),唐太宗征辽东:

> 时诸宰相并在定州留辅皇太子,唯有褚遂良、许敬宗及(杨)弘礼在行在所,掌知机务。④

其中,杨弘礼为"兵部侍郎、专典兵机之务"。褚遂良本为黄门侍郎、参综朝政⑤,或作参豫朝政⑥。许敬宗先以权检校黄门侍郎、太子右庶子在定州与他人"共知机要",后因中书令岑文本卒,被调到军前任检校中书侍郎,曾"立于马前受旨草诏书"⑦。太子所在的定州方面:

> 诏皇太子留定州监国;开府仪同三司、申国公高士廉摄太子太傅,与侍中刘洎、中书令马周、太子少詹事张行成、太子右庶子高季辅五人同掌机务;以吏部尚书、安德郡公杨师道为中书令。⑧

---

① 《唐六典》卷一《尚书都省·尚书令》,第6页。
② 袁刚《隋唐中枢体制的发展演变》,第10页。
③ 《礼记·檀弓》载惠伯语:"政也,不可以叔父之私,不将公事。"郑玄注:"政,君命所为。"孔颖达疏又引《论语注》:"君之教令为政,臣之教令为事。"见郑玄注,孔颖达疏《礼记正义》卷一〇《檀弓下》,中华书局,2009年,第2840页。又,扬雄《法言》论民之所苦有三,第三为"政、吏骈恶",晋李轨注:"政,君也。骈,并也。"见扬雄撰,李轨等注《纂图分门类题五臣注扬子法言》卷六《先知篇》,北京图书馆出版社,2003年影印宋刻本,第12b叶。可知"政"一训为君令。汉代所谓"辅政",亦多以中朝官为之,指辅助皇帝行使君权,非泛指(见祝总斌《两汉魏晋南北朝宰相制度研究》,第73页)。中国古代的"行政"一词,亦指行(或代行)君权(见侯旭东《什么是日常统治史》,生活·读书·新知三联书店,2020年,第220页)。
④ 《旧唐书》卷七七《杨弘礼传》,第2674页。
⑤ 《旧唐书》卷八〇《褚遂良传》,第2735页。
⑥ 《新唐书》卷二《太宗纪》,第43页;《新唐书》卷六一《宰相表上》,第1635页。
⑦ 《旧唐书》卷八二《许敬宗传》,第2761—2762页。
⑧ 《旧唐书》卷三《太宗纪下》,第57页。

与行营一样,监国太子的宰相亦以"掌机务"为名。但据《旧唐书·高士廉传》,士廉乃"摄太子太傅,仍典朝政"①,可知"典朝政"即"掌机务"。另外,张行成本官刑部侍郎②,高季辅本官吏部侍郎③,皆非中书、门下省官。因此,李世民亲征高丽时,无论皇帝行营还是太子留守的定州,"宰相"皆以"掌(知)机务"为名,且与参朝政、典朝政同义。

以上讨论试图说明:杜佑以中书、门下省长官为"真宰相",是因其为机要之司的长官;至于尚书省长贰在内的其他官员,因本身不在枢机之位,故需要各种名义的"知政事"授权方为宰相——经过了此种授权方为"枢机"。因此,各种宰相的共性乃"枢机",区别在于是否须额外授权。雷家骥区分了"参政授权"与"机务授权"④;吴宗国则认为,知政事官的任务和职掌被限定为"掌机务"是贞观后期的新提法⑤。二说的共同问题是限于机、密字面立论,而未考"政"即指机务,如此则参政授权与机务授权没有区别,掌机务也不是贞观后期才有的新说法。

如此再看《旧唐书·职官志》关于"知政事官"的记载:

> 武德、贞观故事,以尚书省左右仆射各一人及侍中、中书令各二人,为知政事官。其时以他官预议国政者,云与宰相参议朝政,或云平章国计,或云专典机密,或参议政事。⑥

案《旧唐书·职官二》皆本《唐六典》⑦。这种说法与《通典》相比,最大的不同是未区分是否"真宰相",即未明言知政事者有当然与授权之别。但到了宋代的《新唐书》中,叙述一变为隋唐"以三省长官为宰

---

① 《旧唐书》卷六五《高士廉传》,第 2444 页。
② 《旧唐书》卷七八《张行成传》,第 2704 页。
③ 《旧唐书》卷七八《高季辅传》,第 2703 页。
④ 雷家骥《隋唐中央权力结构及其演进》,第 177—181 页。
⑤ 吴宗国《盛唐政治制度研究》,第 16—17 页。
⑥ 《旧唐书》卷四三《职官二》,第 1849 页。
⑦ 马志立《读〈旧唐书·职官志〉札记》,《魏晋南北朝隋唐史资料》24 辑,2008 年,第 241 页。

相"①,则是将宰相与"知政事"概念脱钩而与三省机构相连,可谓误导。

既然知政事官实为君主"枢机",即近要之臣,故常以亲信之人担任。雷家骥已指出,隋朝最高权力结构由宗亲、姻戚、元勋心腹结合而成;唐高祖亦重用姻戚为宰相②。赖瑞和亦指出,唐代宰相的委任和权力都建立在一种很强烈的"私"关系上,最亲密的是血亲,其次是姻亲,再次是有恩于皇帝的旧臣(或甚至宦官),最后是皇帝信任或合意的其他人③。此仅举一例:李勣本受李世民信任,"将属以幼孤",但贞观二十三年李世民临终之际对李治说:"汝于李勣无恩,我今将责出之。我死后,汝当授以仆射,即荷汝恩,必致其死力。"④于是,李勣出为叠州都督,而李治即位当月,李勣即加开府仪同三司、同中书门下参掌机密,很快任左仆射、同中书门下三品⑤。李勣从太宗之相到高宗之相的沉浮,说明结成某种形式的"信—任型君臣关系"是成为君主之"枢机"不可或缺的前提⑥。官职出于君主之恩惠与宠信,也是韦伯所论家产制国家中君臣关系的典型特点,官员成为皇帝亲信之时,就进入了韦伯所说的家产制支配的范围之中⑦。

那么,作为枢机之任的宰相,又何以具备杜佑宰相概念的另一元——"总统"呢?

2. 三省制下的宰相与"总统"

如前所述,但凡不为中书、门下省长贰者,经"知政事"的授权才能成为宰相;且中书省、门下省长贰亦有判他事者。如此,则三省制下的

---

① 《新唐书》卷六一《宰相表》,第1627页。又见《新唐书》卷四六《百官志》,第1182页。
② 雷家骥《隋唐中央权力结构及其演进》,第26—32页。关于武德时期的亲贵政治,最新讨论见张耐冬《太原功臣与唐初政治》,中国社会科学出版社,2018年,第133—166页。
③ 赖瑞和《从使职的角度论唐代宰相的权力与下场》,《唐史论丛》第20辑,三秦出版社,2015年,第85—91页。
④ 《旧唐书》卷六七《李世勣传》,第2487页。
⑤ 《新唐书》卷六一《宰相表上》,第1637—1638页。
⑥ "信—任型君臣关系"概念,见侯旭东《宠:信—任型君臣关系与西汉历史的展开》,北京师范大学出版社,2018年。
⑦ 参见本书绪论第一部分及上篇前言。

宰相多是"兼职宰相"①。《通典》说:

> 开元以前,诸司之官兼知政事者,午前议政于朝堂,午后理务于本司。②

所谓诸司之官,即中书、门下两省之外的官员,其中就包括了尚书省长贰。他们在政事堂(在门下省或中书省)时方为宰相,回到本司后即是本司官。那些兼任他司的两省长官也如此。

各种兼职中,尚书省长贰官最为特殊。因尚书省居于"天下纲维"的崇高地位③,总领庶务,故"总统"之任就落实在这些尚书左右仆射知政事者身上。后唐清泰二年(935),有人提议要对宰相进行考绩,议者云:

> 魏、晋之后,政在中书,左右仆射知政事,午前视禁中,午后视省中,三台百职,无不统摄。以是论之,宰辅凭何较考。④

此对仆射午前、午后的区分可与前引《通典》语印证。仆射"午前视禁中"(议政于朝堂)即充枢机之职,为宰相;"午后视省中"(理务于本司)则为尚书省长官,总百司百职。

高祖朝萧瑀于武德元年(618)为内史令(中书令),六年任右仆射。其角色的前后变化,《旧唐书》本传有清晰的描绘:萧瑀任内史令时,被委以心腹,"凡诸政务,莫不关掌",实指参与所有机要之事,故有勘旨、宣敕之责;而任仆射之后,又总庶务、内外考绩,方有"总统"之实⑤。

---

① "兼职宰相"的说法,见张国刚《唐代官制》,三秦出版社,1987年,第10页。亦参见刘希为《唐朝宰相制度初探》,《中国史研究》1984年3期,第112—114页。另有学者指出,唐代以某些特定的人为"宰相",实有使职差遣的性质。参见王素《三省制略论》,齐鲁书社,1986年,第197页;陈仲安、王素《汉唐职官制度研究》(增订本),中西书局,2018年,第107—111页;赖瑞和《唐代宰相的使职特征和名号》,《中华文史论丛》2014年3期,第229—254页。比较论说,就唐前期而言,"兼职宰相"实为最精当之概括。
② 杜佑《通典》卷二三《职官五·尚书下》,第632页。
③ 王溥《唐会要》卷五八《尚书省诸司中》,第1169页。
④ 薛居正等《旧五代史》卷一四九《职官》,中华书局,1976年,第1999页。
⑤ 《旧唐书》卷六三《萧瑀传》,第2400—2401页。

太宗贞观三年二月，房玄龄自中书令为尚书左仆射，杜如晦自检校侍中为右仆射①，角色皆从仅为枢机一变而枢机兼总统。史言，房玄龄为仆射后，"既任总百司，虔恭夙夜，尽心竭节，不欲一物失所"，至贞观十三年加太子少师时请解仆射之职，李世民言："虽恭教谕之职，乃辞机衡之务，岂所谓弼予一人，共安四海者也？"②这里以"机衡之务"指代仆射，语有双关。

案"机衡"典出《尚书·舜典》："正月上日，受终于文祖。在璇玑玉衡，以齐七政。"唐以前人在解释其中的"璇玑玉衡"时，或解释为北斗中的三星，或解释为浑天仪之类的天文器③。以"机衡"为北斗之天机（天玑，第三星）、玉衡（第五星）二星者，强调的是其近密的"喉舌"之位，故《后汉书·郎𫖮传》云"尚书职在机衡，宫禁严密"④。但唐太宗这里说"弼予一人，以安四海"，更是以机衡为观天之器的引申⑤。即把仆射比附为观天之器，据其判断君主施政之当否，将庶务得失系于宰相房玄龄。

因此，在唐初的三省制下，并非所有的宰相皆可谓之"总统"，只有那些以左右仆射知政事的宰相才能符合此种定性。正是在这些宰相身上，"枢机"（知政事）与"总统"（仆射）集于一身，在一定程度上才符合"议政权""监督百官执行权"二要件。

但是，二者之中，枢机才是宰相身份的基础、不可或缺的要素，而"总统"为额外加成。如高士廉自太宗贞观十二年为右仆射，至贞观十七年罢为开府仪同三司、同中书门下三品⑥。贞观二十二年，长孙无忌检校中书令，又知尚书、门下二省事，高宗即位以后，"无忌固辞知尚书

---

① 《新唐书》卷六一《宰相表上》，第1631页。
② 《旧唐书》卷六六《房玄龄传》，第2461—2462页。
③ 诸家解释见皮锡瑞著，盛冬铃、陈抗点校《今文尚书考证》卷一，中华书局，1989年，第46—48页。
④ 《后汉书》卷三〇下《郎𫖮传》，第1067—1068页。
⑤ "玑衡"（机衡）本是观天之器，"汉世以来，谓之浑天仪者是也"，孔颖达以为，舜受尧之命后，"犹不自安，又以璇为玑，而玉为衡者"，以察天象而判断施政是否恰当。见孔安国传，孔颖达正义，黄怀信整理《尚书正义》卷三，上海古籍出版社，2007年，第76页。
⑥ 《新唐书》卷六一《宰相表上》，第1634—1635页。

省事,许之,仍令以太尉同中书门下三品"①。于志宁于显庆四年(659)"表请致仕,听解尚书左仆射,拜太子太师,仍同中书门下三品"②。他们三人,皆是保留了"枢机"之任,但解除了"总统"之责,不妨碍其为宰相。

集"枢机"与"总统"于一身者是宰相中的少数,且并非时时备官。贞观十七年六月高士廉罢仆射后,一直到二十二年正月长孙无忌知三省事,四年多的时间中,唐朝无人身兼枢、总。唐高宗朝,有超过18年的时间仆射缺而不补③。

这些少数的、特殊的"宰相",实乃君主亲信中的亲信。如高祖朝的李世民、裴寂、萧瑀,太宗朝的房玄龄、高士廉等等,皆君主创业元从,最为腹心之人,此不赘述。因此,左右仆射知政事这种宰相,实是因为其更为彻底的"近要"身份,从而获得了"总统"之职。学界注意到仆射实际为唐初最重要宰相,如此方能合理解释。

在唐高祖、太宗时代,因为有着亲信的创业元从,多数时候都有枢机兼总统之相在位,故君主支配天下的结构大致是:以君主为核心,其外第一层是具有枢机身份的宰相,其中个别最近要者任尚书省长贰,总领有司庶务,代表了君主通过枢机之臣对天下的指挥。再外层,就是京内外诸官司。在这种结构中,君主对天下的支配,通过与其具有不同程度信任关系的"枢机"团体而实现。该枢机团体中,哪怕部分人看起来有着"百官之首"的角色,仍然主要代表了君主的支配性,而非官僚制对于君权的制衡。

到了唐高宗、武则天统治时期,身兼枢机与总统的仆射越来越少,其首要原因是君主极端信任的"腹心之臣"日益难得。如武承嗣为文昌左相(左仆射)、同凤阁鸾台(中书门下)三品,合枢机与总统于一身,武则天亦言"吾侄也,故委以腹心",但李昭德提醒她"承嗣既陛下之侄,为亲王,又为宰相,权侔人主,臣恐陛下不得久安天位也",于是

---

① 《旧唐书》卷六五《长孙无忌传》,第2454页。
② 《旧唐书》卷七八《于志宁传》,第2700页。
③ 参见孙国栋《唐代三省制之发展研究》,《唐宋史论丛》,第179页。

武承嗣罢政事①。总之,"总统宰相"虽代表君主的强力支配,但这种支配要求全面、持久的君臣"信—任关系"——恰恰"信—任型君臣关系"不容易稳固持久。

再者,因为"午前议政于朝堂,午后理务于本司",导致宰相的枢机、总统两个角色有一定矛盾。萧瑀任仆射后,"内外考绩皆委之司会,为群僚指南,庶务繁总"②。贞观三年,李世民对房玄龄、杜如晦说,仆射当为君主"求访贤哲",而现实是"听受辞讼,日不暇给"③,精力疲于尚书省细务。史言,右仆射张行成为高宗所留任,"卒于尚书省"④。这都说明,在枢机、总统两重身份之间,因庶务之繁,总统之责会占据宰相最主要的时间、精力,可能影响其扮演枢机角色,这就非君主所乐见。

而如果宰相中无总统者,那么君主指挥政事的结构就有所区别:君主与其枢机所面对的就不再是一个统辖庶务的尚书省,而是诸多不同性质的官司、事务。中书门下的形成,与这种结构有直接关系。

3. "中书门下"的成立

关于中书门下体制的形成,陈仲安、王素认为是宰相制度使职化的结果⑤。罗永生强调了中书省地位的提高,开元间中书、门下两省长官兼主行政事务的意义⑥。刘后滨除了重视中书省地位的提高,还将其和宇文融括户联系起来⑦。此处试图从宰相的枢机性质出发,对中书门下的形成略加补说。

一般认为中书门下的形成有两个重要的时间点。一是武则天临

---

① 《资治通鉴》卷二〇五,则天后长寿元年,第6483—6484页。
② 《旧唐书》卷六三《萧瑀传》,第2401页。
③ 王钦若等编《册府元龟》卷一五七《帝王部·诫励二》,第1750页。
④ 《旧唐书》卷七八《张行成传》,第2705页。
⑤ 陈仲安、王素《汉唐职官制度研究》(增订本),第107—111页。
⑥ 罗永生《唐前期三省地位的变化》,《历史研究》1992年2期,第105—109页。
⑦ 刘后滨《唐代中书门下体制研究——公文形态·政务运行与制度变迁》,第168—181页。

朝称制的第一年,即光宅元年(684),政事堂从门下省迁到中书省①。二是唐玄宗开元十一年(723),张说奏改政事堂为中书门下,其政事印改为中书门下之印②。袁刚已指出,开元十一年张说改政事堂为中书门下只是最后的改名,中书门下实际是在光宅元年至开元十一年间逐渐形成的③。

"中书门下"形成的大致时间,或许可以从其组成略加推测。案《新唐书·百官志》:

> 开元中,张说为相,又改政事堂号"中书门下",列五房于其后:一曰吏房,二曰枢机房,三曰兵房,四曰户房,五曰刑礼房,分曹以主众务焉。④

司马光《资治通鉴》所记五房与此同。不过,唐代中书门下似又有"孔目房""枢密房"⑤,恐与枢机房所指为一。从这五房来看,所谓"中书门下"结合了中书省、门下省、尚书省三省的职能。即枢机房对应中书省、门下省两个"机要之司",其余四房对应了尚书诸部。因此,"中书门下"是对三省核心职能的整合,剩余的事务则继续保留在三省之中,一直到北宋元丰改制。

既然如此,"中书门下"的成立有一个前提,即原属诸官司的事务被带入政事堂。这种情况,必然是随着知政事官兼任诸司官而来的。前已提及,唐前期的知政事官"午前议政于朝堂,午后理务于本司",枢机兼任有司,时有因有司事而罢枢机者。如卢承庆,高宗显庆四年"代杜正伦为度支尚书,仍同中书门下三品。寻坐度支失所,出为润州刺史"⑥,即卢承庆之罢相,是因其度支尚书(即户部尚书)任上之过。

不但额外授权的知政事官如此,"真宰相"中书令与侍中有时也领

---

① 李华《中书政事堂记》,董诰等编《全唐文》卷三一六,中华书局,1983年,第3202页。
② 王溥《唐会要》卷五一《官号·中书令》,第1036页。
③ 袁刚《隋唐中枢体制的发展演变》,第67—68页。
④ 《新唐书》卷四六《百官一》,第1183页。
⑤ 刘后滨《唐代中书门下体制研究——公文形态·政务运行与制度变迁》,第188—189页。
⑥ 《旧唐书》卷八一《卢承庆传》,第2749页。

有司事。如高祖朝封德彝,本以中书令为相,武德六年(623)"以本官检校吏部尚书,晓习吏职,甚获当时之誉"①。又太宗贞观十九年,门下侍中刘洎"辅皇太子于定州,仍兼左庶子、检校民部尚书,总吏、礼、户部三尚书事";"中书令马周摄吏部尚书,以四时选为劳,请复以十一月选,至三月毕"②。

诸司官与枢机互兼的情况愈演愈烈。到武则天称制时,诸司官员,尤其是尚书省属官(而非仆射)参政比例大幅提高,乃至超过了门下、中书两省官员③。既然诸司官任枢机,那么诸司事务一定会被带入政事堂,最终使得宰相们不再于午后返回本司。这个过程可能在武则天称帝的时候就大致完成了,不必等到开元时期。以崔元综为例:

> 元综天授中累转秋官侍郎,长寿元年迁鸾台侍郎、同凤阁鸾台平章事。元综勤于政事,每在中书,必束带至晚,未尝休偃。④

此时政事堂已移到中书省多年,故史料称"在中书"。又称"每在中书,必束带至晚,未尝休偃"者,说明崔元综已不再午后返回鸾台(门下省)治事。如此,在政事堂形成所谓的"五房"以助知政事官处理有司之事,就是非常自然的安排了。由此推测,至晚在武则天长寿元年(692)左右,"中书门下"恐实际已经存在了。

长寿元年酷吏恣横,相位更迭频繁,迭任者有14人之多。八月,武承嗣、武攸宁、杨执柔罢相,新晋宰相除了鸾台侍郎(门下侍郎)崔元综、凤阁侍郎(中书侍郎)李昭德外,其余皆省部寺监官:文昌左丞(尚书左丞)姚璹、文昌右丞(尚书右丞)李元素、司宾卿(鸿胪卿)崔神基、夏官尚书(兵部尚书)王璿⑤。此外,当年初任命还在位的同平章事尚有:冬官尚书(工部尚书)李游道、秋官尚书(刑部尚书)袁智弘。如

---

① 《旧唐书》卷六三《封伦传》,第2397页。《新唐书》卷六一《宰相表上》作武德四年判吏部尚书。
② 《资治通鉴》卷一九八,唐太宗贞观十九年十二月庚申条,第6233、6234页。
③ 雷家骥《隋唐中央权力结构及其演进》,第390页。
④ 《旧唐书》卷九〇《崔元综传》,第2923—2924页。《新唐书·宰相表》记长寿元年崔元综以秋官侍郎(刑部侍郎)同平章事,漏记迁鸾台侍郎(门下侍郎)事。
⑤ 《资治通鉴》卷二〇五,则天后长寿元年,第6483—6484页。

此，长寿元年八月在位的宰相，除了崔元综、李昭德为门下、中书省官外，其余皆为诸司官，分别属于尚书都省、兵部、刑部、鸿胪。恐怕正是在这样的情势之下，为了他们在政事堂处理诸司事务之便，"中书门下"分房的雏形才出现了，一直到开元年间正式以"中书门下"之名、之印承认了这种局面。

"中书门下"体制与三省制下的宰相，相同的地方是皆为枢机之臣①。所不同的是，中书门下的宰相为全职宰相，中书门下也是专设的宰相机构。即原来兼为君主枢机的知政事官，因为"中书门下"的形成而变为君主的专职枢机。在此之后，"宰相"才是由固定的职位、机构所确定的一群臣僚，叙述官制时就不必再纠结"真宰相"与否的问题。枢机与有司的联系，也不再通过互兼来实现，而是以君主枢机的身份直接指挥有司，且宰相机构对于日常事务的指挥亦是奉敕、奉圣旨而下②。君主在王朝中的存在感大为增加。

## 三、中唐以来的"内职"与王朝结构变化

如果唐宋宰相概念最为基本的要素是"枢机"，则随之而来的问题是："枢机"作为"近要之官"，并不限于宰相。前引祝总斌所担心的——"举凡皇帝身旁大小臣工、佞幸、宦官、小吏，都有可能随时转化为宰相"——也就不是没有道理。赖瑞和曾把唐中叶以后的宦官、翰林学士承旨视为有实无名的"实际(defacto)宰相"③。这一说法很有道理，只是"实际宰相"应是指它们都具备"枢机"性格。简而言之，宰相是枢机，而枢机不止宰相。更加明显的例子是宋代的宰辅机构——

---

① 用例见李全德《唐宋变革期枢密院研究》，国家图书馆出版社，2009年，第84—85页。
② 刘后滨《唐代中书门下体制研究——公文形态·政务运行与制度变迁》，第341—354页。李全德《从堂帖到省札——略论唐宋时期宰相处理政务的文书之演变》，《北京大学学报》2012年3期，第106—116页。张祎《中书、尚书省札子与宋代皇权运作》，《历史研究》2013年5期，第50—66页。
③ 赖瑞和《从使职的角度论唐代宰相的权力与下场》，《唐史论丛》第20辑，第92页。

中书门下、枢密院两府。两府皆是"枢机"①,其中"中书门下"与唐代的继承性比较直接、明显。至于枢密院,学者已详细讨论过唐代的宦官"内枢密使"如何"外朝化",演变为宋代枢密院②,基本印证了祝总斌所担心的转化。

故笔者认为,宋代枢密院的形成不能仅仅理解为内朝外朝化的结果,而更应理解为唐宋君主复杂多样的"枢机"创生、演化的结果。这就必须涉及唐至北宋前期非常重要的概念——内职。唐代史籍中所见的"内职"皆指翰林学士。五代、宋初的"内职"范围则已扩展,《旧五代史·职官志》所言"内职"包括枢密使(崇政院使、宣徽使),建昌宫使、三司使(国计使、内勾、租庸使),金銮殿大学士、端明殿学士、翰林学士③。宋代的"内职"概念见《宋史·职官志总序》:"枢密、宣徽、三司使副、学士、诸司而下,谓之'内职'。"④可见,从唐到宋,"内职"大抵包括了学士、诸司使(原为唐代宦官担任的内诸司使)、财政使职三个部分⑤。最终成为宋代宰辅机构之一的"枢密院"源自唐代的内诸司使,"内职"中的财政使职则发展为"位亚执政"的"计相"三司使,亦可计入广义的辅政群体,学士的角色则变化不大。

为什么唐五代的内职有些转化成了宰辅,有些则没有?在"枢机"

---

① 用例甚多,不赘举。如景德四年(1007),中书门下、枢密院上言:"伏睹近诏,宰执近臣咸令旌别淑慝,其如中书、枢密院接待宾客,屡经约束,未得允当。盖枢机之任,诚务谨严,而政事之间,亦资询访。若早暮接纳,虑机务因兹滞留,如或延见艰难,利害无由启露……"见李焘《长编》卷六五,景德四年六月丙申,第1461—1462页。

② 梁天锡《宋枢密院制度》,台北:黎明文化事业公司,1981年,第1—4页。邓小南《近臣与外官:试析北宋初期的枢密院及其长官人选》,漆侠主编《宋史研究论文集——国际宋史研讨会暨中国宋史研究会第九届年会编刊》,河北大学出版社,2002年,第1—26页。李全德《从宦官到文臣:唐宋时期枢密院职能演变与长官人选》,《唐研究》第11卷,北京大学出版社,2005年,第423—457页。李全德《唐宋变革期枢密院研究》,第41—188、237—327页。

③ 《旧五代史》卷一四九《职官志》,第2320—2324页。

④ 脱脱等《宋史》卷一一四《职官一》,中华书局,1985年,第3769页。

⑤ 五代宋初的"内职"问题,参见赵冬梅《文武之间:北宋武选官研究》,北京大学出版社,2010年,第81—116页,该部分讨论诸司使;陈文龙《五代时期的内职与王朝权力结构》,未刊稿。建昌宫使、三司使等的相关研究,见闫建飞《走出五代:十世纪藩镇研究》,四川人民出版社,2023年,第36—41页;张亦冰《唐宋之际财政三司职掌范围及分工演进考述》,《唐史论丛》第28辑,三秦出版社,2019年,第1—26页。

而不是"内朝"概念下去分析这些官职,可以对唐至宋君主支配模式有更深入的认识。

1. "佞幸"与学士

所谓"佞幸"是相当重要的君主近要,也就是枢机,不过其成分比较复杂。史称唐德宗(779—804在位)晚年"尤不任宰相,自御史、刺史、县令以上皆自选用,中书行文书而已",又有一批佞幸如裴延龄、李齐运、王绍、李实、韦执谊、韦渠牟"权倾宰相,趋附盈门"①,而这些人不可一概而论。

裴延龄、王绍、李实皆当时的财政大员。王绍贞元(785—804)中历任仓部员外郎、户部侍郎判度支、又迁户部尚书,表现出不凡的理财之能,"德宗以绍谨密,恩遇特异,凡主重务八年,政之大小,多所访决"②。陆贽劾裴延龄则说:"国家府库,出纳有常,延龄险猾售奸,诡谲求媚,遂于左藏之内,分建六库之名,意在别贮赢余,以奉人主私欲。"③李实则在贞元二十年春夏旱欠之际,不顾民生,"方务聚敛征求,以给进奉"④。可知裴延龄与李实皆因为天子聚敛而深得唐德宗的欣赏、信赖。随着唐朝逐渐面临户口、财政危机,君主信任财政能臣就不罕见。唐玄宗开元(713—741)、天宝(742—755)年间,"宇文融、韦坚、杨慎矜、王铁,皆开元之幸人也,或以括户取媚,或以漕运承恩,或以聚货得权,或以剥下获宠,负势自用,人莫敢违"⑤。《旧唐书·韦坚传》云:

(韦坚)姊为赠惠宣太子妃,坚妻又楚国公姜皎女,坚妹又为皇太子妃,中外荣盛,故早从官叙。二十五年,为长安令,以干济闻。与中贵人善,探候主意。见宇文融、杨慎矜父子以勾剥财物

---

① 《资治通鉴》卷二三五,唐德宗贞元十二年十一月,第7575页。
② 《旧唐书》卷一二三《王绍传》,第3521页。
③ 《旧唐书》卷一三五《裴延龄传》,第3723页。
④ 韩愈《顺宗实录》卷一,《韩昌黎文外集》卷下,上海古籍出版社,1986年,第699页。《旧唐书》卷一三五《李实传》,第3731页。
⑤ 《旧唐书》卷一〇五《史臣曰》,第3232页。

争行进奉而致恩顾,坚乃以转运江淮租赋,所在置吏督察,以裨国之仓廪,岁益巨万。玄宗以为能。①

王铁亦近似:

> 玄宗在位多载,妃御承恩多赏赐,不欲频于左右藏取之。铁探旨意,岁进钱宝百亿万,便贮于内库,以恣主恩锡赉。……铁威权转盛,兼二十余使,近宅为使院,文案堆积,胥吏求押一字,即累日不遂。中使赐遗,不绝于门,虽晋公林甫亦畏避之。②

无论是玄宗朝诸人,还是德宗朝的裴延龄、王绍、李实,都是因为敛财得力而深得君主信任。这些人以财政官员充君主枢机,与唐前期以诸司官员身份知政事者,本质上没有什么不同。

相比之下,德宗朝的韦执谊与韦渠牟、李齐运有所不同,他们是朝夕侍从皇帝之角色,与皇帝更为亲近。韦执谊"以文章与上唱和,年二十余,自右拾遗召入翰林"③。他于贞元元年为翰林学士,至贞元十二年前后出院,此后仍时被德宗召入禁中④。韦渠牟在贞元十二年四月德宗生日的儒释道三教论辩会上"枝词游说,捷口水注",因口才、诗文深得德宗的赏识,德宗在延英对宰相之后,常常又召韦渠牟论事⑤。史称"渠牟形神恍躁,尤为上所亲狎,上每对执政,漏不过三刻,渠牟奏事率至六刻,语笑款狎往往闻外;所荐引咸不次迁擢,率皆庸鄙之士"⑥。李齐运则是德宗游赏之侍从:

> 改宗正卿,兼御史大夫、闲厩宫苑使。改检校礼部尚书,兼殿中监。寻正拜礼部尚书,兼殿中监使如故。其后十余岁,宰臣内殿对后,齐运常次进,贡其计虑,以决群议。⑦

---

① 《旧唐书》卷一〇五《韦坚传》,第 3222 页。
② 《旧唐书》卷一〇五《王铁传》,第 3228 页。
③ 《资治通鉴》卷二三五,唐德宗贞元十二年十一月乙未条,第 7575 页。
④ 傅璇琮《唐翰林学士传论》,辽海出版社,2018 年,第 339—344 页。
⑤ 《旧唐书》卷一三五《韦渠牟传》,第 3728—3729 页。
⑥ 《资治通鉴》卷二三五,唐德宗贞元十二年十一月乙未条,第 7575 页。
⑦ 《旧唐书》卷一三五《李齐运传》,第 3730 页。

李齐运当是先任闲厩宫苑使,任殿中监、监使后仍兼闲厩宫苑使。案殿中省本为服务皇帝生活的机构,"总尚食、尚药、尚衣、尚乘、尚舍、尚辇六局之官属",理论上是随时侍从皇帝的人员①。闲厩使则始置于武则天时期,"以殿中监承恩遇者为之",后兼宫苑之职,掌御马、押"五坊"②。可知李齐运在德宗时掌领暴横之"五坊小儿",实乃德宗田猎享乐之第一助手。

可见,同为德宗之"佞幸",裴延龄、王绍、李实是以君主枢机兼行有司(财政)之事,韦执谊、韦渠牟、李齐运则是近侍,一般不能直接指挥有司。

而多数翰林学士与韦执谊一样属此类。"翰林为枢机宥密之地"③,但因其下无有司,故可谓单纯的"枢机",真正的"内职"。毛蕾指出,翰林学士可在决策的审核、撰制阶段发挥作用④。叶炜指出,唐后期翰林学士与宰相议政方式不同,翰林学士主要是回答皇帝咨访、充当顾问,而宰相则是主动提议⑤。正因为翰林学士无施行庶事之权,故他们的活动往往与宦官、宰相等人密不可分。观唐代诸学士院记、承旨学士记、院使记,可知在学士院内,宦官翰林院使、学士使与学士乃一合作、不可分离之团体⑥,学士与宦官多有合作⑦。且翰林学士与中书门下宰相亦不得不合作,具体见下案例分析。

---

① 《唐六典》卷一一《殿中省》,第 323 页。
② 宁志新《唐朝的闲厩使》,《中国社会经济史研究》1997 年 2 期,第 1—13、36 页。《唐会要》卷六五《闲厩使》,第 1333—1335 页;《唐会要》卷七八《诸使中·五坊宫苑使》,第 1682 页。《新唐书》卷四七《百官二·殿中省》,第 1217—1218 页。
③ 李肇《翰林志序》,《全唐文》卷七二一,第 7415 页。
④ 毛蕾《唐代翰林学士》,社会科学文献出版社,2000 年,第 114 页。
⑤ 叶炜《信息与权力:从〈陆宣公奏议〉看唐后期皇帝、宰相与翰林学士的政治角色》,《中国史研究》2014 年 1 期,第 49—67 页。
⑥ 宦官所充之翰林院使在皇帝与翰林学士之间任传达之职,也能介入军国大事。见唐长孺《唐代的内诸司使及其演变》,《山居存稿》,中华书局,2011 年,第 267—268 页。学士使驻于院中起着监院的作用,实际也参与诏敕议定。见杜文玉《唐代内诸司使考略》,《陕西师范大学学报》1999 年 3 期,第 35 页;亦参考王静《唐大明宫内侍省及内诸司的位置与宦官专权》,《燕京学报》新 16 期,北京大学出版社,2004 年,第 95 页。
⑦ 谢元鲁《唐代中央政权决策研究》,台北:文津出版社,1992 年,第 24—30 页。毛蕾《唐代翰林学士》,第 153 页。

唐德宗去世后,顺宗(805 在位)即位,随之发生的"二王八司马"事件,正说明翰林学士为代表的君主侍从在运转庶事方面的困难。此时韦执谊已经由翰林学士升为宰相,但顺宗不能视事,故而只有宦官李忠言、美人牛昭容能贴身服侍皇帝①。王伾、王叔文则稍在外:

> (王)伾以侍书幸,寝陋,吴语,上所亵狎。而(王)叔文颇任事自许,微知文义,好言事,上以故稍敬之,不得如伾出入无阻。叔文入至翰林,而伾入至柿林院,见李忠言、牛昭容等。②

可知以顺宗为核心,近要者第一层是李忠言、牛昭容,李忠言当是宦官集团的少数派,否则不至于依赖王伾以结王叔文③。第二层是可入柿林院的王伾、可入翰林院的王叔文,二人皆是侍从。

但王叔文仍然只是翰林学士,不足以运转南衙,故而引韦执谊为宰相,"事下翰林,叔文定可否,宣于中书,俾执谊承奏于外"④。没有宰相的配合,作为学士的王叔文就会陷入窘境。《旧唐书·韦执谊传》云:

> 执谊既为叔文引用,不敢负情,然迫于公议,时时立异……叔文诟怒,遂成仇怨;执谊既因之得位,亦欲矛盾掩其迹。⑤

例如,羊士谔公开批评王叔文等人,王叔文欲杀之,但韦执谊终以为不可,遂贬⑥。除了韦执谊,宰相高郢、郑珣瑜亦不配合⑦。

作为补救措施,王叔文有两个重要的举措。一是担任财政使职:

> 叔文初入翰林,自苏州司功为起居郎,俄兼充度支、盐铁副

---

① 《旧唐书》卷一三五《王叔文传》,第 3734 页。
② 韩愈《顺宗实录》卷五,《韩昌黎文外集》卷下,第 721—722 页。
③ 黄楼推测,李忠言之角色相当于学士使。见黄楼《神策军与中晚唐宦官政治》,中华书局,2019 年,第 233 页。
④ 《旧唐书》卷一三五《王叔文传》,第 3734 页。
⑤ 《旧唐书》卷一三五《韦执谊传》,第 3733 页。
⑥ 韩愈《顺宗实录》卷四,《韩昌黎文外集》卷下,第 711 页。
⑦ 《旧唐书》卷一四七《高郢传》,第 3976 页;《新唐书》卷一六五《郑珣瑜传》,第 5065 页。

使,以杜佑领使,其实成于叔文。数月,转尚书户部侍郎,领使、学士如故。①

因此,王叔文的身份有两重,一是身为翰林学士这一"内职",同时又是户部侍郎,充度支、盐铁副使,即为财政大臣。故而他其实相当于以盐铁副使知政事者,亦可谓"宰相"。此时的盐铁使是宰相杜佑,"不亲事,叔文遂专权",王叔文败局已定之后,杜佑方与之立异②。

二是,王叔文冒险欲夺神策军的领导权③。正是这一步激怒了一批宦官领袖,永贞元年(805)八月,他们尊顺宗为太上皇,以李纯即皇帝位,是为宪宗(805—820在位)。这次政变的核心人物是宦官刘贞亮,即俱文珍:

> 知其朋徒炽,虑壥朝政,乃与中官刘光琦、薛文珍、尚衍、解玉等谋,奏请立广陵王为皇太子,勾当军国大事,顺宗可之。贞亮遂召学士卫次公、郑絪、李程、王涯入金銮殿,草立储君诏。及太子受内禅,尽逐叔文之党,政事悉委旧臣,时议嘉贞亮之忠荩。累迁至右卫大将军,知内侍省事。④

贞元(785—804)年间,刘贞亮(俱文珍)、薛文珍(《顺宗实录》作"薛盈珍")皆曾为监军⑤,故在永贞元年时必已是地位极高之宦官领袖。其中,薛盈珍于贞元十六年入朝"掌机密"⑥,"贞元末为内侍省内侍,知省事,充右神策军护军中尉副使"⑦,为掌神策军之宦官首领之一。此时的左右神策军中尉为杨志廉、孙荣义,大概他们没有主动挺身拥立

---

① 《旧唐书》卷一三五《王叔文传》,第3734页。
② 《新唐书》卷一六六《杜佑传》,第5088页。
③ 韩愈《顺宗实录》卷五,《韩昌黎文外集》卷下,第722页。
④ 《旧唐书》卷一八四《俱文珍传》,第4767页。
⑤ 牛志平《唐宦官年表》,《唐史论丛》第2辑,陕西人民出版社,1987年,第318—322页。
⑥ 《资治通鉴》卷二三五,唐德宗贞元十六年四月条,第7587页。
⑦ 王钦若等编《册府元龟》卷六六七《内臣部三·将兵》,第7688页。

宪宗,故元和初很快提出了致仕之请①。要注意,宦官领袖招来的是与王叔文身份相同的卫次公、郑絪、李程、王涯诸翰林学士。这些人并非临时与宦官合作,而是早就与其联合,抵制王叔文等人②。

可见,"二王八司马"是一个由宦官、美人、侍从、学士、宰相组成的集团,这个集团既有枢机,也可施行庶事,已然构成一个较完整的朝政运营系统。"二王八司马"的对手在组成上是类似的,但由于宦官首领、多数翰林学士和中书门下宰相的支持,他们显然比"二王八司马"更为强大、完整。最终,随着韦执谊的反水、王叔文因母丧去位又起复不成,仅为"枢机"的李忠言、王伾就毫无所用了。

因此,"二王八司马事件"所反映的,正是唐后期皇帝以"枢机"支配天下的政治结构:君主—枢机—有司。其中的关键是,下领有司、能处置庶事的"枢机"才能成为君主持久的、结构性的支配工具。正是这一点,把翰林学士、纯近侍佞幸与宦官首领、中书门下宰相、财政官佞幸区别开来③。

2. 南衙与北司

相对于近侍佞幸与学士,宰相、宦官首领是更为重要的枢机成员。但学者在论及唐后期政治时,往往会使用内、外朝的概念,内朝为宦官、翰林学士,外朝是宰相为首的南衙官僚集团。甚至有学者认为,唐后期内朝的翰林、枢密与外朝的中书门下形成了"新三头",与旧三省类似,分担了草诏、出纳、奉行的职能④。但是,诸多研究已经使内外朝之分的框架无法成立了。

---

① 《杨志廉墓志》,陕西省社会科学院、陕西省文物局编《陕西碑石精华》,三秦出版社,2006年,第163页;《孙荣义墓志》,《全唐文》卷四九八,第5075—5076页。
② 《旧唐书》卷一五九《卫次公传》,第4179页;《旧唐书》卷一五九《郑絪传》,第4182页;《旧唐书》卷一六七《李程传》,第4372页,参考傅璇琮《唐翰林学士传论》,第374页。
③ 袁刚认为,"二王八司马事件"反映的是翰林学士的作用。见《隋唐中枢体制的发展演变》,第154—156页。而如本书所述,该事件恰恰反映了翰林学士作为"内相"的限制。黄楼则将"二王八司马"定义为"文人近幸集团",行为方式乃"多捭阖智诈之术",见《神策军与中晚唐宦官政治》,第157页。
④ 袁刚《隋唐中枢体制的发展演变》,《社会科学家》1989年3期,第18—20页。袁刚《隋唐中枢体制的发展演变》,第140页。

首先,中书门下并不是单纯的"外朝"之首。其理由已见本文上一部分——中书门下是君主之枢机,且宰相虽不能时时至禁中,但仍可频繁与君主接触、议论政事。在唐后期,保证此种君相沟通的机制就是"延英奏对",它作为"国家最高决策会议"一般间日(只日)举行,除宰相外,宦官枢密使、神策军中尉也可参与议事①。如前述韦渠牟、李齐运事,德宗既对宰相之后才召侍从,正说明宰臣仍是当仁不让的"枢机"成员。

其次,更重要的是,宦官绝不等于内朝。学者常引宋人王旦语:"唐设内诸司使,悉拟尚书省:如京,仓部也;庄宅,屯田也;皇城,司门也;礼宾,主客也。"②唐末翰林学士郑璘于唐昭宗光化二年(899)撰《大唐重修内侍省之碑》称:

> 而况内侍华省,弥纶列曹,庶务政化之源,四方取则之地。制度素广,标式甚崇,厅宇宏多,梁栋斯盛,建茸必归于允当,周旋暗合于规程。③

"弥纶列曹,庶务政化之源,四方取则之地"这样的描述,如无语境,会让人误以为是在谈论宰相机构。

近几十年来,以唐长孺、赵雨乐、李锦绣等人的系统梳理为基础,学者们对唐内诸司使的认识有了长足的进步。目前所知宦官为主的内诸司使名有一百五十余种,涉及机要、军事、赋税、礼仪、供御、修造、通进、皇子诸王等各项事务,触角不限于京城,影庇大量民户。简而言之,唐后期的宦官已经发展出了一套完整的谋议、军事、财政、行政系

---

① 张国刚《唐代官制》,第15—16页。谢元鲁《唐代御前决策会议初探》,《中国史研究》1988年4期,第128—136页。谢元鲁《唐代中央政权决策研究》,第58—72页。袁刚《延英奏对制度初探》,《北京大学学报》1989年5期,第80—88页。袁刚《隋唐中枢体制的发展演变》,第165—180页。松本保宣《唐王朝の宮城と御前会議:唐代聽政制度の展開》第一部第一章,京都:晃洋书房,2006年,第21—69页。杜文玉《论唐大明宫延英殿的功能与地位——以中枢决策及国家政治为中心》,《山西大学学报》2012年3期,第196—205页。叶炜《论唐代皇帝与高级官员政务沟通方式的制度性调整》,《唐宋历史评论》第3辑,社会科学文献出版社,2017年,第58—70页。
② 《宋史》卷一六八《职官八》,第4003页。
③ 陈尚君辑校《全唐文补编》卷九二,中华书局,2005年,第1120、1121页。

统,极大侵夺了原有机构的事权。至唐末,枢密使、宣徽使、神策军左右中尉为该系统之首,其组织化的程度为宦官干政突出的汉、明两朝所未见①。所以有学者认为,唐后期宦官机构遵循了某种"特殊的官僚化道路"在演进②。

总之,宦官系统不仅是居于深宫的枢机,也是一个可以达于四方、处置庶事的完备系统。故宦官所构成的"枢机—有司"系统是唐后期新出现的君主支配的一大支柱,而不仅仅依靠其神策军力而已。它与南衙一起支持着唐后期的君权不坠,其中任一方面崩溃,都将使李唐的统治终结。正因如此,诛杀宦官对于唐皇帝而言亦是自毁长城的行为。所谓:

> 虽快一时之忿而国随以亡。是犹恶衣之垢而焚之,患木之蠹而伐之,其为害岂不益多哉!③

唐朝的灭亡有很复杂的原因,但唐朝统治瓦解的一个重要制度原因是:唐中后期所形成的新的"枢机—有司"系统,即宦官系统的毁灭。

诛宦官可分为两种,一种针对个别宦官,另一种针对宦官群体。一般来说,前者不会带来重大的政治动荡,而后者往往演变成巨大的灾难。

比如唐文宗(826—840 在位),一开始与翰林学士宋申锡谋诛宦

---

① 对唐内诸司使名的总结见黄楼《神策军与中晚唐宦官政治》附录四"唐代宦官诸司诸使表",第525—561页。前人的综合性研究如:唐长孺《唐代的内诸司使及其演变》,《山居存稿》,第252—282页。王寿南《唐代宦官权势之研究》,台北:正中书局,1971年。牛志平《唐代宦官》,《唐史论丛》第5辑,三秦出版社,1990年,第50—96页。赵雨乐《唐宋变革期之军政制度——官僚机构与等级之编成》,台北:文史哲出版社,1994年,第11—111页。贾艳红《试谈唐中后期的内诸司使》,《齐鲁学刊》1997年4期。杜文玉《唐代内诸司使考略》,《陕西师范大学学报》1999年3期,第37—35页。李锦绣《唐代财政史稿》下卷第四章"理财的内诸司",北京大学出版社,2001年,第437—512页。王静《唐大明宫内侍省及内诸司的位置与宦官专权》,《燕京学报》新16期,第93—110页。赵冬梅《文武之间:北宋武选官研究》,第32—71页。尚民杰《唐墓志中所见宦官诸使及相关问题的探讨》,《唐研究》第17卷,北京大学出版社,2011年,第399—440页。

② 陆扬《9世纪唐朝政治中的宦官领袖——以梁守谦和刘弘规为例》,《清流文化与唐帝国》,北京大学出版社,2016年,第87页。

③ 《资治通鉴》卷二六三,唐昭宗天复三年正月庚午条"臣光曰",第8599页。

官,宋的建议是"渐除其逼"①,剑指神策军右军中尉王守澄。宋申锡任宰相后,其谋泄露,但结局仅是被贬,事在大和五年(831)。四年之后,大和九年,唐文宗再谋诛杀宦官,遂成"甘露之变"②。此事第一阶段,文宗与因王守澄而进的李训、郑注合作,在其他宦官的配合下鸩杀王守澄,没有引起反弹。但下一步,李训(或许还有文宗本人)意图诛杀宦官群体,失败之后,包括宰相在内的官僚、吏卒、百姓死者千余人,"横尸流血,狼藉涂地,诸司印及图籍、帷幕、器皿俱尽"③。从宦官的立场说,除了"魁首"李训、郑注,"其余躁竞进取之徒,枝连叶著之党……莫不尽苞恢网,同抵国章"④。

李训兼为宰相、学士,郑注以医术进,亦至翰林侍讲学士,"二人相洽,日侍君侧"⑤,亦多结外朝臣僚⑥。因此,他们与宦官之间的争斗,不可视为内外朝之争,而是两个"枢机—有司"系统之间的矛盾。"甘露之变"之所以后果严重,就是因为双方欲除对方而后快。

在整个唐后期,北司与南衙这两个"枢机—有司"系统之间基本能维持较好的平衡,直至最终唐昭宗、崔胤联合朱全忠屠尽宦官。唐昭宗即位(888)后,费尽心机于乾宁元年(894)除掉了"定策国老"、大宦官杨复恭,既损坏了禁军的实力,也给了凤翔节度使李茂贞可乘之机,吞并了山南西道⑦。李茂贞跋扈异常,致使多位宰相、宦官首领被杀。乾宁二年李茂贞与邠宁节度使王行瑜、镇国节度使韩建兴兵入朝,杀宰相韦昭度、李磎,又引来河东李克用的问罪之师,以致京城大乱,破坏严重,昭宗出奔。前引郑璘作于光化二年(899)六月的《重修内侍省

---

① 《资治通鉴》卷二四四,大和四年七月叙事条,第7872页。
② 事件性质与经过参考贾宪保《"甘露之变"剖析》,《唐史论丛》第3辑,陕西人民出版社,1987年,第138—158页。牛志平《唐代宦官》,第75—79页。黄楼《神策军与中晚唐宦官政治》,第278—304页。
③ 《资治通鉴》卷二四五,大和九年十一月,第7913页。
④ 郑薰《内侍省监楚国公仇士良神道碑》,《全唐文》卷七九〇,第8272页。
⑤ 《旧唐书》卷一六九《郑注传》,第4400页。
⑥ 黄楼《神策军与中晚唐宦官政治》,第280—285页。
⑦ 参见刘永强《大厦将倾:杨复光、杨复恭与唐末政局研究》,《唐史论丛》第27辑,三秦出版社,2018年,第261—265页。

碑》即述此次乱后重建之事。

内侍省重建之后,恢复了往昔宏壮,"克叶旧规"。碑文还高度表彰了内枢密使宋道弼、景务修二人"再造庙朝",左右神策军观军容使刘季述、严遵美"宣力公家,倾心事主",呈现了在当时君主、部分士大夫眼中宦官机构、宦官首领在支撑唐皇帝统治上不可替代甚至崇高的地位。也说明了对数位宦官首领的杀伐不足以伤害北司系统之根本。

好景不长,一年以后,即光化三年六月,唐昭宗又在宰相崔胤的劝说下杀了宋道弼、景务修二人及另一宰相王抟①。此时的唐昭宗精神状况已不正常,"忽忽不乐,多纵酒,喜怒不常,左右尤自危";恐惧情绪在宦官中流行,左军中尉刘季述、右军中尉王仲先、枢密使王彦范、薛齐偓四位宦官领袖认为"主上轻佻多变诈,难奉事;专听任南司,吾辈终罹其祸"。光化三年十一月某日,昭宗猎后醉酒而归,夜中"手杀黄门、侍女数人。明旦,日加辰巳,宫门不开";在这种情况下,左军中尉刘季述、右军中尉王仲先等以宫内有变为由,发动政变,逼迫昭宗退位②。

次年正月,昭宗得以复辟,刘季述、王仲先、王彦范、薛齐偓并其党二十余人皆被诛杀③。昭宗任命了韩全诲、张彦弘为左右中尉,袁易简、周敬容为枢密使,但君主与宦官之间的信任关系已被破坏殆尽。一方面是昭宗认为"敕使中为恶者如林",崔胤请昭宗"尽诛宦官,但以宫人掌内诸司事",另一方面是宦官因惧怕诛杀而"谋以兵制上";故而昭宗虽有时欲与宦官和解,已不能实现,史称:"既而宦官自恃党援已成,稍不遵敕旨;上或出之使监军,或黜守诸陵,皆不行,上无如之何。"④天复元年(901)十一月,中尉韩全诲等劫持昭宗往投凤翔李茂贞:

> 上不许,杖剑登乞巧楼。全诲等逼上下楼,上行才及寿春殿,

---

① 《资治通鉴》卷二六二,唐昭宗光化三年六月,第8531页。
② 《资治通鉴》卷二六二,唐昭宗光化三年十一月,第8538—8539页。
③ 《资治通鉴》卷二六二,唐昭宗天复元年正月,第8544、8545页。
④ 《资治通鉴》卷二六二,唐昭宗天复元年六至八月,第8554—8557页。

李彦弼已于御院纵火。是日冬至,上独坐思政殿,翘一足,一足蹋阑干,庭无群臣,旁无侍者。顷之,不得已,与皇后、妃嫔、诸王百余人皆上马,恸哭声不绝,出门,回顾禁中,火已赫然。①

昭宗竟要仗剑抵抗宦官的劫持,临行时"庭无群臣,旁无侍者"。宰相崔胤则早就投靠了朱温,他和另一宰相裴枢都没有扈从昭宗,由此造成了"京师无天子,行在无宰相"的局面②。昭宗不得已,先以卢光启"权勾当中书事",继而命其"参知机务"③,是为临时宰相;至天复二年正月,又以韦贻范为同平章事④。三月,凤翔城中有一次荒诞的酒宴:

上与李茂贞及宰相、学士、中尉、枢密宴,酒酣,茂贞及韩全诲亡去。上问韦贻范:"朕何以巡幸至此?"对曰:"臣在外不知。"固问,不对。上曰:"卿何得于朕前妄语云不知?"又曰:"卿既以非道取宰相,当于公事如法;若有不可,必准故事。"怒目视之,微言曰:"此贼兼须杖之二十。"顾谓韩偓曰:"此辈亦称宰相!"贻范屡以大杯献上,上不即持,贻范举杯直及上颐。⑤

除了节度使李茂贞,宰相(韦贻范)、学士(姚洎、韩偓)、中尉(韩全诲、张彦弘)、枢密(袁易简、周敬容)就是昭宗当时的整个枢机群体。宴会进行之中,中尉韩全诲逃走,昭宗讥讽韦贻范"非道取宰相",自言"此贼兼须杖之二十",韦贻范酒杯直触昭宗的下巴。这是一个颇具象征性的场景——君主与枢机之间的信任关系、支配与被支配关系已不复存在,支持唐后期皇帝支配的南衙、北司两大支柱已废,大厦将倾。

诛杀宦官是导致这个结局的重要原因。崔胤、昭宗欲尽除宦官,但此绝非群臣的志向。宰相徐彦若、王抟曾谏杀宋道弼、景务修,建议

---

① 《资治通鉴》卷二六二,唐昭宗天复元年十一月,第 8560 页。
② 《资治通鉴》卷二六二,唐昭宗天复元年十一月,第 8562 页。
③ 《资治通鉴》卷二六二,唐昭宗天复元年十一月,第 8562、8563 页。
④ 《资治通鉴》卷二六二,唐昭宗天复二年正月,第 8567 页。
⑤ 《资治通鉴》卷二六三,唐昭宗天复二年三月,第 8568—8569 页。

"俟多难渐平,以道消息之"①。给事中韩偓也劝昭宗与崔胤:

> 事禁太甚。此辈亦不可全无,恐其党迫切,更生他变。
>
> 陛下不若择其尤无良者数人,明示其罪,置之于法,然后抚谕其余曰:"吾恐尔曹谓吾心有所贮,自今可无疑矣。"乃择其忠厚者使为之长。其徒有善则奖之,有罪则惩之,咸自安矣。今此曹在公私者以万数,岂可尽诛邪!②

韩偓的意见是,只针对其中的个别宦官领袖有所处置,而不是从根本上铲除宦官系统。"今此曹在公私者以万数",意味宦官乃君主枢机与官司不可或缺的组成部分。尽除宦官就是自去枢机。

天复三年正月,昭宗和李茂贞在凤翔已无法支撑。为了与朱温和解,李茂贞劝昭宗杀中尉韩全诲、张彦弘、枢密使袁易简、周敬容,史称:"上喜,即遣内养帅凤翔卒四十人收全诲等,斩之。"并其他主要人物共二十余人,凤翔城中诛杀的宦官共七十二人③。昭宗为了活命已慌不择路。朱温控制昭宗之后,与崔胤诛尽宦官数百人④,后连昭宗身边的"击球供奉、内园小儿"都被杀尽,"上之左右职掌使令,皆全忠之人";朱温还废除了唐朝的宦官系统:

> 敕内诸司惟留宣徽等九使(时惟留宣徽两院、小马坊、丰德库、御厨、客省、阁门、飞龙、庄宅九使。)外,余皆停废,仍不以内夫人充使。
>
> 以蒋玄晖为宣徽南院使兼枢密使,王殷为宣徽北院使兼皇城使,张廷范为金吾将军、充街使,以韦震为河南尹兼六军诸卫副使,又征武宁留后朱友恭为左龙武统军,保大节度使氏叔琮为右龙武统军,典宿卫。皆全忠之腹心也。⑤

---

① 《旧唐书》卷一八四《杨复恭传》,第4776页。
② 《资治通鉴》卷二六二,唐昭宗天复元年六月,第8554页。
③ 《资治通鉴》卷二六三,唐昭宗天复三年正月,第8591—8592、8593页。
④ 《资治通鉴》卷二六三,唐昭宗天复三年正月,第8594—8595页。
⑤ 《资治通鉴》卷二六四,唐昭宗天祐元年四月,第8631页。

通过这一翻更迭,唐朝君主的枢机成为朱全忠的枢机,朱梁随之也就取代了李唐。

以上梳理是为了揭示唐后期君主支配的基本结构:君主之外的第一层是包括学士、宦官领袖、宰相、佞幸在内的"枢机"群体①,诸枢机近要程度有所不同。之外一层则是包括宦官诸司、南衙京内外诸司诸使在内的处置庶事的机构,其中南衙系统自更为成熟。皇帝—枢机—有司构成一个不规则的同心圆结构,如下简图所示。

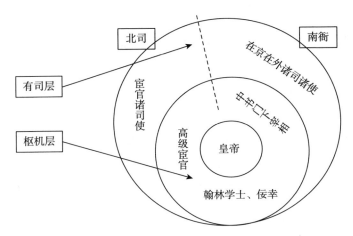

图1　唐后期君主—枢机—有司结构示意图

从上图可见,唐代北司与南衙之争,与其说是内朝与外朝之争,更应该理解为两个不同的枢机—有司系统的并立与矛盾。虽然从唐代的内诸司使到宋代的枢密院之间仍有相当的距离,但宋代二府的基本格局已经在唐后期的君主支配结构中确立了。从唐后期到五代、宋,在中书门下之外,一个新的枢机—有司系统创生、演化、固化。

---

① 谢元鲁认为,唐中后期的中央决策核心集团包括宰相、翰林学士、宦官。见《唐代中央政权决策研究》,第19—32页。贾宪保认为,唐后期的"新中枢体制或曰新内阁"包括了皇帝、宰相、翰林承旨学士、中尉、枢密使五大员。见贾宪保《神策中尉与神策军》,《唐史论丛》第5辑,三秦出版社,1990年,第151—152页。戴显群亦指出,唐后期宰相、枢密使、翰林学士构成新的政治中枢。见戴显群《唐代的枢密使》,《中国史研究》1998年3期,第88—89页;戴显群《唐五代政治中枢研究》,厦门大学出版社,2001年,第134—137页。诸说皆有洞见,不妥之处是,或将皇帝与臣僚并列为"内阁",或是宰相之外的"中枢"限于学士、宦官。

由此回到本部分开头提到的问题,即皇帝身旁大小臣工、佞幸、宦官、小吏,是否都有可能随时转化为宰相?这一问题基于强烈的士大夫立场,即把宰相之外的角色视为皇权寄生物,但就君主—枢机—有司这一支配结构而言,宰相并非超越其他的独特角色,而是与宦官、佞幸等共同作为君主的枢机。那些具备较为持续、完整的指挥庶事之权限、能力的"枢机",如唐后期的宦官、部分佞幸,与宰相一道构成了君主支配的支柱。

## 四、本章结语:"委托制"与"枢机制"

传统君主制都面临一个共同的挑战:如何以一人独运天下。在中国古代,基本的模式有两种。

西汉时代所见的一种典型方式是"君相委托制",即天下政务总于丞相,为日常统治的中枢。劳榦在谈及秦汉政治制度时说:"秦制最重要的特征,第一点可以说是最简单而明白的,第二点可以说是集权的信托制度。……就第二点来说,秦汉的皇帝诚然掌握着国家最高的权力,但一般政务还是在原则上完全交给丞相去办,皇帝只是责成丞相。再由丞相把地方的政务信托给郡太守,由太守全权处理郡内的事。……汉代到了武帝以后,虽然可以说还是信托式的传统,可是被扰乱的不纯。到了东汉时代就更进一步的破坏,一直到晚清尚不能回复旧时的原则。"[①]劳榦的观察十分深刻。不过,传统政治中的"信托制""委托制"只是一种理想形态,谈不上破坏与否。在"委托制"中,君、相之间略有某种"平等"的色彩,此已见于本书前引《通典》的叙述。作为百官之首、礼绝百僚的汉代"丞相",亦成为今人认识中国古

---

① 劳榦《汉代政治组织的特质及其功能》,《劳榦学术论文集甲编》(下册),台北:艺文印书馆,1976年,第1239页。该问题的学术史与新近讨论见侯旭东《西汉"君相委托制度"说剩义:兼论刺史的奏事对象》,《中国中古史研究》第7卷,中西书局,2019年,第1—29页。

代"宰相"的基础。虽然皇帝—丞相制度在西汉武帝以后即逐渐变异①,但"委任责成"作为一种理想的君臣关系模式仍长期存在于中国古代的政治文化之中。故无论就实践还是理想而言,"委托制"仍可谓中国古代皇帝支配天下的基本模式之一。

经过了东汉魏晋南北朝的演进,隋唐至宋所见则是另一种模式,可谓之"枢机制":君主通过其枢机支配天下,这些枢机之臣的第一身份为君主近要之官,第二身份是有司之首领。在君主—枢机—有司的支配结构下,所谓"宰相",正是唐宋君主的多种枢机之一,此外还有宠臣、学士、宦官等。从唐到宋,不但宰相从兼职枢机变为专职,而且还有北司这一新的枢机—有司系统的创生、演化,固定为枢密院。诸多"枢机"与君主之间存在着人身性的依附关系,最极端的是作为皇帝家奴的宦官,宠臣、学士、宰相的依附性看起来不如宦官明显,但他们从近要的意义上仍然是君主的附庸。古代的君臣关系本身就有人身性支配—依附关系的性质,臣僚越是贴近君主,其人身性依附色彩越重,由此决定了枢机制是君主支配的底色。

"委托"与"枢机"制下君主直接支配的范围不同。委托制下,君主个人的支配范围有限,故所表现出来的政治问题往往是内朝干政。不过,这种"内朝""中朝",固然为一些皇帝介入朝政提供了可以依靠的力量②,但实际多被丞相隔绝于内,没有运转天下庶事的权限与能力。但在"枢机制"之下,君主通过枢机群体将整个王朝系于自身周围,其中的变化是有新的枢机系统加入其中,进一步完善了君主支配天下的能力。至于内朝,实际不能说是枢机制下的政治问题——它已被兼容在种种枢机之中,只是儒家士大夫颇为不满而有不少批判。

本章所提出的"委托"与"枢机"两种君主支配的类型可以作为进

---

① 西汉在武帝以后制度虽有变化,但丞相依然是朝政的核心、统治的枢纽,君相委托制并无多大变化。见侯旭东《西汉"君相委托制度"说剩义:兼论刺史的奏事对象》,第5—19页。

② 侯旭东《宠:信-任型君臣关系与西汉历史的展开》,第208—218页。

一步分析中国古代王朝独特结构的基础概念。"委托制"与"枢机制"并非"官制",而是中国古代王朝君主支配的基本模式,皆可谓"理想类型",实际政治体制皆为这些类型的混合或者变异。在本章所重点分析的唐到北宋前期,"枢机制"的成分较为显著。但是,从北宋后期开始,尤其是南宋时代,"枢机制"底色之上呈现了浓厚的"委托制"色彩。

# 第二章　南宋后期政治中的"双重委托"

笔者曾经探讨过北宋后期君主操控权力的方式,总结为如下几种类型①:

| 时期/体制 | 特点 |
| --- | --- |
| 神宗熙宁中书体制 | 君主委信宰相(王安石),宰相总揽事权 |
| 神宗元丰三省一枢密院制 | 君主独断、"事皆自做",宰执分权互制 |
| 元祐垂帘体制 | 女主(高氏)垂帘,以与其夫(英宗)的历史渊源选择宰执,在平章军国(重)事、宰执之间形成了差等有序的权力格局 |
| 哲宗亲政下的二府制 | 内外臣僚选择上皆依赖其父旧臣,二府臣僚矛盾重重,但仍保持人选的基本稳定 |
| 徽宗朝公相体制 | 宰执权力分配上类似元祐差等制,君主本人角色又极为突出,对个别臣僚(蔡京)既依赖又限制 |

在这些事例中,在熙宁宰相王安石、元祐垂帘时期的司马光与吕公著、徽宗朝的蔡京身上,都能看到"委托制"的影子,其中蔡京常被视为"权相"。确实,"权相"是观察委托制一个非常重要的标志。当历史进入南宋,"权相"成为政治的关键词之一,故更能看到相当程度委托制的复兴。

关于南宋前期秦桧专权,刘子健认为,宋高宗赵构最大的需要是有一个人帮他决策和议,同时负责去执行、镇压其他的臣僚、担当不利的批评,这人便是秦桧,而高宗所付出的代价就是权势;至于高宗禅位

---

① 方诚峰《北宋晚期的政治体制与政治文化》(第二版),北京大学出版社,2023年,第355—356页。

为太上皇帝,实际等于他用孝宗做丞相①。因此,由于特殊的立国方式,南宋前期就已经建立起了君相(或太上皇帝—皇帝)的"委托制"。刘子健的分析极好地揭示了南宋"权相"政治的基础,同样可以用来解释南宋中后期的权相之性质。

宋宁宗(1194—1224 在位)朝直到南宋灭亡,又出现了韩侂胄(1152—1207)、史弥远(1164—1233)、贾似道(1213—1275)长期把持朝政。学界对南宋后期的权臣已有不少研究,尤其对其时政治体制已有较一致的认识。比如,学者注意到了韩侂胄假借御笔、内批以操纵朝政的特点②,也突出了其作为近习、外戚的身份,或称之为侧近政治③。与韩不同,史弥远专权依赖宰相兼枢密使的政治体制、宰属的壮大④。这些研究提示,史弥远专权同样可以归入"委托制"的范畴。

但仅关注君相之间的委托仍是不够的。南宋长期处于战时状态,特别是 13 世纪初金衰蒙兴之后,宋朝边境日益陷入危局,愈演愈烈的边患又反过来深刻塑造了内政的形态。为了因应内外形势,南宋后期在君相委托的基础上进一步形成了"双重委托"的局面。双重之第一重即"君相委托",形成所谓"权相政治",而如上所述,君相委托在南

---

① 刘子健《包容政治的特点》,《两宋史研究汇编》,台北:联经出版事业公司,1987 年,第 49—54 页。
② 邓广铭《辛弃疾传》,生活·读书·新知三联书店,2017 年,第 78 页。虞云国《南宋行暮:宋光宗宋宁宗时代》,上海人民出版社,2018 年,第 180—188 页;该书初版题作《宋光宗 宋宁宗》,吉林文史出版社,1997 年。韩冠群《从宣押入内到独班奏事:南宋韩侂胄的专权之路》,《北京社会科学》2016 年 4 期。
③ 安倍直之《南宋孝宗朝の皇帝側近官》,《集刊東洋學》88,2002 年,第 101 页。寺地遵《韓侂胄專權の成立》,《史學研究》247,2005 年 3 月;中译文:吴雅婷译,《中外论坛》2020 年 4 期,第 157—186 页。小林晃《南宋中期における韓侂胄專權の確立過程—寧宗即位(1194 年)直後の政治抗争を中心として》,《史學雑誌》115(8),2006 年 8 月,第 31—54 页。李超《南宋宁宗朝前期政治研究》,上海古籍出版社,2019 年,第 178—222 页。
④ 虞云国《南宋行暮:宋光宗宋宁宗时代》,第 315—322 页。小林晃《南宋寧宗朝における史彌遠政權の成立とその意義》,《東洋學報》第 91 卷第 1 号,2009 年;中译文收入邓小南等主编《宋史研究论文集(2012)》,河南大学出版社,2014 年,第 130—140 页。尹航《宰属与史弥远专权》,原刊《文史》2019 年第 2 辑;修订稿收入邓小南、方诚峰主编《宋史研究诸层面》,第 612—636 页。韩冠群《从政归中书到权属一人:南宋史弥远专权之路》,《四川师范大学学报》2017 年 3 期。韩冠群《从朝堂到相府:南宋史弥远主政时期的中枢政治运作》,《中山大学学报》2022 年 5 期。

宋初年就已出现。第二重,则是在重大的军事挑战面前,权相史弥远将边事委付给江淮、京湖、四川沿边制置使,令其担负抵御外患之责,形成"相阃委托"。君主—宰相—制阃之间的委信,可以说是南宋后期政治最大的稳定器,也把南宋的内政与对外关系联结了起来。

在这种"双重委托"结构中,"权相"是内政、边事的轴心。那么,如果权相退场,双重委托消失,内外政事会呈现何种局面呢?恰好,自史弥远去世的宋理宗绍定六年(1233)到贾似道掌权的景定元年(1260)之间,一般认为不存在权相(史嵩之除外,详下文)。这段历史正提供了一个从反面观察南宋"双重委托"的契机。

本章和下章的任务,就是从正反两面去理解"双重委托"之于南宋政治的意义。

## 一、史弥远时代的"双重委托"

虽然"君相委托"始于南宋初期,但"双重委托"形成于史弥远时代。绍定五年,袁甫批评宋理宗"高拱无营,自暇自逸,而独使宰辅以有限之筋力,当无穷之忧责","自处于无为,乃朝夕督责大臣以有为"[①]。魏了翁(1178—1237)提到,在尚未得到君主旨意的时候,宰相的命令(省札)已经发出,且其他执政已先于空省札上签字,以方便史弥远之出令:

> 呜呼,宇宙大物也,非一人所能控搏,虽尧舜犹舍己以从众,虽皋夔稷契犹举贤而逊能。而后世庸贪之相,何等才分?乃欲深居独运,以机务之夥而付之二三阿谀顺指之人。[②]

如此,理宗身为君主而"无为",却委任权相史弥远"独运""有为",又赋予其"先行"的权力,这就是君相委托的特点。

《郑清之行状》记载了绍定三年朝廷决策伐李全的过程,可以很好

---

[①] 袁甫《蒙斋集》卷三《应诏封事》,《景印文渊阁四库全书》1175,台北:台湾商务印书馆,1986年,第368、369页。

[②] 魏了翁著,张全明校点《重校鹤山先生大全文集》(简称《鹤山集》)卷一八《应诏封事》,《儒藏精华编》242,北京大学出版社,2022年,第308页。

地说明君相委托的上述特点:

> 上深以为然,云:"当即批与丞相。"公(笔者案,即郑清之)奏:"御批须是:'以社稷存亡在此一举,苟不用此三人,或有疏失,过不在朕。'"上领之。既退,知御批已至相府,然至晚无所施行,公转扣相子宅之从臾,忧惧待旦。四鼓后方缴入,黎明出命,朝野欢呼,知贼不足平矣。①

史弥远有先行的权力,理宗一般不过问,但在讨伐李全问题上,史弥远因本意、身体状况而并不积极,理宗于是以御批督其落实。该御批饶有深意:如果史弥远坚持不用赵善湘、赵范、赵葵讨李全,那么他需要承担这一决定的全部后果。当然并不能反推如果用三赵讨李全却失败了,理宗本人需要承担后果,只不过理宗用强硬的姿态令史弥远执行他的旨意。这就是前言"陛下既自处于无为,乃朝夕督责大臣以有为"。所谓权臣,就是皇帝委信、督责宰相的产物。

此时的史弥远身体欠佳。绍定三年前后,"弥远病,久不见客"②。绍定三年十二月,理宗诏:"史弥远敷奏精敏,气体向安,朕未欲劳以朝谒,可十日一赴都堂治事。"③治事频率的下降,意味着史身体状况不佳,故颇疏于朝政④。绍定四年,袁甫在《应诏封事》中就提到:"中外多事,国步孔艰,宰臣之勤劳亦已至矣。三数年来,积劳成疾。"⑤如果是"三数年来,积劳成疾",那么史弥远在绍定二年左右就已欠安。又,吴泳所撰《周端朝墓志》言,"时宰相病,不能入朝,政事笔多出房闼,中书之务山压川壅。重以边垂外骚,寇贼内讧,郁攸煽虐,怪星昼见";

---

① 刘克庄著,辛更儒笺校《刘克庄集笺校》卷一七〇《丞相忠定郑公行状》,中华书局,2011年,第6586页。
② 《宋史》卷四〇七《吕午传》,第12297页。时间据方回《吕公午家传》,收入程敏政辑撰,何庆善、于石点校,易名审订《新安文献志》卷七九,黄山书社,2004年,第1925页。
③ 《宋史》卷四一《理宗一》,第793页。
④ 寺地遵曾指出,史弥远在绍定三年十二月后十日一治事,是宋理宗铲除史弥远的一次政变,剥夺了史弥远干预朝政的权力,理宗亲政由此成立。此说言之过当,小林晃已指出。见小林晃《南宋理宗朝前期における二つの政治抗争 —『四明文献』から見た理宗親政の成立過程》,《史学》第79卷4号(2010),第33—39页。
⑤ 袁甫《蒙斋集》卷三《应诏封事》,《景印文渊阁四库全书》1175,第368页。

而彗星出现的时间是壬辰闰月十八日①,也就是绍定五年闰九月②。大约也在绍定五年,吴泳给李壄的信中提到:"丞相久病,近作止不常,时事大可虑。"③因此,绍定二三年之后史弥远恐怕都在病中。讨李全之事,既说明了史弥远即使病重家居也具有深不可测的威势,又展现了理宗以御笔督责史弥远执行己意的最高权力。

宋理宗之所以要督责史弥远去落实伐李全之议,从制度而言是因为宋朝君主的出命方式本该如此,更是因为当时在史弥远与前线阃臣之间已结成的委托关系。用陈韡(1180—1261)的话说:"自嘉定以来,阃臣率用宰相私人。"④也就是宰相把边疆重任委托给与自己有着牢固私人关系的阃臣。小林晃认为,史弥远在嘉定十一年(1218)的泗州战败后将防卫交给心腹、姻亲、族人,又极力搜集信息、掌控前线⑤。此说注意到了史弥远任用心腹以主边防,但以泗州之战为界则于史有违。

今案,小林晃所引黄榦致江淮制置使李珏书一通,可说明史弥远在内外任用亲信始于掌权之初:

> 丞相诛韩之后,所以潜消祸变者,其于大本不为无助,惟其惩意外之变,遂专用左右亲信之人,往往得罪于天下之公议,世之君子遂从而归咎于丞相。丞相不堪其咎,遂断然屏逐而去之,而左右亲信者其用愈专矣。……
>
> 若今大敌在竟,更不改图,则大事去矣。丞相所以宠任此辈者,特以为自固之计。大事既去,则虽欲自固,可乎?人之情,言

---

① 吴泳著,吴洪泽校点《鹤林集》卷三四《周侍郎墓志铭》,巴蜀书社,2022 年,第 249 页。

② 佚名撰,汪圣铎点校《宋史全文》卷三二,中华书局,2016 年,第 2673 页。

③ 吴泳《鹤林集》卷二九《与李悦斋书四》,第 217 页。此书写作的时间在李壄卸任、黄伯固接任四川制置使前后,而黄伯固接任的时间在绍定五年。见魏了翁《鹤山集》卷三七《书·黄制置伯固(壬辰)》,《儒藏精华编》242,第 595—596 页;陈桱《通鉴续编》卷二一,静嘉堂藏元刊本,第 31a—b 叶。

④ 《刘克庄集笺校》卷一四六《忠肃陈观文神道碑》,第 5768 页。

⑤ 小林晃《南宋后期史弥远专权内情及其嬗变》,《国际社会科学杂志》2020 年 3 期,第 62—65 页;日本版原刊于 2018 年。

之于安平无事之日则轻于鸿毛,谏之于祸变将至之日则重于千金。今日之急莫大于此。须得一二有识见、有智谋、能议论、识深浅之人,数数遣赴庙堂禀议,使之委曲晓譬,以开其惑。此亦数以手书密布忠悃,苟一言悟意,则大本立而天下定矣。①

上引此书第一段言史弥远日益专用亲信,第二段实是劝李珏谏史弥远改弦更张,遣人赴庙堂禀议,且"数以手书密布忠悃"。这说明李珏本人就是史弥远所任用的亲信之一,故黄榦亦对李珏言:"况庙堂之于尚书,亦可谓相知之深者。"②

李珏的前任,嘉定八年十一月至九年正月担任江淮制置使的李大东③,亦是史弥远的亲信。嘉定六年末七年初,黄榦在通判安丰军任上与知军郭绍彭不和,李大东身为淮西安抚使,既担心得罪郭绍彭而请改除黄榦,又对黄榦之冤于心不忍,故致史弥远密札以实情相告,最终黄榦改除而郭绍彭被黜④。此事大抵可说明李大东与史弥远的关系,故李珏之后,江淮制置使于嘉定十二年被分为淮东、淮西、沿江三阃,李大东又任沿江制置使三年。赵善湘则从嘉定十二年起任淮西阃,宝庆二年(1226)改任沿江阃,绍定三年(1230)又任江淮制置大使,兼淮西、淮东、沿江于一身。他是史弥远的亲家,"季子汝楳,丞相史弥远婿也,故奏报无不达"⑤。

其他战区情形大致如此。在京湖,嘉定七年至十四年任阃臣的赵方,是史弥远的旧部,恪守史弥远的政策⑥。赵方之后的两任京湖制使

---

① 黄榦撰,周国林校点《勉斋先生黄文肃公文集》(简称《勉斋集》)卷九《与金陵制使李梦闻书九》,《儒藏精华编》240上,北京大学出版社,2018年,第142页。
② 黄榦《勉斋集》卷八《与金陵制使李梦闻书一》,《儒藏精华编》240上,第131页。
③ 钱大昕《十驾斋养新录》卷八《沿江制置》,陈文和主编《嘉定钱大昕全集》(增订本),凤凰出版社,2016年,第227页。
④ 黄榦《勉斋集》卷三《与李敬子司直书》,《儒藏精华编》240上,第63页;卷五《复李仲诗淮西帅(大东)》,《儒藏精华编》240上,第89页。
⑤ 《宋史》卷四一三《赵善湘传》,第12401页。
⑥ 方震华《军务与业儒的矛盾——衡山赵氏与晚宋统兵文官家族》,《新史学》17卷2期,2006年6月,第5页。李超《既用且防:史弥远与衡山赵氏家族关系考论》,《南华大学学报》2018年5期,第34—36页。

是陈晐(嘉定十四年)、史嵩之(绍定五年),后者为史弥远之侄不必说,关于陈晐,言者云:"赵(善湘)、郑(损)、陈(晐),故相之肺腑腹心,久任方面,以功自诡。"①或论他们三人"纳赂弥远,怙势肆奸,失江淮、荆襄、蜀汉人心"②。这些言论道明了陈晐亦是"宰相私人"。

四川地区的阃臣变化较大,但也不背离这一原则。嘉定七年以后的四川阃臣有③:董居谊,嘉定七年三月至十二年正月,最为久任;聂子述,嘉定十二年正月至五月;安丙,十四年十一月卒于任;崔与之,至十七年三月被召赴阙;郑损,至宝庆三年通;桂如渊,绍定元年至四年;李𡌴,至绍定六年被召。这些人中,安丙系董居谊、聂子述败后不得已用之。郑损、桂如渊败后,又不得已在绍定四年十月用蜀中老臣李𡌴(71岁)挽救局面④。而除了不得已所用之安丙、李𡌴,其余皆为史弥远所用之人。郑损已见前说,为"故相之肺腑腹心"之一,或云其为史弥远之党⑤。另据叶寘言,董居谊和聂子述皆为胡榘、胡槻兄弟所引⑥。而聂子述与胡榘,正是史弥远最信任的"四木"成员⑦。

宰相以亲信任阃臣是为了贯彻自己的意志。13 世纪初金衰蒙兴,南宋对北方的策略在宋宁宗嘉定以后多有变化,但总体来说就是"以静观变",最终归于自守⑧。在形势多变的时代,无论史弥远采用何种策略,其落实都要依赖前线阃臣。黄宽重曾指出,面对北方危机,史弥

---

① 刘宰《京口耆旧传》卷七《王遂传》,《景印文渊阁四库全书》451,第 192 页。
② 《宋史》卷四一《理宗一》,第 799 页。陈桱《通鉴续编》卷二一,第 40b—41a 叶。
③ 钱大昕《十驾斋养新录》卷八《四川制置》,第 225—226 页。姚建根《宋朝制置使制度研究》,上海书店出版社,2010 年,第 236—238 页。
④ 刘宰致李𡌴信云:"蜀士大夫之不任全蜀寄久矣,今专以属侍郎,其势非甚迫不及此。"见《漫塘集》卷一〇《札子·回四川制置李侍郎》,《景印文渊阁四库全书》1170,第 404 页。
⑤ 崔与之撰,张其凡、孙志章整理《宋丞相崔清献公全录》卷二引,广东人民出版社,2008 年,第 17 页。
⑥ 俞文豹撰,许沛藻、刘宇整理《吹剑四录》引《三学义举颂》,《全宋笔记》第 7 编 5,大象出版社,2016 年,第 179 页。
⑦ 佚名撰,王瑞来笺证《宋季三朝政要笺证》卷一,中华书局,2010 年,第 66 页。
⑧ 郑丞良《试论南宋嘉定年间(1208—1224)对金和战议论与政策的转变》,《台湾师大历史学报》57,2017 年 6 月,第 1—32 页。

远采纳了程珌(1161—1242)所献之策:表面上听任边将自为和战,结强敌及豪杰,实际上朝廷隐然操纵①。这个观察于朝廷操纵的一面甚是在理,然边将绝无自为和战的权限,实是皆秉承史弥远之指。

先以四川战区为例。嘉定六年下半年,宋朝先后派出贺生辰使董居谊、贺登位使真德秀、贺正旦使李壁,皆因金朝的乱局未达金廷,于是宋宁宗与史弥远特意"以御札赐大使安丙及王大才,令益谨守备,毋启边衅"②。安丙是四川宣抚制置使、王大才是沔州都统制。但安丙并没有认真执行朝廷的指示,其同乡兼幕僚何九龄密结忠义人欲袭取秦州而败,于是王大才"以九龄启边衅,斩之,枭首境上"③。正是在安丙不遵御札、与王大才失和的情况下,董居谊被任命为四川制置使,其使命自然是严格遵循"毋启边衅"的自守策略:嘉定七年七月,夏国以书来四川,议夹攻金人,董居谊不之报④;嘉定八年八月,兰州盗程彦晖求内附,董居谊却之;嘉定九年四月,秦州人唐进与其徒何进等引众十万来归,董居谊拒却之⑤。

嘉定十年四月,因为金人进攻江淮,于是包括董居谊在内的三边阃臣皆获得了"便宜行事"的权限⑥。再到六月,朝廷下诏北伐⑦。董居谊是不是因此在四川有什么进取行动不得而知,据魏了翁言:

> 自董居谊帅蜀,专倚王大才守护西边。大才重贻房帅,而大言于中朝外梱,保无边患。一旦房乘虚深入,大才忧惧而死。居谊仓皇度剑,尚守密院风指,显然下令有不得追袭过界之文。于是房可以攻我,而我不可以袭房。外三关既失,藩篱决坏,外讧内

---

① 黄宽重《晚宋朝臣对国是的争议——理宗时代的和战、边防与流民》,台大文史丛刊,1978年,第19页。
② 佚名编,汝企和点校《续编两朝纲目备要》,中华书局,1995年,第255页。
③ 佚名编,汝企和点校《续编两朝纲目备要》,第256页。
④ 佚名撰,汪圣铎点校《宋史全文》卷三〇,第2567页;李心传撰,徐规点校《建炎以来朝野杂记》乙集卷一九《边防二·西夏扣关》,第847页。
⑤ 《宋史》卷三九《宁宗三》,第762、763页。
⑥ 佚名编,汝企和点校《续编两朝纲目备要》卷一五,第283页。
⑦ 佚名撰,汪圣铎点校《宋史全文》卷三〇,第2575—2576页。

猢,不得已而用安丙、崔与之。虽或死或病,皆不能久,然二人固非诣事宰相者也。①

晚于江淮,金人在嘉定十年底才发起对四川的进攻,嘉定十一年二月王大才因"马蹶"而死,此后金人更大入,宋方死者五万,三关五州残破②。这时候,南宋的"北伐"其实已经停止,故面对金人侵蜀,宋廷的命令仍是自守,董居谊遂有"不得追袭过界"之令。因此,董居谊和王大才的合作基础,就是一致固守朝廷绥靖指示。《续编两朝纲目备要》言:"大才贪庸凶悖,制置使既不得其柄,反倚重焉,失朝廷临遣之意矣。"③这个评价是失焦的,董居谊正是深刻理解了"朝廷临遣之意",才能与王大才合作多年。

董居谊失败后,聂子述短暂接任四川制置使,夏人又至:"聂子述俾利西安抚丁焴答书,饬将吏严兵以待。时嘉定十二年三月也。子述寻罢去,焴持议不可轻动,师不可出。"④聂子述答书内容如何不得而知,但"饬将吏严兵以待"实际已经表明了其自守的态度。与此形成对照的是在聂子述后的安丙,他在嘉定十三年八月"决意出师,以奏札闻诸朝,不待报可,命将大举,卒无功"⑤。安丙又一次擅自行动,违背了朝廷的自守方略。安丙去世后,颇有清誉的崔与之自知成都府升为四川制置使,有鉴于安丙联夏攻金之败,"与之至是饬边将不得轻纳"西夏之请,"夏人知不可动,不复有言"⑥。崔与之被派到四川不是没有理由的,他自嘉定七年至十一年皆守扬州,自言:

> 臣昨乘障五年,力持守御一说始终不变,毁言日至,不遑恤也。有为进取之举者,臣知其必不利;又有为议和之说者,臣亦断以为不可行。⑦

---

① 魏了翁《鹤山集》卷一八《应诏封事》,《儒藏精华编》242,第 323—324 页。
② 《宋史》卷四〇《宁宗四》,第 768—769 页。
③ 佚名编,汝企和点校《续编两朝纲目备要》,第 257 页。
④ 《宋史》卷四八六《夏国传下》,第 14027 页。
⑤ 《宋史》卷四八六《夏国传下》,第 14027 页。
⑥ 《宋史》卷四〇六《崔与之传》,第 12260 页。
⑦ 崔与之撰,张其凡、孙志章整理《宋丞相崔清献公全录》卷二,第 13 页。

知崔与之是坚定的力主守御、持重之人,故到四川后亦坚决贯彻此议,曾明确反对安丙联夏攻金①。因此,崔与之虽"固非诡事宰相"者,却是自守之策的坚定执行者。

宋理宗即位以后,宋朝的主要威胁由金人变为蒙古人,宋廷亦以绥靖之策处之。郑损任四川制使时,收到了蒙古人威胁性质的公文,他却将其解释成"议和"而进于朝廷,最终朝廷授意其以"通好"的名义继续与蒙古交涉②。其后桂如渊在任时,蒙古人向宋方提出了假道、借师、贷粮之"嫚书",四川制司则一概应允③。正是桂如渊,同意并引导了成吉思汗幼子拖雷所率领的斡腹之师④,这支军队后在三峰山以少胜多击溃金军主力,奠定灭金大局。魏了翁说:

> 会郑损……帅蜀,谕令降附,弃险要,戚地数百里以图苟安。(周)[桂]如渊固守其说,虏将大赤辈已纵骑焚掠,出没吾地,而虏使速不罕方以议和留兴赵原,我使王良能、李大举方以报聘诣凤翔府,制司方以牛羊犒师,督兴元帅。人心既愤,鞑骑横行十七州,生灵死者不知其几千万。赖天心悔祸,虏自引去。人莫不咎如渊之暗,而不知弥远实使之。⑤

因此,正是在史弥远的指示下,四川战区对蒙古人采取避免冲突的方略,表现出来的则是"和蒙"之举,此亦属"毋启边衅"。

江淮与京湖战区情形大致相仿。嘉定十年春李珏任江淮制置使,刘克庄批评他没有定见:"今帷幄之筹无所坚决,疆场之吏无所禀承,欲乘机进取,则上制乎庙谟;欲偷安退保,则下畏乎公论。"⑥李珏所秉承的"庙谟",正是介乎进取与退保之间的方略,也就是刘克庄后文说

---

① 崔与之撰,张其凡、孙志章整理《宋丞相崔清献公全录》卷二,第17页。
② 黄淮、杨士奇编《历代名臣奏议》卷九九《李鸣复轮对状》,第1350页。
③ 魏了翁《鹤山集》卷八二《故太府寺丞兼知兴元府利州路安抚郭公正孙墓志铭》,《儒藏精华编》243,第1287页。
④ 参见赵翼著,王树民校证《廿二史札记校证》卷二九《元史自相歧互处》,中华书局,2013年,第657页。
⑤ 魏了翁《鹤山集》卷一八《应诏封事》,《儒藏精华编》242,第324页。
⑥ 《刘克庄集笺校》卷一二八《丁丑上制帅书》,第5198页。

的"持重者欲守"。

与四川稍不同的是,因为金人在嘉定十年四月就进攻江淮,故六月宋朝下北伐诏后,江淮与京湖战区进入了一段积极利用"忠义人"经略北方的时期,及至嘉定十一年春泗州之战,江淮宋军北伐失败,宋方的积极态势也就消沉而归于自守①。泗州北伐之役也由李珏主持,但实际上李珏并没有因此而罢去,原因就是这场战役也是史弥远授意的②。因此,李珏或守或战,根本驱动力不在他本人或者幕府群僚,而是于他"相知之深"的史弥远之意志。

嘉定十二年四月李珏丁母忧而去,江淮制置司一分为三,至绍定三年赵善湘任江淮制置大使后又统合为一个战区。金亡前夕,江淮制置大使赵善湘于绍定六年二月带职入奏,理宗问以"中原机会卿意以为如何?"赵善湘的回答是:"中原乃已坏之势,恐未易为力。边头连年干戈,兵民劳役,当休养葺治,使自守有余,然后经理境外。今虽有机会,未是时节。"即主张自守③。

在京湖战区,赵方是北伐的发起者:嘉定十年五月,京湖阃赵方上书请北伐,于是朝廷"传檄招谕中原官吏军民"④。六月北伐诏书下达后,京湖战区"以黄榜募京西忠义人进讨"⑤。不过随着嘉定十一年初江淮战区的失利,京湖也转入了自守⑥。赵方之后的京湖阃是陈晐,绍定四年陈晐在任时,金朝方面遣使约与南宋攻蒙,被宋方拒绝⑦。陈晐

---

① 黄宽重《南宋地方武力——地方军与民间自卫武力的探讨》,台北:东大图书公司,2002年,第279页。郑丞良《试论南宋嘉定年间(1208—1224)对金和战议论与政策的转变》,《台湾师大历史学报》57,2017年6月,第18—22页。
② 郑丞良《试论南宋嘉定年间(1208—1224)对金和战议论与政策的转变》,第21页。
③ 佚名撰,汪圣铎点校《宋史全文》卷三二,第2676页。
④ 佚名撰,汪圣铎点校《宋史全文》卷三〇,第2575页。
⑤ 佚名撰,汪圣铎点校《宋史全文》卷三〇,第2576页。
⑥ 参见方震华《军务与业儒的矛盾——衡山赵氏与晚宋统兵文官家族》,《新史学》17卷2期,2006年6月,第8—9页。
⑦ 刘一清撰,王瑞来校笺考原《钱塘遗事校笺考原》卷二《夹攻辽金》,中华书局,2016年,第74页,尤其是注二。

的继任史嵩之虽然参与了破蔡灭金,但坚决反对进取,力主与蒙古的和好①。

在多数时候,确实可谓"大丞相力主安靖之说"②,这种"自守"方略包括尽量不介入北方乱局,尤其避免与新兴的蒙古发生冲突。这一"安靖""自守"方针因史弥远委任的亲信阁臣而得以落实。正因如此,李全叛乱后,史弥远"尚欲掩遏调护"③,然则宋理宗决意讨伐就与史弥远一向的主张不同,而理宗主导的政策转变,仍需要督责并委托史弥远、史再进一步委托亲信阁臣方能实现。

理宗日渐成年,确实显露了不同的志向。绍定五年底,蒙古使臣王檝至京湖,议与宋联合伐蔡,史嵩之奏报朝廷后,理宗亲自"命嵩之报使许之"④。绍定六年八月十九日吴泳(1181—?)轮对,其奏札中提到:

> 迩者辅臣奏事,制阃宣对,讲官侍燕清闲,窃闻训谟屡有中原好机会之叹。……此好机会之语,或者犹谓陛下言之太易也。⑤

可知理宗在绍定六年八月之前已经屡屡向臣僚发出了"中原好机会"之叹,恢复之心已经昭然若揭。因此,前述绍定三年底的伐李全事比较符合理宗本人的激进姿态,而不符合垂垂老矣的史弥远之主张。不过,理宗仍然可以用强硬的御批督责史弥远去落实自己的意志。

因此,史弥远去世前,权臣政治的本质其实是两重委托关系,一重是君主全权委任或督责宰相,第二重是宰相委任作为其"肺腑腹心"的

---

① 《宋史》卷四一四《史嵩之传》,第 12424 页。魏了翁给陈贵谊的书信还提到:"近得(更)[史]制帅书,虽亦盛陈平蔡之功,如云函守绪之骨,俘阿骨打之宝,系天刚之颈,其词甚伟。而其末尚云:'狄情固当防,而羁縻之策不可废;故疆固当复,而进取之谋未可急。'"(《鹤山集》卷三七《书·陈参政(甲午)》,《儒藏精华编》242,第 601 页。)从魏了翁的转述亦可知,史嵩之主张原则上的恢复、实际上的自守。
② 《宋史》卷四七七《李全传下》,第 13842 页。
③ 魏了翁《鹤山集》卷一八《应诏封事》,《儒藏精华编》242,第 323 页。
④ 陈桱《通鉴续编》卷二一,第 30a 叶。
⑤ 吴泳《鹤林集》卷一九《论中原机会不可易言乞先内修政事札子(癸巳八月十九日)》,第 150 页;又参见同书卷二七《答陈和仲书二》,第 201 页。

边阃。在这种双重的委托关系中,国是得以贯彻、分歧得以消弭,故君—相—阃双重委托关系可以说是南宋后期政治最大的稳定器。

这种双重委托关系的轴心是权臣史弥远,他既获得了君主的全面委任,又凭借着亲信的阃臣而贯彻了"安靖""自守"的国是。但是,史弥远晚年这一稳定器日渐瓦解:一方面是理宗急于走上前台、摒弃自守而力行恢复之举,另一方面是史弥远老病直至去世,君—相—阃双重委托消失,南宋政治进入了一段比较混乱的时期。直至下一个权臣、史弥远之侄史嵩之崛起。

## 二、史嵩之的复刻

绍定六年十月,掌政 26 年之久的史弥远去世,宋理宗任用郑清之(1176—1251)为宰相,国是由"安靖"变为"恢复"。绍定六年十一月,诏来年改元端平(1234—1236),这个年号的意思,就是"取端拱、咸平建号改元,欲还太宗、真宗一统太平之盛"①,明确表达了以恢复为国是。但宋理宗的恢复举步维艰,至端平二年冬已陷入严重的军事危机中,窝阔台次子阔端、三子曲出分别率领西、东路军向宋进攻②。到底谁能挽救危局? 宋理宗手里有两张牌:一是史弥远去世后入朝的道学名流,二是赋闲在家的前阃臣史嵩之。

史嵩之长期效力于京湖战区。绍定四年十二月,他被任命为京西湖北路制置副使,次年正月为制置使。端平元年正月,在史嵩之的主持下,南宋联合蒙古,破蔡灭金;当年六月,史嵩之因反对进取而被罢任,到临安任户部侍郎之职,又除授礼部、兵部尚书,九月奉祠赋闲③。长期在京湖的经历,使得史嵩之是端平以后宋朝对蒙古最有发言权的

---

① 洪咨夔著、侯体健点校《平斋文集》卷一三《简札·上庙堂札子》,浙江古籍出版社,2015 年,第 313 页。

② 端平二年秋至三年春蒙军对宋朝的攻势,见李天鸣《宋元战史》,台北:食货出版社,1988 年,第 230—300 页。

③ 魏峰、郑嘉励《新出〈史嵩之圹志〉、〈赵氏圹志〉考释》,《浙江社会科学》2012 年 10 期,第 146 页。

人,但因为他不支持理宗的恢复国是,反而退闲了。

面对危局,宋理宗先用了道学名流,同时没有忘记史嵩之,最终胜出的也是史嵩之。下面简单梳理一下这个过程。

1. 史嵩之复出

端平二年冬,为应对危局,宋理宗和郑清之拟派大臣到前线督视军马。十一月六日:

> 诏知枢密院事兼参知政事曾从龙为枢密使、督视江淮军马,礼部尚书魏了翁为端明殿学士、同签书枢密院事、督视京湖军马。①

曾从龙(1199年进士)督视江淮、魏了翁督视京湖,也就是宋廷在京湖、沿江、淮西、淮东四个制置使之上又设了两位执政所任的督视,主要是为了统合战区、弥合裂缝。当月,新除都官郎官葛逢进对,奏:"赵范、赵葵、陈铧素不同心。"理宗回答:"置两督视,须可使诸将协和。"②葛提到的三人分别是京湖、淮东、沿江阃臣。理宗也说:"开督府正欲统一事权。"③督视还未履职,端平二年十二月二日半夜,因为曾从龙老病(当月就去世了),又以魏了翁兼督视江淮军马④。这样的话,北边之事,就完全统合到了道学名流魏了翁手中。

对理宗和郑清之来说,魏了翁的出督或许可以挽救陷入困境的"恢复"大业;对道学后学而言,则是证明道学名流可以建功立业、主政庙堂的机会。端平二年闰七月,真德秀的弟子王迈(1185—1248)说:

> 陛下前日大用闽之儒宗,而天不慭遗,海内悲之,今所赖者犹有蜀、广二老在耳。参预之命,虽在岭南,而其年已高,其心知足,未必为蒲轮而出。今之晋陟文昌兼经幄禁林之清华者,圣意向

---

① 佚名撰,汪圣铎点校《宋史全文》卷三二,第2704页。
② 佚名撰,汪圣铎点校《宋史全文》卷三二,第2704页。
③ 佚名撰,汪圣铎点校《宋史全文》卷三二,第2706页。
④ 《宋史》卷四二《理宗二》,第809页。魏了翁《鹤山集》卷二七《奏两府所辟官属截日供职(十二月三日)》,《儒藏精华编》242,第446页。

用,天下人知之矣,胡不于此时置之政府,以副人望? 封疆之外有变容动色之警,则出之以视师,必能立琦、淹之威名。三边无虞,则可以端委庙堂,负荷大事,以尊中国,以威四夷,亦必优为光之事业。①

闽之儒宗即真德秀,端平二年三月任参知政事,五月病逝。蜀、广二老则分别是魏了翁、崔与之。崔与之在端平二年六月被任命为参知政事,但正如王迈所预计的,他实际并未应召。剩下的只有魏了翁,故王迈建议理宗"置之政府",且期待他在边事紧急之时出而视师,建立韩琦、范仲淹那样的功名,然后"可以端委庙堂,负荷大事"。王迈期待魏了翁成为司马光,是一个形象正面又能掌控局势的宰相。

朱熹弟子徐侨(1160—1237)也呼吁理宗用崔与之处理边事:

> 公奏乞妙简英明公忠不贪财不嗜杀者开督府以统之。臣昨守和时,崔与之帅维扬,见其文移,精练军事,且孤清澹约,老而益壮,使之出膺重寄,必能上宽忧顾。今既以参政召,若更致优老之礼以勉其来,外而施略,内而运筹,可以定危事、起颓俗。又奏,绍兴初赵鼎为左相,张浚为右相,并知枢密院事,都督诸路军马,置司行在,乞趣召与之兼开督府如张丞相故事。②

徐侨的建议是,崔与之既已被任命为参政,不妨更优其礼,则是以宰相召之。又可用南宋初年故事,令崔与之以宰相开都督府,去前线主持局面。

还有一种说法,当时的沿江制置使陈韡也在考虑范围内:"时左相谕上意,欲令公开宣幕,公言宣、督皆虚费无益,乃止。"③陈韡是北山先生陈孔硕(朱熹弟子)之子,还曾受学于叶适,与真德秀交好。他军事上的威望在魏了翁之上,这一说法必非虚言。此外,据魏了翁说,郑清

---

① 王迈《臞轩集》卷二《乙未闰七月轮对第二札》,《景印文渊阁四库全书》1178,第475页。
② 徐侨《毅斋诗集别录》附《宋待制徐文清公家传》,《宋集珍本丛刊》70,第620页。
③ 《刘克庄集笺校》卷一四六《忠肃陈观文神道碑》,第5770页。

之、乔行简两位宰相也有意出督:"左相慨然请行,而右相亦欲身任其事。"①不过,出于种种原因,最终出督的是魏了翁。

同时,赋闲在家的史嵩之也进入了宋理宗的视野。端平二年十月,史嵩之除华文阁直学士、知隆兴府、江西安抚使,令疾速赴行在奏事;十二月便殿引见,除权刑部尚书②。史嵩之的复出在两个方面引起了在朝名流的一致反对。

首先,史嵩之一向主张与蒙古和好,即是秉持前述史弥远时代"安靖"之策,但此种立场为名流所不容。十月史嵩之除命发布之后,一些臣僚认为朝廷的和战态度由是变得暧昧。十一月三日,魏了翁言:"今权臣之党复出,和好之议尚存。臣恐国是不明,沦胥蹈祸,伤弓翦羽,倍有忧惧。"③十一月二十八日他又说:"范、葵之责任方重,嵩之之召命已颁。谓之和则有战矣,谓之战则有和矣。"④赵范、赵葵主战,而史嵩之主和。

魏了翁言辞还算温和,所论在和战之国是,而非史嵩之本人,有些人就不一样了。十二月,史嵩之除刑部尚书后,吴昌裔论奏云:"陛下与一二大臣必欲用嵩之者,不过谓其尝为襄帅,稍谙北人情性,可以招来郭胜、讲解鞑师而已。"⑤郭胜即唐州(京湖战区)叛将。徐侨也说,"嵩之欺君辱国,侪盖目之为投拜户,陛下方谕大臣以襄阳有劳欲起之以帅,复令结好侪盏。"⑥总之,他们认为史嵩之在边事上的伎俩不过是结好蒙古而已。

---

① 魏了翁《鹤山集》卷二六《辞免督视军马乞以参赞军事从丞相行奏札》(十一月二十四日),《儒藏精华编》242,第436页。
② 魏峰、郑嘉励《新出〈史嵩之圹志〉、〈赵氏圹志〉考释》,《浙江社会科学》2012年10期,第146页。
③ 魏了翁《鹤山集》卷二五《状札·三乞祠》(十一月三日),《儒藏精华编》242,第421页。
④ 魏了翁《鹤山集》卷二六《三辞乞以从官参赞军事从丞相行奏札》(十一月二十八日),《儒藏精华编》242,第441页。
⑤ 黄淮、杨士奇编《历代名臣奏议》卷一八五《监察御史吴昌裔论史嵩之疏》,第2436页。
⑥ 徐侨《毅斋诗集别录》附《宋待制徐文清公家传》,《宋集珍本丛刊》70,第620—621页。

其次,这种对史嵩之的激烈态度还与史嵩之的另一身份有直接关系——权臣史弥远的党羽乃至继承人,这也正是名流反对他的第二方面。比如吴昌裔弹劾他:

> 弥远晚年每欲引之自代,师、昭之心人皆知之。冰山既摧,嵩之知无所恃,外交黠人,私结和议,用权桧故智恐胁朝廷,为守禄固位之计,不臣莫大焉。①

史嵩之顶着史弥远"继承人"的标签,与史弥远死后"更化"的氛围是格格不入的。无论朝中名流之间矛盾如何,反史是他们的最大公约数。在道学名流眼中,只有那些"非托身于冰山者",才能"陈大义以广上心""主纲常以扶世教"②,建立一个正常的政治秩序。

最终胜出的是史嵩之,而不是魏了翁。魏了翁督视军马的结局是相当不幸的:端平三年二月九日,魏了翁方至九江开都府,然二月十七日朝廷就诏魏了翁以签书枢密院事赴阙,结束了其督视之任;紧接着二月二十一日发生了襄阳兵乱,虽然魏了翁没有直接责任,但他也颇为自责。

就在魏了翁解除督视之任的同天,也就是端平三年二月十七日,史嵩之被任命为淮西制置使、兼沿江制置副使兼知鄂州③,由此重新获得了边阃之任,掌握了淮西、淮西—京湖接合部的最高军政权力。史嵩之此后的履历大致如下④:

嘉熙元年(1237)三月,京湖安抚制置使、兼知鄂州(沿江副)、节制光黄蕲舒州(淮西)。

嘉熙二年二月,参知政事,督视京西荆湖南北路、江西路军马,鄂

---

① 黄淮、杨士奇编《历代名臣奏议》卷一八五《监察御史吴昌裔论史嵩之疏》,第2436页。
② 王迈《臞轩集》卷二《丙申九月封事》,《景印文渊阁四库全书》1178,第481页。
③ 《宋史》卷四二《理宗二》,第810页。魏峰、郑嘉励《新出〈史嵩之圹志〉、〈赵氏圹志〉考释》,《浙江社会科学》2012年10期,第146页。
④ 魏峰、郑嘉励《新出〈史嵩之圹志〉、〈赵氏圹志〉考释》,《浙江社会科学》2012年10期,第146页。

州置司,兼督视淮南西路军马,兼督视光蕲黄夔施州军马。

嘉熙三年正月,右丞相兼枢密使,督视四川、京西湖北路军马;二月改都督江淮、京湖、四川军马。十二月,以淮诸郡肃清,理宗降诏奖谕。

嘉熙四年四月,都督府结局,赴临安任相;年底独相。

淳祐四年(1244)九月,丁忧,起复未成。

可见,史嵩之先从阃臣升为执政、督视军马,即魏了翁的位置,进而军中拜右相,边事底定之后入主大政。这样一条进身之路不同于史弥远、郑清之、乔行简,可以说完全是以边功而获得相位。这正是此前魏了翁这样的道学名流欲行而不得的,也如寺地遵所言,是南宋最后一个权相贾似道的先例①。

2. 史嵩之御蒙

前面提到,有人批评史嵩之的伎俩不过是和好蒙古而已。他在重新就任阃臣之后,确实有和蒙的举措。嘉熙元年四月,左司谏曹豳奏：

> 陛下以方面付三阃,而和战之议私自矛盾,忧未艾也。史嵩之在淮西,用清野之说,敌未至而民先罹其祸,用撒花之说,民欲战而禁其不得生[?],盖以和误国也。②

所谓撒花,即蒙古语赠礼之意,此用以指史嵩之对蒙绥靖,但曹豳提到的"清野"却是一种防御策略。这提示:史嵩之的边功并非出于绥靖之策,而是依靠对蒙古防御的成功。寺地遵曾经提过,史嵩之其实放弃了主和论,想趁着窝阔台(1229—1241在位)去世、蒙古暂时停止扩张的时机建立主守的防御体制③。这是很正确的判断,而且这是史嵩之复出后至执政期间的基本立场,并不需要到淳祐元年(1241)独相以后。

---

① 寺地遵《史嵩之の起復問題——南宋政権解体過程研究箚記》,广岛史学研究会编《史学研究》200(1993.3),第49页。
② 佚名撰,汪圣铎点校《宋史全文》卷三三,第2725页。
③ 寺地遵《史嵩之の起復問題——南宋政権解体過程研究箚記》,第56页。同作者《南宋末期、対蒙防衛構想の推移》,《広島東洋史学報》11(2006),第11—12页。

史嵩之复出后的主守立场,可从他的部属那里获得一些信息。端平三年二月史嵩之就任淮西阃后,他在京湖的旧部、名将孟珙正在光州、黄州。端平三年后至嘉熙前期孟珙在淮西、京湖抵御蒙古的战绩,其实都是在史嵩之的领导下进行的。《孟珙神道碑》对这段经历有详细记载,李天鸣《宋元战史》也有细致的梳理①,不赘述。一直到嘉熙二年春,蒙军从黄州撤退:

> 阃帅入奏,公兼留司事,依旧承宣使,除枢密副都承旨、京西湖北路安抚制置副使、兼知岳州、兼督视留府事。②

这里的帅阃、督视都是史嵩之。嘉熙二年正月,史嵩之赴行在奏事,二月除参知政事、督视诸路军马。在史嵩之短暂入临安期间,正是孟珙代理其在前线的军务。

嘉熙二年杜杲因守安丰军的战功升为淮西制置副使、兼知庐州,《杜杲神道碑》描述了其后九月杜杲力抗上司史嵩之主和之见,积极备御,取得了庐州守御的成功,接着说:

> 公勋名日盛,人心所向,惟嵩之以所遣援兵失期,又耻前言不验,至是调曹顺、聂斌各以五千人断贼归路。公曰:"虏回戈则城危矣。"摘四千人付曹顺,而留聂斌不遣。且言:"曹顺必败公事。"嵩之劾公拥兵自卫,以婴城自守为是,以野战为非。公奏云:"此贼骁捷众多,臣实不敢以野战为是。"且言督府近遣祝邦达援庐,未战而溃,仅以身免。又聚兵援滁,仅达宣化,往往失伍委械而去。淮西精兵有限,即野战不如人意,何以收救?嵩之令参议官丁仁来调兵,公曰:"督相昔欲和,今欲战,何也?"丁曰:"和自是上意。"公曰:"善则称君,奈何归过于上?"因抗疏乞罢。上谕公安职,毋费朝廷区处。曹顺者,遇虏安丰境内,全军覆没,悉如公言。③

---

① 李天鸣《宋元战史》,第 301—303、347—350 页。
② 《刘克庄集笺校》卷一四三《孟少保神道碑》,第 5684 页。
③ 《刘克庄集笺校》卷一四一《杜尚书神道碑》,第 5626—5627 页。

这段记载突出了史嵩之孟浪野战,而杜杲审慎城守,他们的分歧不是和战,而是野战还是守城。援庐州、滁州、断蒙军归路,都是史嵩之指挥的防御作战,只是在杜杲看来策略过于激进。杜杲与史嵩之参议官丁仁的对话值得玩味——"督相昔欲和,今欲战",正说明史嵩之此时主战的立场。

史嵩之的"战"更准确讲是"应战",即不得已的抵御、自守。此见于方岳代淮东阃赵葵给史嵩之的书信:

> 忽阅邸状,见执事十难之论,喟然叹曰:嗟乎,史子申盖为战守虑者也,夫岂百事不理而靠一和字哉!厥今莫危于蜀,莫急于襄,而莫重于淮,执事之料事势、析利害备矣。旦朝筹之,莫夜思之,则庶乎可以共济时艰,力抗此敌。……某前日之为若与执事异,国事也;今日之为欲与执事同,亦国事也。前日之异则疑执事溺于和,今日之同则知执事坚于守。①

赵葵在信中明确说,自己早年与史嵩之的分歧在和与战,如今与史嵩之的相同点在坚于守。又,嘉熙元年正月,吕午言:

> 夫所谓定规模以一人心者,战守和之说是也。……三者不可专一,则其用贵于相度随时而施,自有活法。是以近者朝廷措置得宜,两阃翻然协力,当战而战,卒成武功。是守者虽守,而未尝专锢于守;和者虽和,而未尝专泥于和也。②

所谓"和者虽和,而未尝专泥于和",即是针对史嵩之的言论。

总之,史嵩之在端平末复出之后,虽然顶着"和好"的标签,但实际上他实行的是"自守"的方略,由此建立了令人瞩目的军功。他的成功对道学名流造成了相当大的震动。嘉熙二年,史嵩之任督视军马之后,方大琮(1183—1247)有一封给真德秀弟子王埜的信:

---

① 方岳《秋崖集》卷二四《代与史尚书书》,《景印文渊阁四库全书》1182,第 425 页。
② 吕午《左史谏草·戊戌年正月二十三日奏为定规模以一人心据要害以饬武备欲望圣慈兢业施行奏闻事伏候敕旨》,《景印文渊阁四库全书》427,第 390—391 页。

    近闻庐围解,光城复,二叛获,则淮之西稍能立脚矣。又闻滁不守,果尔,则东又失利。或谓去岁督不及西则光破,今督及之则西可全,其未及者东耳,则滁破。使督之力真足以芘生灵,则是天相之矣。人方有望于天,而何敢议? 某所以静坐嘿思而归之天也。①

案,嘉熙元年十一月陈韡在任时失光州,十二月即以光州等隶史嵩之②;嘉熙二年正月诏史嵩之图克复,十月复光州③,这就是所谓"光城复""淮之西稍能立脚"所指。督视所及的淮西局面稳定,而督视不及的淮东滁州却被攻破,这种明暗对照,使身为道学名流一员的方大琮无可奈何地感慨:"使督之力真足以芘生灵,则是天相之矣。"

  更加重要的是,史嵩之不但成功抵御了蒙古的进攻,还整顿了各战区的制置使人选,重建了对蒙防御体系。简而言之,在嘉熙四年史嵩之离开前线入朝之时,京湖阃是孟珙,沿江阃别之杰兼淮西,淮东阃是赵葵;在淳祐四年九月史嵩之丁忧时,京湖阃仍是孟珙,沿江阃为董槐,两淮阃为李曾伯。这些人中,孟珙是史嵩之在京湖的旧部;别之杰、李曾伯、董槐都是他督视府的幕僚④。淮东赵葵也积极与史嵩之叙"再世之契",此见于方岳代赵葵所拟致史嵩之的多封书信⑤。掌握对蒙防御前线大局的沿边制阃,于史嵩之而言皆为亲旧。

  可以举一个例子说明史嵩之的对蒙防御如何运转,即淳祐三年底到四年上半年的城寿春及相应的防御战⑥。寿春属淮西,故发起筑城的是两淮制置使李曾伯。淳祐三年底,他派遣庐州义士军都统王安率

---

① 方大琮《宋宝章阁直学士忠惠铁庵方公文集》(简称《铁庵集》)卷一六《与王大卿埜书四》,国家图书馆藏明刻本,第24a叶。
② 《刘克庄集笺校》卷一四六《忠肃陈观文神道碑》,第5772页。
③ 《宋史》卷四二《理宗二》,第815、817页。
④ 董飞《史嵩之与南宋后期政治史研究》,南京大学硕士学位论文,2019年,第43—52页。《宋史》卷四二《理宗二》,第818页;《宋史》卷四一四《董槐传》,第12429页。
⑤ 方岳《秋崖集》卷二四《代与史尚书书》《与史都督书》,《景印文渊阁四库全书》1182,第424—425、429—430页;卷二六《回史制置札》,第460—461页;卷二九《代与史督相札》《代与史参政札》《亲书一》《亲书二》《亲书三》,第507—510页。
⑥ 作战经过见李天鸣《宋元战史》,第424—428页。

领扬州、淮安、庐州、安丰、建康、镇江、招信、池州的军队2万人前去筑城。其中,建康、池州并不属于两淮战区,而是沿江阃辖区,当时的制置使为杜杲。淳祐四年春夏,蒙军来袭,围攻寿春,宋廷调遣支援的军队有京湖阃孟珙属下以及知蕲州吕文德的军队;而蕲州当时属于沿江制置副使辖区①,副使是董槐②。可见,筑寿春城及后续防御作战,是一个多战区军马的联合行动。若无史嵩之及其任用的亲信阃臣,多路军马联合作战是不可能的,对蒙防御体系也就是无法运转的。就这一点来说,史嵩之基本上复刻了史弥远在嘉定后期的局面。

3. 史嵩之的施政

嘉熙四年四月,都督府结局,史嵩之赴临安,成为名副其实的右丞相。此时左丞相为李宗勉,左右丞相之上还有平章军国重事乔行简;九月乔行简罢,闰十二月李宗勉去世,随后进入了史嵩之独相时代,直至淳祐四年九月。

史嵩之执政期间,内政上有一些值得注意的内容。充分说明了理宗何以委信于他。

首先,史嵩之虽为道学名流所不容,但正是在他执政期间,道学成为南宋王朝的正统思想。淳祐元年正月十五日,理宗御笔将周敦颐、张载、程颢、程颐、朱熹从祀于孔庙,同时削去王安石的从祀位置。接着,正月十九日,理宗亲至太学,见诸生、推恩,"命祭酒曹豳讲《礼记·大学篇》",还将绍定三年御制《道统十三赞》赐国子监③。作为当时唯一的宰相,史嵩之恭与此道学盛事。

理宗的《幸学诏》保留在《咸淳临安志》中,解释了皇帝未能早日款谒太学的原因是"属多边虞",即边疆形势紧张;又说明了淳祐元年幸太学的前提是边防形势缓解:"今三陲候吏小息,桥门多士翘首望幸,朕何敢有所诿而逊以未皇哉!"④言下之意,幸学得益于史嵩之御

---

① 余蔚《论南宋宣抚使和制置使制度》,《中华文史论丛》2007年1期,第162页。
② 姚建根《宋朝制置使制度研究》,第269页。
③ 佚名撰,汪圣铎点校《宋史全文》卷三三,第2743—2744页。
④ 潜说友纂《咸淳临安志》卷一一《淳祐元年幸学诏》,《宋元方志丛刊》4,第3455页。

蒙之功。

后淳祐四年三月，理宗《幸学诏》《道统十三赞》被刻石立于太学，右丞相史嵩之等跋文附其后，盛赞理宗皇帝"圣学之精粹"、《道统十三赞》在阐明道统中的作用①。虽然史嵩之等人并没有明确说宋理宗传承道统，但这层意思仍是清楚的，蔡涵墨、李卓颖已注意到了跋文颇推崇宋理宗君师合一的角色②。总的来说，淳祐初年理宗、史嵩之等人在抬高道学的同时，也彰显了理宗作为帝王"使道得行"的角色，超越了道学家的"讲明绝学"，故而是"整全"的道统之一环。因此，史嵩之推动道学成为南宋王朝的正统思想，最大的"受益者"并不是道学和道学家，而是宋理宗。

其次，史嵩之在财政上基本维持了楮币、盐利、和籴的平衡。

嘉熙四年九月二日，平章军国重事乔行简罢；九月二十五日丙戌，第十八界会子发行，用以收换第十六界，而第十七界以五准十八界一行用③，也就是十七、十八两界并行。朝廷在端平年间就讨论过第十八界会子，乃至已印制却未得发行④。虽然十八界会子发行时史嵩之已在临安任宰相，但这并不是他个人的主张。在新会发行前，袁甫言：

> 自去岁遣官置局，随所在州军任责撩纸。今端绪已见，岂容轻易施行，而至于再误乎？……今十六、十七两界会子五十千万，数日夥，价日低，其术可谓穷矣。救弊之策，幸有十八界新会一着，又幸有已撩到纸数，此正运转斡旋之机，四方人心倾耳以听。若善用之，犹可以救弊；若不善用之，则适所以滋弊。⑤

从袁甫之言可见，十八界会子发行草案在之前一年就已拟定，各地撩纸局也开始准备新会所用纸。而那时候，史嵩之尚在前线。

---

① 潜说友纂《咸淳临安志》卷一一，《宋元方志丛刊》4，第3456页。
② 蔡涵墨、李卓颖《新近面世之秦桧碑记及其在宋代道学史中的意义》，收入蔡涵墨《历史的严妆：解读道学阴影下的南宋史学》，中华书局，2016年，第158页。
③ 佚名撰，汪圣铎点校《宋史全文》卷三三，第2741页。
④ 汪圣铎《两宋货币史》，社会科学文献出版社，2003年，第675页。
⑤ 袁甫《蒙斋集》卷七《论会子札子》，《景印文渊阁四库全书》1175，第414页。

有迹象表明,史嵩之是支持十七、十八两界会子并行之策的。新会发行后,嘉熙四年十一月,杜范除吏部侍郎,上奏提到:

> 楮券之弊极矣,新旧并行,虽曰下策,然舍此之外,无策可行,则其行也,亦岂得已。此议既出,远近传闻,楮价日低,物价日长。臣昨得之人言,谓庙堂议犹未决,或成中寝。窃恐民听惶惑,商旅不行,物货不通,大为民病,而籴本未办,和籴失时,国计所关,诚非细事。以今日事势论之,则新楮之不可不出也必矣,第恐施行之间,节目或有未尽,而新楮又不足重取于人,万一或有变更,非所以示信。欲乞睿断明示二三大臣,如已明审利害,则当决于施行;若犹未也,亦宜目下审处,毋为犹豫,以重楮券之弊。

据杜范此言,结合上引袁甫的言论,益可知十八界会子的发行乃形势所迫,不得不为。但朝中对于新旧会并行之策则有不同意见,即杜范所言"庙堂议犹未决"。据说,当时的枢密都承旨赵以夫反对以新会一易旧会五,惹怒了史嵩之,赖李宗勉劝解①。这件事大概说明,史嵩之支持新旧会并行之策。

新会发行后,其价没能维持住,但其后的二十五年间,会价大致稳定,下落较为缓慢:折中而言,第十八界会子大致每贯可兑换铜钱二百五十文,十七界则可兑五十文②。会价的稳定自然对于朝廷和籴、百姓生活皆大有裨益。这部分地应归功于对盐的利用,史嵩之在其中发挥了一定的作用。

南宋最大、最重要的淮浙盐区一般实行钞引法(通商法),乔行简对此是非常积极的,"行简在相位,专以商贩为急务,温、台盐商数百群,有士子为诗曰:'知君果是调羹手,傅说当年无许多。'"③嘉熙四年

---

① 《刘克庄集笺校》卷一四二《虚斋赵公神道碑》,第5662页。赵以夫的异议只是技术层面的,《神道碑》也提到,以十八界换十六界之法,是符合赵以夫之意的(第5660—5661页)。
② 汪圣铎《两宋货币史》,第698页。
③ 佚名撰,汪圣铎点校《宋史全文》卷三三,第2744页。

七月,朝廷以岳珂权户部尚书、淮南江浙荆湖制置茶盐使①。岳珂是岳飞之孙,他的任命大概是乔行简主张的。岳珂有《后元祐行上辨章乔益公》长诗,是乔行简于嘉熙三年正月任平章军国重事、封益国公后的歌功颂德之作。长诗描绘了乔行简拜平章军国重事的盛况,以北宋元祐年间的吕公著比之,更以姜子牙、周公旦、召公奭比之,又称赞君臣融洽的景象,将嘉熙与元祐仿佛②。

嘉熙四年八月,宋理宗的御笔说明了岳珂作为制置茶盐使的职责:

  意欲绝私贩以收利权,通浮盐以丰邦课,去苛征以惠商贾。③

所谓"正盐"是指亭户按照官府规定如数煎卖之盐,所谓"浮盐"是指亭户在交给官府的正盐额外私下再多煎之盐④。本来浮盐不在官府征购的范围内,因而成为各种形式的私贩来源。岳珂职在"绝私贩以收利权,通浮盐以丰邦课",那就是将浮盐纳入官府控制的钞法体系之中,杜绝私贩。其实,此前在嘉熙二年朝廷就曾令提举常平司收买浮盐⑤。嘉熙四年岳珂到官之后,在商贩之正盐、浮盐价之上,每袋加收钱二十贯六百文或十贯三百文,作为助军钱;而且,所收之钱三分十八界新会、七分十七界旧会⑥。前面提到,新会的正式发行是随后九月的事,因此岳珂制置茶盐的基本目的之一,就是保证新旧会子并行之效。

可能是因为大宗浮盐的加入(产量可达正盐 1/4⑦),使得十八界会子发行之初的楮价是高昂的。徐鹿卿说:"两月以来,江西旧楮收拾几尽,价增至百九十矣,新亦与之俱增。此浮盐之功,而大丞相救内弊

---

① 佚名撰,汪圣铎点校《宋史全文》卷三三,第 2740 页。
② 岳珂《玉楮集》卷一,《景印文渊阁四库全书》1181,第 448 页。
③ 周应合撰,王晓波校点《景定建康志》卷二六,四川大学出版社,2007 年,第 1267 页。
④ 郭正忠《宋代盐业经济史》,人民出版社,1990 年,第 201、203—204 页。梁庚尧《南宋盐榷:食盐产销与政府控制》,东方出版中心,2017 年,第 160 页。
⑤ 佚名撰,汪圣铎点校《宋史全文》卷三三,第 2730 页。
⑥ 周应合撰,王晓波校点《景定建康志》卷二六,第 1268 页。
⑦ 郭正忠《宋代盐业经济史》,第 203 页。

第一事也。"①岳珂作为首任江淮制置茶盐使,应该是有其功绩的。不过,乔行简去位、去世后,岳珂很快被徐鹿卿弹劾,劾状所言主要问题是苛敛,但不涉及盐政②。且岳珂虽被劾去位,但其所制置之法却被沿用了③。当然,这种做法一定会导致盐价上涨,乃至影响商人购钞的积极性,最终导致钞法运转不灵。故而徐鹿卿、杜范都对制置浮盐、收助军钱提出过反对意见,只是不知致书对象具体为谁④。

从现有证据看来,史嵩之独相期间,淮浙盐法最大的变更在于部分行官卖法,将商人贩运之利收归朝廷。其"籴本盐"之法,应是将岁收盐额之中取四分归官卖,其余六分仍归商人请钞运销;而之所以称为"籴本盐",则是用这些官卖盐所得作为和籴本钱⑤。由此,史嵩之在一定程度上有效应对了军粮和籴压力。

在史嵩之入相之前,南宋的和籴已经成为百姓似税非税的负担。大概在嘉熙四年,杜范论及当时的和籴:

> 和籴之数,乃一岁支用之不可省者,及时收籴,诚不可缓;然奉行之臣固当思国用之甚急,尤当量民力之所堪。闻之浙右,自三百亩以上,每亩例科三斗。……其余江东、江西诸郡,科数亦重,每郡不下数十万,虽小垒苗租不及一二万者,亦科十余万。且行一切之令,不恤民户之有无。至有行下诸郡,不容其纳正苗,而先量和籴者。⑥

可见,在史嵩之执政之初,和籴就已演变为半强制的摊派科籴。但从

---

① 徐鹿卿《清正存稿》卷五《上庙堂论楮盐书》,《景印文渊阁四库全书》1178,第911页。
② 徐鹿卿《清正存稿》卷一《劾知太平州岳珂在任不法疏》,《景印文渊阁四库全书》1178,第844—846页。
③ 周应合撰,王晓波点校《景定建康志》卷二六,第1268页。梁庚尧《南宋盐榷:食盐产销与政府控制》,第155页。
④ 徐鹿卿《清正存稿》卷五《上庙堂论楮盐书》,《景印文渊阁四库全书》1178,第911页;杜范《清献集》卷一五《回丞相札子》,《景印文渊阁四库全书》1175,第732页。
⑤ 梁庚尧《南宋盐榷:食盐产销与政府控制》,第156—159页。
⑥ 杜范《清献集》卷一一《论和籴榷盐札子》,《景印文渊阁四库全书》1175,第698页。

一些迹象看来,史嵩之执政期间,地方的和籴压力在减小。徐元杰谈及淳祐初江东路信州蠲减和籴之事:

> 自敌人孔炽,边境荡析,于是专仰籴于江之南,官吏皇皇,咸负不办之忧,田里始焦熬矣。然兵以卫民,食以养兵,量地而权其籴,濒江带湖之郡国固不得以辞其责。广信,一林麓区尔,土狭而人稠,滩浚而湍激,乐岁常病于斗直之踊,公私交困于舟运之难。士大夫寓于斯,镇于斯,密迩往来于斯,无不为之动心。朝廷斟酌分派,视他郡亦稍异。幸而天渐悔祸,斥堠向清,年谷屡丰,籴事可以少撙,故亟弛斯郡之籴数,于此可见不得已之初心矣。淳祐改元,先弛永丰、玉山;三年,又弛铅山、上饶。①

所谓"天渐悔祸,斥堠向清"即指在史嵩之的主持之下,稳固了对蒙防御,加之窝阔台的去世,宋蒙局势转入了一个相对平稳的时期。也正因有此契机,淳祐元年、三年,信州的和籴负担得以蠲减。

淳祐七年九月,徐鹿卿说:

> 臣顷待罪宰属,私尝会计,丰储之积约五百万石,多为备荒之用。而大农每岁廪给,止合用米一百万石,通计可支五年。……假令凶荒不齐,两浙州郡更蠲五十万石以惠百姓,则朝廷不过贴支此五十万以助大农而已,其余尚可以支四年有半。……百万仓之积约二百万石,专为淮郡军饷之用,而淮浙发运司逐年所籴率不下一百万石,通计可支二年,此储蓄之大凡也。……浙西号为畿内沃壤,每岁丰储及百万仓所籴似不啻三数百万石。②

徐元杰两度任宰属,一是嘉熙四年四月至八月,二是淳祐五年二月至次年三月。这里的"顷待罪宰属"当是指第二次,其所见丰储仓、百万仓之积累足以支数年之用,应是史嵩之执政期间的和籴成果。

---

① 徐元杰《楳埜集》卷一〇《广信蠲籴记》,《景印文渊阁四库全书》1181,第747—748页。
② 徐鹿卿《清正存稿》卷一《九月朔有旨令伺候内引壬子入国门是日内引奏札二》,《景印文渊阁四库全书》1178,第826页。

史嵩之的和籴本钱,据徐鹿卿淳祐五年言:

> 其事之最急者,一曰和籴,二曰盐运,三曰楮币。目虽有三,而所以权衡之者,一而已。臣请得而申言之。
>
> 陛下甫更大化,知籴事之病民,御札丁宁,首罢敷籴而行官籴;知盐钞之不售,而斯民有食淡之苦,将籴本盐名色罢去,又从而杀其价。……孰不知前日之为敷籴、为籴本盐者,非得已也,以国用之所仰也。然而粮也,楮也,皆视盐以为重轻者。一二年之籴本粗足者,以盐也;一二年之造楮粗省者,以盐也。其失也,在乎壅滞不售,私价日穷,而不能弛已张之弓尔。今所桩未卖之数尚多,秋防籴本之费,意犹足以支吾,而后来之计又何如哉?①

徐鹿卿此言在史嵩之退位之后,故言"甫更大化"云云。这里提到"首罢敷籴而行官籴",其诏在淳祐五年二月②。敷籴与科籴大意同,皆为摊派式的征购,不过所谓罢敷籴也就是形式化的表态而已,实际不可能做到。徐鹿卿又提到,淳祐五年将籴本盐罢去,确有其事,但很快官卖浮盐以供籴本又取而代之了,实属换汤不换药③。这段史料最关键的还在于"前日之为敷籴、为籴本盐者"云云,道出了史嵩之执政时期财政运作的关键:以盐收楮、以盐供籴本,而其盐法如前所述,在淮浙盐区常行的钞法之外,有着较高比例的官卖。

总结史料所见史嵩之执政数年的作为,一是直接促成道学成为南宋王朝的正统思想,突出了理宗在整全道统中的地位;二是维持了楮币、盐利、和籴的平衡,维系了对蒙防御的财政基础。这些作为,很难说是史嵩之的创举,但却是以其抵御蒙古的"成功"为基础的,也有助于其对蒙防御体系的建设。史嵩之在执政期间颇得"天助":窝阔台的去世(1241)使得大蒙古国对南宋的进攻急剧降温,完全不似端平、嘉

---

① 徐鹿卿《清正存稿》卷一《上殿奏事第二札子》,《景印文渊阁四库全书》1178,第840页。

② 淳祐五年二月诏云:"昨罢科籴,但令依时收买,毋得抑勒,用革夜奸,使民乐输。此后仰常切遵守,永毋科籴,违者以违制论。"见佚名撰,汪圣铎点校《宋史全文》卷三四,第2776页。

③ 梁庚尧《南宋盐榷:食盐产销与政府控制》,第159—163页。

熙年间。正是天助加人为,使得史嵩之成为宋理宗心目中相当不可或缺的人物。淳祐六年八月,刘克庄总结了宋理宗"误以为"的史嵩之三大功绩:一是能当夷狄之患,有战守和之功;二是"能把握而负荷",即任内外之大事;三是"能致富强"①。这些,正是一个权相的"基本素质",也是史嵩之得以复刻史弥远时代"君相委托"的原因所在。

### 三、史嵩之退场

本章所论为南宋史弥远、史嵩之两代人所维系的"双重委托"体制。因为前人对史弥远专权多有论述,故而本章对史嵩之如何复刻史弥远尤加留意。不过,复刻只是笼统而言,实际上二者多有差异。上文论及,史嵩之以阃臣进为宰相,此差异之一。此种进身途径之不同,更导致史嵩之上与理宗、下与朝中士大夫的关系与史弥远时代颇有差别。

淳祐四年九月五日癸卯,右丞相史嵩之以父弥忠病告假,九月七日乙巳史弥忠去世,史嵩之本应守丧,理宗却于次日(八日丙午)出御笔令史嵩之起复②。此事引起轩然大波,议论纷纭,直到十一月理宗令史嵩之终丧③。

九月十六日,身为崇政殿说书的徐元杰为理宗讲《资治通鉴纲目》,讲毕赐茶,君臣开始了"闲谈":

> 上问:"史嵩之起复如何?"
> 奏云:"陛下以为如何?"
> 上曰:"从权尔。"
> 奏曰:"此命出于陛下之心乎?出于大臣之心乎?"
> 上曰:"出于朕意。朕以国家多事,用祖宗典故起之。三学上书,卿曾见否?"

---

① 《刘克庄集笺校》卷五二《召对札子一》,第 2559—2560 页。
② 佚名撰,汪圣铎点校《宋史全文》卷三三,第 2760 页。
③ 陈桱《通鉴续编》卷二二,第 21b 叶。

>    奏云:"闻有此书,尚未之见。"
>    上曰:"人言太甚。"
>    奏云:"此谓草茅敢言天下事。然而端忧居家,礼之常也;徇国赴急,礼之变也。礼须要度宜,只缘陛下出命太早,所以启人之疑,惟在陛下优容之。……"
>    上曰:"朕自当优容之,但边事亦罕有熟者,史嵩之久在边间,是以起复。"①

理宗告知,起复史嵩之是自己的主张,主要原因是"国家多事",而史嵩之"久在边间",是最为熟悉边事的大臣。这也不是什么秘密,起复制中就有"谍谂偾兵之聚,边传哨骑之驰,况秋高而马肥,近冬寒而地凛"之句②,明言起复史嵩之的主要目的是应对边事。

那为什么后来理宗又觉得可以放弃史嵩之?

九月二十七日乙丑,雷;秋冬之交的雷声被视为天变,故理宗于十月四日辛未下诏避殿减膳、求言③。之后的某一晚,徐元杰讲《通鉴纲目》苻坚伐东晋事毕后,君臣又有一番对话。对话就从雷变开始:

>    上曰:"近日雷发非时,朕甚忧之。"(忧一,笔者注,下同)

徐元杰听闻此言,立即表扬理宗积极应天变的态度,又言当修人事以应天变,话题随之就转向了如何解释灾异的生成、意指以及应对之法:

>    上曰:"最是连日雷声甚厉,亦甚罕见,极是可忧,不知何以消变?"(忧二)
>    奏云:"臣累日怀忧思,所以告陛下而莫得其说,因以时事而参之《易》。陛下以《乾》健九五之君,不可无《坤》顺六二大臣之助。乾者,天也;雷者,天之命令也;坤者,地也。十月为坤,十一月为复,雷在地中,复之前也。"

---

① 徐元杰《楳埜集》卷一《甲辰九月十六日进讲》,《景印文渊阁四库全书》1181,第614页。
② 佚名撰,汪圣铎点校《宋史全文》卷三三,第2764页。
③ 佚名撰,汪圣铎点校《宋史全文》卷三三,第2765页。

上曰:"冬至阳生则为复。"

奏云:"今阳发于未复之先,何也?盖自陛下颁起复大臣之命,士论纷纷,所以上干天和。以人臣之告陛下者未足,故天从而谴告之也。"

上曰:"昨来所以出命者,谓可以安人心,今乃如此。"

奏云:"正缘是人心天理不可泯灭,陛下谓此可以安人心,则失之矣。"口奏云云。①

案,汉代以来形成的"卦气"学说,就是以阴阳、五行理论为基础,把《周易》诸卦与四时、十二月、二十四节气乃至诸种人事结合的占筮系统。以十月配坤卦、十一月配复卦等等,就是卦气说中的经典内容——以十二"消息卦"(辟卦)配十二月;"消息"就是阴阳消长进退之意。徐元杰的意思是:雷声是天之命令,所以意味着"阳发"。但是,一般来说冬至才是阳发的节气,正符合十一月为"复"(返)之意——复卦震下坤上(䷗),正是"雷在地中"之意。现在的情况是,九月就有雷声,则是"未复之先"就有阳发之象,那就是"迷复",是凶非吉。既然雷变意味着"复"的时机太早,那就很容易地联系到了史嵩之起复——无论是史嵩之起复的时机还是理宗发布命令的时机都不对(陛下出命太早),以致"上干天和",上天因而"谴告"。总之,雷变是天之谴告,指向史嵩之起复,应对之法那就不言而喻了。

徐元杰这个解释应该是相当打动理宗,使得他左右为难——边事要依靠史嵩之,天变又不让用史嵩之。当晚接下来的对话可以分为三部分,理宗又三次对边事、天变深表忧虑,徐元杰则三次答复。

上曰:"诚失矣。今边头又颇急,天戒又如此,奈何?"(忧三)

奏云:"谋于前者不可悔,应于后者犹可为。边患不足深虑,纲常不立则是吾国先自败矣。臣愿陛下观天之意,玩《易》之几,自上而下,莫不兢兢业业,为一日二日万几之虑。盖几者,动之微,不可不自微而谨之。"

---

① 徐元杰《楳埜集》卷一《十月内进讲》,《景印文渊阁四库全书》1181,第 614—615 页。

> 上曰:"凡事不可不谨其微。"

理宗既忧虑边事,又忧虑天变。徐元杰则说纲常才是根本,意思是,史嵩之起复系不孝,破坏父子之道。理宗口头表示赞同——上首肯曰:"是是。"结合下篇第二章所论,理宗对于徐元杰的纲常之论不会有什么疑问。

君臣对话继续:

> 上曰:"边报亦颇亟,卿闻之否?"
> 奏云:"日来亦闻说有警报。"
> 上曰:"今又值天变,殊可为忧。"(忧四)
> 奏云:"天以非时之雷警告陛下者,是仁爱之真心,欲吾国之君臣上下痛自刻厉,交修人事,以答其戒。而敌国外患,自古惟虑其无尔。……所可虑者,吾国之人事当修,未能极痛切交修之诚,则无以悦人心而解天意,外患乘衅而滋尔。"

徐元杰再度把雷变解释成天之谴告,指向的是国内之"人事",而非外患。理宗继续表示忧虑:

> 上曰:"今边事既急,天变如此,直是可虑。"(忧五)
> 奏云:"诚如圣谕。然圣人观天时以尽人事,生意盖未尝息也。十月为坤,天地闭塞而成冬。然物无终剥之理,阳有复生之渐。今雷动于未复之先,既以验命令轻出之证。然为之计,正当玩《复》之义,上下讲求克己复礼之复,相与克去己私,复还天理,挽回世道,求所以致泰。"①

徐元杰又一次说九月之雷是"命令轻出"所致,也就是理宗的起复之命颁发太快。若要"致泰",那就只能"克去己私,复还天理"(克己复礼),具体来说就是进君子、退小人,后面的对话不赘引。

在整个对话中,理宗五次表示忧虑之情。徐元杰的回应是:边事

---

① 徐元杰《楳埜集》卷一《十月内进讲》,《景印文渊阁四库全书》1181,第615—616页。

不足忧,天变最可畏;而天变之意指,乃是史嵩之起复之命不当;应对天变则要正君心,就是要"克己复礼",进君子、去小人——其实也就是停止起复史嵩之、去除史嵩之所用臣僚。徐元杰的这套表述,既有传统的思维(主宰之天、卦气说、事应说),也有道学的"新"思维(立纲常、克己复礼),这在当时是很常见的论述方式,说详见下篇第二章。

这场对话估计无法完全消弭理宗的忧虑,但肯定对他深有触动。十月二十二日己丑,右谏议大夫刘晋之、殿中侍御史王瓒、监察御史龚基先与胡清献皆罢,刘汉弼任右司谏;次日,刘汉弼迁侍御史;二十五日壬辰,赋闲在家的杜范、游似任祠禄官;二十七日甲午,诏不许大臣荐台谏官,同签书枢密院事金渊、新任江西转运判官马光祖罢①。以上所罢皆史嵩之所任的执政、台谏、监司,所进用者皆史嵩之任相期间与之不和离朝之名流。从这些人事变动来看,理宗接受了徐元杰之流的建议——进君子、去小人以应对天变。

随着时间的推移,边患也"消失"了。十二月二十三日徐元杰的进讲日记载②:

上问:"边头无他警否?"

奏云:"臣颇闻人言,今岁未有警急之报。况陛下已戒饬将帅严固备御,以防叵测。此其责全在边臣,惟时谨饬之,幸甚。"

上曰:"是。"

徐元杰在后面的对话中提到:"今嵩之奏敌人退遁,则成就其终丧之礼,可以为圣代纲常之庆。"说明史嵩之曾在奏疏中主动陈说蒙古人退遁,故《史嵩之圹志》说:"上遣中使趣赴阙,先公力乞终丧,疏至六七,上始优诏从之。"即以史嵩之主动退步、理宗顺台阶而下结束了这场纷争。

若论边事本身,淳祐四年是南宋在战争中有较多建树的一年:在

---

① 佚名撰,汪圣铎点校《宋史全文》卷三三,第 2766 页。程公许《宋户部侍郎刘忠公墓志铭(淳祐六年十一月)》,收入曾枣庄、刘琳主编《全宋文》320,第 96 页。

② 徐元杰《楳埜集》卷一《十二月二十三日进讲》,《景印文渊阁四库全书》1181,第 618—619 页。

两淮,七月完成了寿春城的修筑(李曾伯主持),后吕文德在淮东击退蒙军;在京湖,宋军在孟珙的指挥下北上袭击蒙军;在四川,余玠实施了山城防御计划①。从端平二年(1235)到淳祐十年(1250)的十六年间,蒙军对宋采用的是攻掠(攻击和掠夺,大多没有占领)之策,先多是寒出暑归、秋进春退;至淳祐六年以后则多为春进夏退②。这时候的大蒙古国,正处在窝阔台去世(1241)、贵由(1246—1248 在位)未立、乃马真后摄政的状况下,蒙古对南宋的全面经略还要等到蒙哥(1251—1259 在位)时代。因此,外部形势很"善意"地为理宗"自动解决"了边患,史嵩之也就不是那么不可或缺了。

在史嵩之起复事件中,理宗的注意力一开始在边事,认为不得不依靠史嵩之;但九月二十七日的雷变将他的关注点引向了应天,这时候道学士大夫的话语就开始占据上风,终止史嵩之的起复被认为是应天变的核心举措。这既说明了"意识形态"在当时政治中的重要性,也意味着在非此即彼的选择面前,理宗选择了牺牲史嵩之——而这在史弥远时代是不可想象的。史嵩之固然以军功、史弥远从子的身份博得理宗的信任多年,但相比史弥远拥立理宗之功不可同日而语。所以说,史嵩之只是部分复刻了史弥远的成功。

## 四、本章结语

史弥远与史嵩之的特点是"能把握而负荷",掌控内外政局。史弥远在金衰蒙兴之际定下"安靖""自守"之策,选择"肺腑腹心"任三边诸阃而落实该策;又拥立理宗并承担了因济王之死而来的舆论压力。史嵩之则与亲信诸阃建立了对蒙防御体系,又稳定了军事财政。应对危局的手段与能力是二史获得君主委信的根本。君主亦由于委托而避免了直接面对难题。同理,权相也要求所委托的诸阃能贯彻国是、

---

① 李天鸣《宋元战史》,第 424—438 页。
② 李天鸣《宋元战史》,第 503—508 页。

应对重大挑战,反例如嘉定十二年后的四川,因诸阃之败,相阃委托也是无法维系的。总之,双重委托的目的,都是希望被委托者去应对重大挑战,并承担相应的后果。

上章已言,在枢机制和委托制二者之中,前者为底色。所谓委托,是指君主全面信任某一枢机,委以全权处置庶事,乃至"先行"的大权。而若注意到绍定末年宋理宗督励史弥远平李全、亲自决策伐金,淳祐四年又以畏天变而放弃史嵩之,可知君主是否委托、多大程度委托有极大的进退空间。一旦君主取消委托、亲揽权纲,在制度上表现为二相制,则枢机制底色就尽露。但困境也随之而来——从委托制回到枢机制,意味着君主信任不再专一,有着信任危机的二相又如何应对上下压力?

相阃委托主要是基于古今都普遍存在的恩庇关系,相阃之间曾经的上下级经历是相当重要的渊源。南宋与蒙古愈演愈烈的战争,使得任何时候宰相都必然要把对蒙防御委托给边阃。既然如此,如何维持与阃臣的信任关系,是南宋后期宰相需要刻意经营的事业,这是史弥远和史嵩之"功业"的保障。而他们的退场都导致了朝阃信任消失,前线阃臣如断线的风筝一般,边防也陷入危机。

权相在南宋时就常被视为弊政根源,故而史弥远去世、史嵩之去位都曾被视为"更化"良机。但权相退场带来的君相信任危机、边防危机,却进一步凸显了以权相为轴心的双重委托之意义。

# 第三章　后权相时代的困境

如果把史弥远、史嵩之皆视为权相,双重委托的政治结构因之而生,那南宋后期仍有相当长的时段中不存在权相:史弥远去世(1233)至史嵩之独相(1240)之间、史嵩之退位(1244)至贾似道主政(1260)之间。这两段就是南宋后期所谓的"后(非)权相时代"。对后权相时代的问题进行分析,可以更加凸显权相的意义,也更可理解为什么君—相—阃双重委托结构是南宋后期政治的稳定器。

## 一、二相制下的信任危机

在端平更化早期,郑清之是唯一的宰相,但端平二年(1235)六月,郑清之任左丞相、枢密使,乔行简为右丞相、枢密使,南宋出现了罕有的两位宰相并立的状况。

二相制是理宗本人的意思,也是众臣皆大欢喜的举措,此点几乎众口一词。魏了翁表彰二相制乃是旧典,是"天与陛下以转移人心之机也"①。袁甫说,"陛下知左揆之忠直无他肠,而恐其勤劳太过,不可以无助也,于是置右弼以佐之",又"察右弼之老成有素望,必能长虑却顾,共图国事也,于是使济左揆之所不及",故"并命二相,可谓至当"②。左揆、右弼分别指郑清之、乔行简。李鸣复说,"郑清之有宰相之度而才不足,乔行简有宰相之才而力不逮,合二长以共成事功,其庶

---

① 魏了翁《鹤山集》卷二〇《乙未秋七月特班奏事》,《儒藏精华编》242,第352页。
② 袁甫《蒙斋集》卷五《中书舍人直前奏事札子》,《景印文渊阁四库全书》1175,第389页。

几乎!"①杜范说二相制是"转移世变之一机"②;方大琮也说"乙未并相之初,又一机也"③。总之,作为对"权相"(独相)的反动,无论是理宗本人还是臣僚,都高度推崇二相制。

但二相制有其重大的危机。

1. 二相不和与理宗自揽权纲

危机首先表现在二相不和。端平二年闰七月,王迈言及此事:

> 今也外为推逊,中实相猜,入堂则不同时,正谢则不同日。谋一事也,甲可则乙否;用一人也,彼是则此非。一旬而告假者五六焉,一月而求去者十数焉。……此独何时,而为左者曰眷顾衰臣宜去,为右者曰讥谤至臣宜去。④

根据王迈所述,郑、乔二相的不和除了意见不同外,主要表现在"外为推逊",乃至争相求去,还表现在"入堂不同时"。所谓"入堂不同时",实则不过是二相轮日当笔而已,这一点魏了翁明确说过⑤。后来,史嵩之退位后,淳祐五年(1245)理宗以范钟、杜范为左右丞相,二相也是轮日当笔⑥。

郑清之、乔行简推逊、求去确实是个问题。魏了翁说:"今既月余,而二相谦逊未皇,事多牵制。"袁甫也提及了"左揆一向辞避,右弼又一向畏逊"⑦。吴泳也说:"此何时也,而乃迭相先后,抗疏北阙,引告东第,奉身以求退耶?"⑧总之,郑清之与乔行简的不和,主要不是公开的

---

① 黄淮、杨士奇编《历代名臣奏议》卷六一,第845页。
② 杜范《清献集》卷五《军器监丞轮对第一札(端平二年秋)》,《景印文渊阁四库全书》1175,第642页。
③ 方大琮《铁庵集》卷二《直前札子(端平三年十一月十一日)》,第1b叶。
④ 王迈《臞轩集》卷二《乙未闰七月轮对第一札》,《景印文渊阁四库全书》1178,第471页。
⑤ 魏了翁《鹤山集》卷二〇《乙未秋七月特班奏事》,《儒藏精华编》242,第353页。
⑥ 徐元杰《楳埜集》卷八《白二相论时事书》,《景印文渊阁四库全书》1181,第709页。
⑦ 袁甫《蒙斋集》卷五《中书舍人直前奏事札子》附"口奏",《景印文渊阁四库全书》1175,第392页。
⑧ 吴泳《鹤林集》卷一七《奏乞宣谕两相协心治事疏》,第139页。

立异,而是各为逊避。

"退逊"是二相制下的一个共通的现象。淳祐五年二月范钟与杜范并相期间,江万里入对,对理宗说:"二相退逊太过,中外皆无精采。"①后程公许也上札子,说"二相逊避迟缓"②。三月二十日,徐元杰在进唐房玄龄、杜如晦故事后,发挥云:

> 今也两分制柄之责,坐舟中皇皇然,望出于撑驾,率众工而谋共济,顾乃悠悠泛泛,莫知所之。脱有风涛之虞,其不沦胥以败者几希……矧今所最急者,莫切于边防、国用之实政,惟在乎搜求实才,各副任使,课责实效,上宽国忧。此二揆所当夙夜究心,跻世于理可也。然窃念夫稍愆和豫者,许调摄之期;可宣勤劳者,戒勿嫌疑之避。③

"稍愆和豫者"指杜范此时身体状况欠佳,"可宣勤劳者"则指首相范钟,徐元杰希望理宗戒其"嫌疑之避"。徐元杰也直接对二相说,"今焉之夹辅,所虑过于逊,经筵既已言之矣"④。徐鹿卿也说:"推庆历之车,志于行而已;操元祐之舟,勿使偏而已。岂必铢铢计较,屑屑逊避而后谓之同心同德哉?"⑤理宗确实为此下御笔戒谕二相:"朕望治甚切,卿等既莅乃职,盍图乃功,宜悉忠陈以究实用,毋悠缓以度岁月,毋逊避以妨事。"⑥

二相除了竞相退逊,还有一个鲜明特点,即宰相相对于君主而言是卑微的、配合性的角色,绝不是史弥远、史嵩之被委任责成的形象。这里以淳祐五年二相中的杜范为例。杜范为相不过八十日,文集中保

---

① 佚名撰,汪圣铎点校《宋史全文》卷三四,第 2778 页。
② 杜范《清献集》卷一四《三月初六日申时奏》,《景印文渊阁四库全书》1175,第 726 页。
③ 徐元杰《楳埜集》卷二《三月二十日上进故事》,《景印文渊阁四库全书》1181,第 635—636 页。
④ 徐元杰《楳埜集》卷八《白二相论时事书》,《景印文渊阁四库全书》1181,第 708 页。
⑤ 徐鹿卿《清正存稿》卷一《上殿奏事第一札》,《景印文渊阁四库全书》1178,第 839 页。
⑥ 杜范《清献集》卷一四《御笔》,《景印文渊阁四库全书》1175,第 724 页。

留了一些他与理宗的往来文字,从中可见理宗对二相的定位。

比如,有一日杜范奏:"臣伏蒙御前发下黄袋一封,颁示臣太学生方大猷等伏阙上书一轴。"①理宗把方大猷等人的上书送右相杜范,是因上书涉及堂除之弊,而改革其弊又起于杜范的建议:"陛下岂以此事为臣所建明,故特以此书示臣耶?"据杜范言,鉴于"自三四十年来,权臣执国柄,以公朝之爵禄而市私恩,取吏部之美阙而归堂除",故他任相之初就向理宗提议改革堂除弊端,理宗也同意施行了。但杜范很快因病告假,"故于投札求阙者报应少迟,而发下部者长贰亦未有处分,诚未免有久困于羁旅者",处理迟滞确实是个问题,但太学生服阙上书不为此事:

> 然孤寒寡援与夫恬静有守之士素为沮抑者,一闻发下部阙,莫不欢然相庆,以为公道将行。而巧于进取素干堂阙者,一旦无以售其谋,遂致纷然腾议,而学舍诸生亦习于闻见,乃以近年之弊政为祖宗之成法,是必有从诱为之者。②

据杜范的解释,将堂除阙付给吏部,本是公道之举,但奔竞之人因为利益受损,就鼓动太学生伏阙上书。对于太学生这种"未知朝廷事体,习闻世俗之议而辄为之言"的行为,理宗不加判断,直接送给改革的发起者杜范,包括上书中言"股肱日趋于惰"亦未加掩饰。可见,对于因更化而招怨的宰相杜范,理宗无维护之意。

再比如,杜范曾和理宗就诸军请给等事进行多番讨论。

起初是杜范三月初四日未时(未正为下午两点)上奏,称收到了淮西安抚使王鉴申请增加诸军请给的申尚书省状,于是向理宗提出了具体方案:

> 臣亦尝密令人(细)[纽]算边上诸军所请,增之一分,止该十八界官会一十八万有奇。等而上之,至于二分、三分,所增不过一倍再倍而已。此一年之数,其縻国用,似不为甚多,其于悦以使人

---

① 杜范《清献集》卷一四《奏堂除积弊札子》,《景印文渊阁四库全书》1175,第722页。
② 杜范《清献集》卷一四《奏堂除积弊札子》,《景印文渊阁四库全书》1175,第723页。

之道,所关于利害者甚大。欲乞上轸圣虑,于宰执奏事之时,特赐睿旨,令其密纽(等)[算]实数,或所增不过如上项数目,即乞御笔行下。

杜范认为,若边上诸军一年所请仅增加十八万贯会子,则具备可行性。他提议,若方案可行,"即乞御笔行下",意思是由理宗出御笔给宰相机构,然后行下。也就是要使此事显得出于理宗之意,而不是宰相机构批复臣僚之申状。此外,杜范还提议,对在临安诸军之俸禄增支本色(银)①。

三月五日,理宗批复了两道御笔。第一道说,他在史嵩之去位之后,曾命令"都司赵希塈密行计算"添支军人俸给事,最终认为开销过大,只是给诸军岁末(当是指淳祐四年岁末)"凝寒钱"增至三倍;至于在京诸军请全部折支本色银的问题,因为财政困难只折一半,本拟增加每两银的折钱数,但也因为财政困难作罢。他最终指示:

> 今若欲如此施行,当先办此一项钱乃可,不然则又添印新楮也。丞相可更与范钟详议奏闻。②

第二道说:

> 昨日所奏江淮诸军增支券食钱新会分数,今寻刷得昨来都司条具到文字四件,颇似详尽,并与蕙具到在京诸军支本色银白札子,并付卿详观,可更斟酌,同付出文字缴进。初五日午时。③

理宗把之前赵希塈(都司)、赵与蕙(户部尚书④)汇报过的情况转发给杜范。总之,理宗两道御笔的倾向是:因为财政困难,永久性的军人添支、增折银都不太可行,相当于否定了杜范的提议。

此外,理宗在第一道御笔末还提及一事:

---

① 杜范《清献集》卷一四《三月初四日末时奏》,《景印文渊阁四库全书》1175,第725—726页。
② 杜范《清献集》卷一四《御笔》,《景印文渊阁四库全书》1175,第726页。
③ 杜范《清献集》卷一四《御笔》,《景印文渊阁四库全书》1175,第729页。
④ 潜说友纂《咸淳临安志》卷四九,《宋元方志丛刊》4,第3786页。

近所闻龚基先于九江公论未允,可别论材,庶免担阁郡事也。①

这件事的起因是,之前理宗御笔令宰相商议当涂(太平州,治今安徽当涂)、九江(江州,治今江西九江)两处守臣,以收拾江防,于是杜范回奏:"太平乏守,臣欲以尤熵改知,而都司以为有才干、能办事者不如丘岳,今已议定;并龚基先兼江西安抚、沿江制副,及江东西监司阙官,皆已议得其人,来早已刻,自当面奏。"②但理宗却以"公论未允"驳回了龚基先的任命③。

接到御笔后,杜范于当日回奏。在回奏中,杜范继续坚持"兵券不容不增"——"以臣观之,边尘未靖,岂可使三军有衣食不足之怨?兵券不容不增明矣。"但关于军人添支事又增加了新的困难:总领所可能"别求科降",朝廷恐无法应付。而关于龚基先的除命当然只能作罢,改用蔡节④。

三月六日申时(申正为下午四点)杜范又有进奏。奏议除了提及兵券事,主要是为了回应程公许"言二相逊避迟缓"。杜范计划两日后,也就是八日,粥后与范钟面见议事⑤。初七日上午,理宗御笔回复:"夜来览奏,欲于初八日过堂与范钟议事。俟有定论,即具奏闻。"当日未时(未正为下午两点),杜范又奏:

> 所议兵券事,此未易轻举。欲趁此时军士在边捍御稍劳,特支犒一番,其城守不出者亦量支给,庶几与之有名。荆湖川蜀不得援例。来早范钟须面奏,更乞圣旨令其契勘多寡之数以闻,即赐御笔行之。⑥

---

① 杜范《清献集》卷一四《御笔》,《景印文渊阁四库全书》1175,第 726 页。
② 杜范《清献集》卷一四《又奏》,《景印文渊阁四库全书》1175,第 725 页。
③ 杜范《清献集》卷一四《御笔》,《景印文渊阁四库全书》1175,第 726 页。龚基先是史嵩之去位之后被罢的言官之一,史言"上欲更新庶政,故有是命"。见佚名撰,汪圣铎点校《宋史全文》卷三三,第 2766 页。
④ 杜范《清献集》卷一四《回奏》,《景印文渊阁四库全书》1175,第 729 页。
⑤ 杜范《清献集》卷一四《三月初六日申时奏》,《景印文渊阁四库全书》1175,第 726 页。
⑥ 杜范《清献集》卷一四《三月初七日未时奏》,《景印文渊阁四库全书》1175,第 727 页。

杜范在军人添支事上退步了——不再坚持增券,而是建议特犒,即一次性的赏赐,且仅针对江淮战区的军人。杜范还希望理宗亲自命令范钟去"契勘多寡之数",最后以御笔行之。

此外,杜范在这封奏议中提及了自己和范钟的关系:

> 臣再以思,范钟与臣固同心协恭,但意见有异同,禀性有缓急。臣今病体未复,尚当告假,又不得时与范钟面议可否,以致事有积滞,颇涉人言。臣区区,欲自此有合用之人、合行之事,区处既定,即拟除目及指挥,先言之范钟,一面径自缴入,如上合圣意,即付外施行。陛下如俞臣所请,即乞明赐御笔,书之别纸,容臣以示范钟,以见出于圣断。庶免机务不至悠悠,如或者逊避之讥,亦使同列无喜于自任之疑。更合悉取圣裁,伏乞睿照。

因为当时在病假的是杜范,故有"逊避之讥",相应地范钟则有"喜于自任之疑"。因此杜范提议,自己所拟除目、指挥要"先言之范钟",同时缴进御前,请理宗批示。若该治事方案得理宗首肯,则将御笔出示范钟,"以见出于圣断"。既有事先与范钟的沟通,又有理宗的批复,自可避免事务积滞,解杜范本人的"逊避之讥",又可消除范钟的"喜于自任之疑"。不过,杜范这些颇为周全的考虑恰恰印证了自己和范钟之间微妙而脆弱的关系:前言"乞圣旨令其契勘多寡之数",此言"明赐御笔,书之别纸,容臣以示范钟,以见出于圣断",显然意味着杜范与范钟多有异同,否则不至于诸事皆要以"圣断"的名义推动范钟。

当日酉时(酉正为下午六点),理宗批复:

> 朕并建二相,正赖协心共济国事,事之是非,人之贤否,须是明白洞达,开心见诚,二三大臣相与平章,归至当之论,无自用之嫌。今后有合行之事,合用之人,可一面与范钟商确区处既定,然后入奏,似不必御笔处分也。初七日酉时。①

理宗的意思是,杜范须先与范钟"商确区处既定,然后入奏",不可一面

---

① 杜范《清献集》卷一四《御笔》,《景印文渊阁四库全书》1175,第726—727页。

告知范钟,一面入奏,最后以"御笔""圣断"令范钟接受。这种处理方式,名义上是希望二相"明白洞达,开心见诚",实际上是拒绝了杜范借御笔推行自己主张的请求。

关于前线军人增支之事,最后的定论确实由杜范和范钟同奏:

> 臣某、臣某昨恭奉圣旨,念军士之贫,于其月给与各增支新会二分,仰见特恩逮下,欲乞降内批付三省、枢密院,臣某、臣某即当拟指挥颁行。伏取圣旨。①

二人代为拟定的内批是:

> 边未撤戍,军士劳苦,实可怜悯,念宜加优恤。可令尚书省下两淮、湖广总领所,各照见帮十七、十八界会子分数内,将二分十七界更特与支二分十八界,其有系朝廷管饷军分,并一体施行,仍自囗月为始。②

可知最终的定论一是将旧会(十七界)二分换给价格更高的十八界会子二分,二是范围扩大到两淮、湖广所有"朝廷管饷军分"。这就与前述杜范的意见有别,当是二相协商的结果。这份内批拟定后须进呈③。

杜范文集中保留的上述事例,展现了理宗在后权相时期如何"恭揽权纲"。他否定了宰相杜范关于江淮诸军请给、知江州龚基先除命的意见,期间还不忘戒谕二相勿逊避迟缓,协心共济国事;关于江淮诸军的增支决定,又须二相协商后同拟定内批进呈,在整个过程中,绝不见史弥远时代的"先行"之权。

2. 二相归于一

由此二相退逊的痼疾就容易理解了,其背后的根本在于君主的"信任"——当君主取消委托后,他就没有唯一确定的信任对象,而是信任不止一个枢机。端平二年,袁甫在和理宗奏论二相关系时,二人

---

① 杜范《清献集》卷一四《同左相奏》,《景印文渊阁四库全书》1175,第 730 页。
② 杜范《清献集》卷一四《拟内批》,《景印文渊阁四库全书》1175,第 730 页。
③ 杜范《清献集》卷一四《同左相回奏》,《景印文渊阁四库全书》1175,第 730 页。

有一些当面交流,节引部分如下:

> 读至"陛下置右弼,俾助左揆之所不及",玉音云:"朕意正是如此,外间何为有纷纷之论?"
>
> 某奏:"天下事有一必有两,两则易于不一,惟英主有以一之。汉文帝尝并相陈平、周勃矣,一则智谋,一则厚重。有文帝在上,虽是二相而归于一。唐太宗尝并相房玄龄、杜如晦矣,一则善谋,一则善断。有唐太宗在上,虽是二相而亦归于一。然则今日何虑纷纷之论,惟在陛下一人而已。"……
>
> 某奏:"主意所向,人情之所趋也。主意向左,彼则趋而左;主意向右,彼则趋而右。陛下不可不察人情之所趋。趋之之初,未遽见有大害。趋而不已,分朋植党,自此始矣。"……
>
> 读毕,玉音又问:"自除二相,不至有嫌疑否?"
>
> 某奏:"陛下以赤心委任二相,二相俱贤,何至遽生嫌疑。但臣所谓人情之所趋,各有偏徇。若陛下无以一之,却恐嫌疑从此生。且如目今中外多事,可谓甚矣,左揆一向辞避,右弼又一向畏逊。若各事形迹,深恐耽阁国家事,无人(乘)[承]当。缓急之际,将若之何?"①

袁甫说,"主意所向,人情之所趋也",人情各有所趋的原因在于君主之意不固定。于是二相协和的关键在于理宗本人——"两则易于不一,惟英主有以一之""若陛下无以一之,却恐嫌疑从此生"。即虽然是两个宰相,但两个宰相还必须"归于一",而"归于一"的关键是君主的"赤心委任"。有了"赤心委任",才不会出现人情之猜疑、意见之纷纭,以致臣僚分朋植党。郑清之、乔行简二相推逊、求去,实际是他们二人以及群臣对理宗的趋向不能准确把握所致。

在理宗并用郑、乔二相之前,刘宰(1166—1239)在给郑清之的信中先称赞了二相制的优点——"天下至广,万几至烦,非一相所能专

---

① 袁甫《蒙斋集》卷五《中书舍人直前奏事札子》附"口奏",《景印文渊阁四库全书》1175,第391—392页。

任",然后建议郑清之主动向皇帝提议用二相,否则"此意发于主上,则为意向有他,委任不笃;发于他人,则为谗为间"①。对郑清之门人来说,二相制的出现确实就是郑失去理宗信任的标志。刘克庄《王迈墓志铭》说:

> 初,端平并拜二揆,朝野知左必去,郑公所致名胜满朝,不能助,至有袒右者。公位最卑,独为天子言。……冀以感悟上意。然郑公迄不可留,而公先逐矣。②

王迈之言即其六月所上封事。他先说郑清之虽有所不足,但不失为"君子之相",然后话锋转而批评理宗用乔行简为右丞相、起袁韶为祠官:

> 陛下责治太锐,课功太速,不择忠贤以辅之,乃用行简以疏间之,而又欲用袁韶以快其报复之志。是何陛下惟知有招权纳贿之弥远,而不知有避权远势之清之,能容养弥远于二十七年之久,而不能笃信清之于二年之暂?……行简为人素号多智,弥远在时,善事惟谨,其性姿多苛,其荐举多私,弥远喜其顺己,每事委曲从之。及与清之共政,所见每有不同。况当耄及之年,易犯在得之戒,其身虽未必肯为小人之事,其门必多引小人之徒。今涂人之论,皆谓小人之谗清之,而举行简也,意不在行简,而专在韶。行简既相,韶必继用,清之踧踖不安,有去而已。③

袁韶在史弥远当权时担任过宰属(右司郎官)、知临安府、参知政事④。王迈把乔行简任相、袁韶起为祠官视为史弥远旧日亲信卷土重来的标志,是理宗不能笃信郑清之的表现。

怎么理解臣僚所谓的"笃信"? 这涉及时人对"宰相"这个角色的

---

① 刘宰《漫塘集》卷七《札子·答郑丞相(谢除太常丞)》,《景印文渊阁四库全书》1170,第371页。
② 《刘克庄集笺校》卷一五二《臞轩王少卿墓志铭》,第6001—6002页。
③ 王迈《臞轩集》卷二《乙未六月上封事》,《景印文渊阁四库全书》1178,第467—468页。
④ 《宋史》卷四一五《袁韶传》,第12451页。

认识。端平元年魏了翁在《应诏封事》中说:

> 夫权不移于大臣,固宗社之幸。万一移于宫掖,移于阉寺,移于嬖幸,移于姻戚,则当是时也,反不若权在大臣之犹出于一也。①

这里的"权"就是"皇权"。皇权要通过某些途径实现其支配,要么是寄生于皇权的群体——宫掖、阉寺、嬖幸、姻戚,要么是作为臣僚之首的宰相,宰相的极端就是大臣、权臣。魏了翁宁愿君主通过权臣去实现支配,也不希望皇权流向寄生于君主的侧近人群。

端平三年九月郑清之、乔行简罢相后,理宗用崔与之为相,但因与之未至,故以执政郑性之与李鸣复轮日当笔,代行相事。王迈上疏:

> 与之天下大老也,其如耄及且病,未必肯来。揆席久虚,事权不一,性之、鸣复畏首畏尾,更相推逊,中书之务壅遏不行。陛下起视四海之内风涛如此,今为何时,而可无济川作楫者乎? 臣之所深惧者,天下之权不在中书,必至溃裂四出,或在外戚,或在宦官,或在近习、女宠。……臣愿陛下审于择相,参以人望,毋为左右毁誉所惑;谨于用权,要使常在中书,毋为旁蹊曲径所移。②

与魏了翁的意见类似,王迈也认为,所谓"天下之权"(皇权)若不能通过"中书"(宰相)去支配天下,就会移于外戚、宦官、近习、女宠等君主的侧近。郑性之和李鸣复因为代行相事,故"畏首畏尾,更相推逊"(与郑、乔二相的表现类似),这种情况下皇权"溃裂四出"的可能性就很大。

方大琮评论郑性之、李鸣复摄宰相事说:"两参摄行宰相事,上颇似欲法阜陵,所寄采听处非一。若能把握政权,使不至旁落,则幸甚,否则不若付之外庭之为愈也。"③"所寄采听处非一",应是指理宗派了一些探事人多方打探外廷信息,方大琮担心理宗不能把握政权,使之

---

① 魏了翁《鹤山集》卷一八《应诏封事》,《儒藏精华编》242,第 327 页。
② 王迈《臞轩集》卷二《丙申九月封事》,《景印文渊阁四库全书》1178,第 480—481 页。
③ 方大琮《铁庵集》卷一六《与刘潜夫书一》,第 1a 叶。

旁落到皇帝的侧近手中。

淳祐五年实行二相制时，徐鹿卿说：

> 古先帝王之为治，未有不自端本澄源始。汉唐以来，事权散逸，不在同姓则在外戚，不在宫闱则在宦寺。我朝深鉴前弊，大权悉归中书，旁蹊曲径一切杜绝。故三百年间，无同姓、外戚之祸，无宫闱、宦寺之祸。朝廷尊安，国势巩固，凡以此耳。
> 
> 陛下惩臣下之专，收大权而自揽之，是也。然权病乎专，亦病乎分。善揽权者，非必万事万物尽出于我而后谓之揽权也。权之在中[书]者，即其在人主也。如必一一而身任之，则聪明必有所遗，威福必有所寄，将以揽权，而权愈散，能防之于外庭，而不能不失之于旁出。①

这段话针对的就是理宗在史嵩之去位后"独奋乾刚，再立人极，并建宰辅，收揽威权"之举。在这里，徐鹿卿把君主个人的"揽权"视为皇权分散、旁出的一个原因，指出最合适的方式就是由"中书"掌权，"权之在中[书]者，即其在人主也"。所谓"旁蹊曲径"，指的是同姓、外戚、宫闱、宦寺等，与前几位言论差不多。

所以，理宗和臣僚对于"权相"的反应是不一样的。他们由于各种原因或表面、或真心反对权相宰制天下、深居独运的岁月。皇帝对权相政治的反动是"揽权"（总揽权纲、收揽大权），即取消委托而走向前台。但对于群臣来说，权相政治的对立面不是君主揽权，那样反而会造成君主侧近的强大，皇权溃散旁出。权相的替代品仅仅是不专权的宰相，如袁甫所说的："宰辅之职，固贵乎专，亦戒乎太专。不专则责不归一，太专则失于独运。"②但如果君主侧近与权相这两瓶毒药要选择一瓶，那么权相是可以接受的。

嘉熙四年（1240）五月，徐鹿卿上言论及当时乔行简平章军国事、

---

① 徐鹿卿《清正存稿》卷一《上殿奏事第一札》，《景印文渊阁四库全书》1178，第838页。

② 袁甫《蒙斋集》卷五《中书舍人直前奏事札子》，《景印文渊阁四库全书》1175，第389页。

李宗勉和史嵩之分别为左右丞相的格局：

> 臣闻二三大臣之心叶于一，而后百官万民之心定于一，上下之心不一而求以济事，无是理也。陛下忧时望治，并用二相，而命元老大臣总其纲，岂不以大厦非一木之支，泾舟赖烝徒之楫？……然同寅叶恭，则虽十六相而不害其众；召奭微不悦，则周公旦深病之。何则？此心苟叶，则守一等规模，行一等议论，立一等政事，用一等人才。事之合于理者无往而不获其志也，事之乖于理者无往而得遂其私也。人心其有不定乎？否则乖离暌隔，不合不公，弗得逞于东者，必趋于西，无所投于甲者，必赴于乙，彼罢而此行之，彼用而此舍之，彼信而此疑之。在上者莫适任患，在下者莫知适从，只见其纷纷尔。①

一平章两丞相的配置就是多相制，徐鹿卿所说的大臣不叶之可能，大抵就是现实，他呼吁"大臣之心叶于一"，只有如此才能"守一等规模，行一等议论，立一等政事，用一等人才"。这不正是权相被委托后的特色么？——消弭分歧、执行国是。因此，所谓"叶于一"的实际结果，就是唯一的权相。

结合本篇第一章所提出的概念，所谓皇权旁出，即君主通过各种信任的侧近人群支配天下，这是枢机制无疑；所谓权在中书，即君主只通过士大夫宰执实现支配，可能是枢机制（多相），也可能是委托制（一相、权相）。在士大夫的理念中，君主通过侧近支配天下自然是不可接受的，甚至多相制也容易导致皇权流向侧近人群，故最好的方式是君主全权委托宰相——其实就是他们极力批判的权相政治。因此，二相制虽说是对权相的一种反动，但臣僚希望"二相而归于一"，得到君主的"赤心委任"，理想中"归于一"的多相其实是权相的回归。

在现实中，权相也始终是挥之不去的阴影。据徐元杰讲，史嵩之退位以后，"连日闻上每每思山相之有材，不但御殿言之，讲筵间亦言之，不

---

① 徐鹿卿《清正存稿》卷一《五月视朝转对札子》，《景印文渊阁四库全书》1178，第817页。

知几遍矣。往往皆谓边处方殷,累日忧形玉色,若有颇悔作新之意"①。山相即史嵩之。一有风吹草动,史嵩之这个名字就会出现。淳祐六年夏,眼见着史嵩之丧期将满,对他复出的担忧又开始出现。六月,著作佐郎兼权礼部郎官高斯得对,"言奸邪有复出之忧",理宗的回答是:"必无此事。"②到十二月,诏史嵩之依所乞,守本官职致仕③。此后淳祐十一年(1251)、宝祐四年(1256),都曾出现史嵩之复出的传言④。

淳祐六年六月六日高斯得所上奏札,较好地呈现了史嵩之这个"代号"被赋予的意义。高斯得在《轮对奏札》中言及三大忧患——"奸邪有复出之忧,强敌有必至之势,国计有将败之虞"⑤,即内政、边事、财政方面的困境。

对于"奸邪有复出之忧",他认为这是宰相之责,即宰相"并包兼容之意多,别邪辨正之虑浅",导致朝中群臣庞杂,多持中立,"甚至阴持异见,以力沮草茅之公议;阳附善类,而甘为权孽之私人"⑥。当高斯得轮对时,范钟已罢,游似任右丞相,高斯得对宰相不能辨别邪正的批评,当是包括范、游二人。在差不多的时候,李昴英赴阙,于奏札中说,自史嵩之去位之后:

> 惜乎心术纯白者天不蹦憨遗,阿匼取容者尸如充位,以自顾年老(子孙)[孱?]弱之心谋吾国,以两吏扶持之耄状而赞万机,模棱岁余,竟成何事。陛下察其昏谬,亟听引去,此又一机也。(此段论范钟。)⑦

---

① 徐元杰《楳埜集》卷八《再白左揆论时事疏》,《景印文渊阁四库全书》1181,第 706 页。
② 佚名撰,汪圣铎点校《宋史全文》卷三四,第 2783 页。
③ 佚名撰,汪圣铎点校《宋史全文》卷三四,第 2785 页。
④ 林希逸《竹溪鬳斋十一稿续集》卷二四《工部侍郎宝章阁待制林公行状》,《景印文渊阁四库全书》1185,第 793 页;佚名撰,汪圣铎点校《宋史全文》卷三五,第 2847 页;《宋史》卷四二一《姚希得传》,第 12589 页。
⑤ 高斯得《耻堂存稿》卷一《轮对奏札》,《景印文渊阁四库全书》1182,第 17 页。
⑥ 高斯得《耻堂存稿》卷一《轮对奏札》,《景印文渊阁四库全书》1182,第 17 页。
⑦ 李昴英《文溪集》卷七《淳祐丙午侍右郎官赴阙奏札一》,《景印文渊阁四库全书》1181,第 158 页。

这里的"心术纯白者"指病逝的杜范,而年老昏谬之人即范钟。李昂英论及此事时还与理宗有一番对话:

> 第一札读至"犹足扶持",上曰:"此全在大臣辅国。"读至"以两吏扶持之耄状而赘万机",上曰:"范钟年老,废事亦多。"奏云:"范钟老而且懦。"①

年老、废事、懦弱,这就是史嵩之去位后首相的形象。对照上章之说,即不能"把握"。

关于"强敌有必至之势",高斯得认为是"主兵大臣之责",也就是知枢密院赵葵的责任。高斯得谈及了蒙古的斡腹之谋,即从云南包抄南宋的战略,但对于这一重大威胁,赵葵虽有动议,却未见落实。此为不能"负荷"。关于"国计",高斯得认为是"主财大臣之责",也就是参知政事兼同知枢密院事陈韡的责任,包括耗费日增,不去核实军旅之籍、不请省宫廷之费②。

总而言之,当时朝廷存在的几大问题,原因都在宰相、执政之臣。而且:

> 是三者本皆宰相之所当总,执政之所当与,而非可以分任者,亦既谋之不臧而分任矣,则职分所在,可得而辞其责乎?虽然,臣又窃有疑焉,何则?二三大臣责任虽不同,而心不可以不同。侧闻庙堂之上同异浸彰,道路传言抑难深信,然国论未固,窥伺孔多,纤芥一开,何事不有!③

当时理宗采用多位执政分理政务的机制,"强兵之事,尔葵主之;裕财之计,尔韡理之;二相则总大纲而中持其衡,以共济国事"④。高斯得认为,这种"分任"之策,实际的结果是统治集团内部的异同、矛盾、掣肘。

---

① 李昂英《文溪集》卷七《淳祐丙午侍右郎官赴阙奏札附》,《景印文渊阁四库全书》1181,第160页。
② 高斯得《耻堂存稿》卷一《轮对奏札》,《景印文渊阁四库全书》1182,第18—19页。
③ 高斯得《耻堂存稿》卷一《轮对奏札》,《景印文渊阁四库全书》1182,第19页。
④ 佚名撰,汪圣铎点校《宋史全文》卷三四,第2781页。

正确的做法,应是人才、兵、财皆由宰相总之。

既然说到了这一步,那么根源就不是大臣,而是皇帝了:

> 然而臣尚有说于此,请得以终陈之。夫职分之不尽,心志之不同,二三大臣信有罪矣,待遇之未诚,信任之未笃,愚臣妄谓陛下亦有过焉。
>
> 何则?嘉祐之定国本,任其责者韩琦也,今陛下以为家事而独谋于左右之嬖御;元祐之择台谏,预其议者司马光也,今陛下惩创太过,而专决于宠幸之从臣。伸国法以绳横恣,庙堂之责也,卒压于威命而中辍;内降以抑侥幸,宰相之事也,竟屈于宣谕而奉行。彼居其位而不得行其道,方赧然以冒其所愧,又安能展布四体以志伊尹、周公之事业哉!
>
> 臣愿陛下推诚以待之,虚心以任之,毋以小谋大,毋以内图外,而使大臣得以粗伸其志焉。如此而犹职分之不尽、心志之不同,以负任使,则天下之责固将归之而不贷矣。①

高斯得认为,问题的根源在于皇帝的"信任之未笃",皇权流向"左右之嬖御""宠幸之从臣",宰相压于君主之威命、屈于禁中之宣谕,在皇权的直接指挥之下,"居其位不得行其道"。不得委任之专的大臣(多位),自然既不能统合群臣,又不能解决兵财困局。高斯得所期待的韩琦、司马光式宰相,只不过是一个理想的权臣而已。这个大臣深得皇帝的信任,又能施展强力手腕控御臣下、军旅、增财省费。

回到本节的主题——二相制下的"信任危机",这是基于儒家士大夫立场的表述。权臣退场之后,君相关系的委托成分褪去,枢机制的底色显露。儒家士大夫所不满的,正是枢机制下的宰相"退化"成枢机之一,也就是所谓皇权之"旁出"。臣僚呼吁笃信,其实就是在呼吁权相回归,从而以委托制取代枢机制。因此,与其说是理宗思权相,不如说是士大夫更怀念权相时代皇权尽出于中书的状态。

---

① 高斯得《耻堂存稿》卷一《轮对奏札》,《景印文渊阁四库全书》1182,第20页。

## 二、后权相时代的朝阃关系

权相消失不但意味着君相委托的消失,相阃信任也不复存在,这又会带来何种挑战呢？上章提到,史弥远安靖之策、史嵩之对蒙防御的落实,都依赖他们与前线阃臣牢固的私人关系。史弥远去世之后,宋理宗一变国是为恢复;史嵩之退位后,对蒙防御则不能松懈。后史弥远时代的恢复、后史嵩之时代的御蒙与他们退场前有何不同？

1. 端平恢复中的朝阃关系

史弥远去世后,南宋国是从"安靖""自守"变为"恢复",宋理宗用郑清之主持其事。但郑清之所能依赖的前线阃臣只有江淮战区的赵范、赵葵兄弟。二赵的父亲赵方在嘉定七年至十四年曾担任京湖阃臣,早就与郑清之结下了不解之缘,这是众所周知的：

> （赵葵）与兄范俱有志事功,（赵）方器之,聘郑清之、全子才为之师。又遣从南康李燔为有用之学。①

因此,郑清之与赵范、赵葵有师生之谊,这种关系决定了郑清之能用二赵落实恢复。

赵范于绍定六年二月被任命为工部侍郎兼中书门下省检正公事②,即宰属。后赵范出任沿江副阃,时间一定是在绍定六年内,因为端平元年正月朝廷发表赵范"依前"沿江制置副使、权移司知黄州的任命,紧接着又诏赵范兼淮西制置副使,任责防御③。黄州本不属沿江制司,而是淮西最西之州。至端平元年五月,权工部尚书赵范为两淮制置大使、节制沿边军马兼沿江制置使;又诏沿江制置副使并听赵范节制,任责措置江面④。这样的话,沿江、沿江副、淮西、淮东皆在赵范的

---

① 《宋史》卷四一七《赵葵传》,第 12498 页。
② 《宋史》卷四一《理宗一》,第 797 页。
③ 《宋史》卷四一《理宗一》,第 800 页。
④ 佚名撰,汪圣铎点校《宋史全文》卷三二,第 2687 页。

节制之下。赵葵的经历相对简单：史弥远死后，绍定六年（1233）十一月赵葵授淮东制置使兼知扬州①。此外，赵范的部将全子才任知庐州、淮西安抚副使②。理宗与郑清之的恢复，于是就始于江淮战区。

二赵之中，又只有赵葵是真正的"鹰派"。端平元年四五月间，也就是出师之前，左谏议大夫兼侍读郑性之上殿言：

> 近都堂集议，观范、葵及子才论奏书牍，议论蜂生，气吞八蛮，岂天将混一宇宙，遂生斯人为时用耶？然兵重事，非可易言。臣退而端坐深思，终不得其说。今范改图易谋，不胶前说，而葵气愈锐，谋愈决。昔勾践生聚教训十年，而后平吴。诸葛亮闭关绝栈二十一年，而后出师。葵帅淮东甫及数月，而欲建规恢之功，古人何难？葵何易耶？③

郑性之提到"今（赵）范改图易谋，不胶前说，而（赵）葵气愈锐，谋愈决"，可知在北伐前夕，身为江淮战区最高长官的赵范已不再激进，只有淮东阃赵葵仍欲建规恢之功。据载，北伐时，赵范属下的全子才先带着万余人的淮西军至汴，而赵葵率领的淮东军则有五万④，赵葵的淮东战区是北伐的主力。

离开江淮战区，郑清之的意志就贯彻不下去了。京湖阃臣史嵩之反对进取，已见前说。他于端平元年六月被罢。史嵩之罢后，暂兼京湖制司公事的是知江陵府杨恢，洪咨夔有《直华文阁知江陵府杨恢除知襄阳府、京西安抚副使、时暂兼京湖制置司公事制》，其中有"王师方向河洛，俾尔拥旄进屯于襄，任又加重"之语⑤，可见进屯襄阳是在端平元年六月至八月间的事，当时杨恢暂兼京湖制司公事。

杨恢本人对恢复的态度可以据其背景略加推测。杨恢为四川广

---

① 《宋史》卷四一七《赵葵传》，第 12502 页。
② 佚名撰，汪圣铎点校《宋史全文》卷三二，第 2688 页；洪咨夔《平斋文集》卷一七《全子材除淮西安抚副使兼知庐州兼计度转运副使制》，第 408 页。
③ 《刘克庄集笺校》卷一四七《毅斋郑观文神道碑》，第 5813 页。
④ 周密撰，张茂鹏点校《齐东野语》卷五《端平入洛》，中华书局，1983 年，第 77—78 页；佚名撰，王瑞来点校笺证《宋季三朝政要笺证》卷一，第 22—23 页。
⑤ 洪咨夔《平斋文集》卷一九，第 469 页。

安人,字伯洪,号"西岩先生"①,与魏了翁颇有交谊,绍定初年杨恢任吏部架阁官时,魏了翁就有书信与其讨论蜀中形势②。绍定三年前后,杨恢知均州,魏了翁为其作《比干祠记》《尹公(尹洙)亭记》③,一直到端平元年正月仍在均州④。在知均州之前,魏了翁称其"比摄守竟陵",也就是摄复州守⑤。知均州后,杨恢知江陵府,然后是暂摄京湖阃、进屯襄阳,之后就是任淮西副阃⑥。这样看来,绍定年间,杨恢所任职的复州、均州、江陵皆在京湖战区内,则他是毫无疑问的史嵩之京湖旧部。由此推测,他积极支持郑清之、二赵北伐的可能性不大。再者,端平元年秋三京之役失败以后,赵范被任命为京湖阃⑦,而此时杨恢也尚在京湖,当赵范试图调遣随州的一支军队向北过樊城时,被杨恢拒绝了⑧。

郑清之在四川战区也遇到了困难。端平元年二月赵彦呐任四川制置使⑨,《宋史·赵彦呐传》载:"端平元年,遂升正使,丞相郑清之趣其出兵,以应入洛之役,不从。"⑩可见四川阃臣赵彦呐拒绝了郑清之出兵的要求。魏了翁言:

> (此)[比]闻御笔付敏若,有"控扼关河,羁縻秦巩"等语,又相君有书,大抵有乘机拓境之意,却恐自今愈多事矣。⑪

---

① 阳枋《回黄州札子(西岩先生,名恢,字伯洪。)》,《全宋文》325,第411页。
② 魏了翁《鹤山集》卷三四《答杨架阁恢》,《儒藏精华编》242,第556—557页。
③ 魏了翁《鹤山集》卷三五《答杨均州恢》,《儒藏精华编》242,第573页;卷四九《殷少师祠堂记》《均州尹公亭记》,《儒藏精华编》242,第793—795页。
④ 陈桱《通鉴续编》卷二二,第2b叶。
⑤ 魏了翁《鹤山集》卷六三《题复州鸿轩》提到"广安杨伯洪恢来摄州事",即指此。《儒藏精华编》243,第983页。
⑥ 洪咨夔《平斋文集》卷二一《杨恢除直宝文阁淮西制置副使兼知黄州制》言:"尔乘塞于均,宅牧于荆,进屯于襄。"第524页。
⑦ 佚名撰,汪圣铎点校《宋史全文》卷三二,第2692页。
⑧ 黄淮、杨士奇编《历代名臣奏议》卷二四一,第3171页。李鸣复说:"(赵范)近欲移随将过樊城,而杨恢弗从其令。"
⑨ 陈桱《通鉴续编》卷二二,第2b叶。
⑩ 《宋史》卷四一三《赵彦呐传》,第12400页。
⑪ 魏了翁《鹤山集》卷三七《与李舍人(性传)书》,《儒藏精华编》242,第603页。

赵彦呐字敏若,可知理宗以御笔给赵彦呐传达了进取之意,附以郑清之督其拓境的书信,但赵彦呐并未遵从。

这样的话,在端平元年夏秋的三京之役当中,理宗对于宰相郑清之的委信固然没有问题,但郑清之和沿边诸阃之间则没能建立起稳固的信任关系。三边四阃赵彦呐、杨恢、赵范、赵葵,只有二赵拥护北伐。

收复三京之役在端平元年六月发动,七月初宋军到达东京开封府①,八月就宣告失败了。端平元年八月,赵葵、全子才因为北伐失利被削秩,但赵葵淮东阃任依旧。赵范也没有受到太大的影响:

> (八月)壬子,给舍缴奏,收还赵范端明殿学士,仍旧官名,尽护襄汉。诏范为龙图阁学士、依旧京西湖北安抚制置大使兼知襄阳府、节制两淮巡边军马。②

"依旧"云云,说明在赵葵、全子才北伐之时,赵范已被委以京湖安抚制置大使的职任,也就是取代了史嵩之、杨恢执掌京湖战区,这应是赵范没有亲自参与北伐的一大原因。至九月,赵范落节制两淮的头衔,"依旧京西湖北安抚制置大使、知襄阳府"③,专注于京湖战区。

原京湖代理阃臣杨恢则调至淮西副阃、兼知黄州,此见上文。此外,京湖名将孟珙也被调至淮西。据刘克庄《孟少保神道碑》:

> 擢建康府副都统制,俄授主管侍卫马军行司公事。阃檄护太常寺簿朱扬祖、阁门祗候林拓朝八陵。……成礼而归。④

此言朝八陵,指端平元年四月京湖制司派人护送朱扬祖等人前往河南,相度修奉北宋皇陵,这时尚是史嵩之任京湖阃;这批人一直到当年八月才返回,这时候已经是赵范任京湖阃了⑤。《孟少保神道碑》接着说:

---

① 周密撰,张茂鹏点校《齐东野语》卷五《端平入洛》,第 77 页。
② 佚名撰,汪圣铎点校《宋史全文》卷三二,第 2692 页。
③ 《宋史》卷四一《理宗一》,第 803 页。
④ 《刘克庄集笺校》卷一四三《孟少保神道碑》,第 5682 页。
⑤ 佚名撰,汪圣铎点校《宋史全文》卷三二,第 2684、2692 页。

> 前既除马帅,而制阃奏留公襄阳,兼镇北军都统制。此军乃公所招中原精锐百战之士,(公)[分]汉北樊城、新野、唐、邓间,凡万五千余人。俄令赴枢密院禀议,除带御器械。①

此处的"制阃"已是赵范,他希望孟珙节制由北方百姓所组成的镇北军。但朝廷最终决定把孟珙调离京湖,"俄令赴枢密院禀议,除带御器械"。《景定建康志》言,孟珙"(端平元年)十一月二十九日,除带御器械,日下供职"②,则他在端平元年冬就离开了京湖战区:

> 乙未,兼主管侍卫马军行司公事。时暂黄州驻札,朝辞,上言:……上问恢复,奏云:"愿陛下宽民力,蓄人材,以俟机会。"其夏,兼知光州。冬,兼知黄州。③

乙未即端平二年。从这段记载可知,孟珙先到了临安面圣,然后至淮西驻扎。这段话也说明孟珙反对宋理宗的"恢复"之举。杨恢和孟珙这两位京湖故旧在淮西重聚,立场也相当一致,据王遂说:"时杨恢、孟珙亦阴主和议,私与敌交,且请守江。"④如此看来,郑清之固然通过赵范控制了京湖战区,但却因为杨恢、孟珙的调任,淮西战区又与他立异了。

赵范离开江淮后,沿江阃(置司建康)又从江淮战区中分立,在端平元年正月被授予曾从龙⑤;当年十月陈韡接任沿江制置使,至嘉熙元年(1237)三月又兼任淮西制置使,年底罢任⑥。上章已提及,陈韡是朱熹弟子陈孔硕之子,与真德秀交好。嘉定十四年(1221)陈韡被贾涉辟为京东河北节制司干办公事,又改淮西制置司干办公事、升淮东制

---

① 《刘克庄集笺校》卷一四三《孟少保神道碑》,第 5682 页。据《全宋文》(第 331 册第 76 页)订正。
② 周应合撰,王晓波校点《景定建康志》卷二六,第 1251 页。
③ 《刘克庄集笺校》卷一四三《孟少保神道碑》,第 5682—5683 页。
④ 刘宰《京口耆旧传》卷七《王遂传》,《景印文渊阁四库全书》451,第 193 页。
⑤ 佚名撰,汪圣铎点校《宋史全文》卷三二,第 2683 页。
⑥ 周应合撰,王晓波校点《景定建康志》卷一四《建康表》,第 675—677 页。

置司干办公事,又升参议公事,"居阃幕三载,以公兼恩信得众"①。当嘉定十六年贾涉以疾入奏之时,暂摄淮东阃事的就是身为参议官的陈𬘓,而且他并不为后来的丘寿隽、郑损、许国诸制置使所用。据刘克庄为陈𬘓所撰神道碑,可知陈𬘓是反对进取、主张自守的边阃;且他与郑清之也无很深的私交,自陈:"臣本书生,直道而行,与今丞相素不相接,冒当阃寄,孤立无援。"故而种种请求皆被朝廷驳回②。当然,因为防线的北推,端平初的沿江阃重要性不如其他诸阃。

如此,仅就三京之役后的中东部战区而言,京湖赵范、淮西杨恢与孟珙、淮东赵葵、沿江陈𬘓诸人中,真正支持理宗与郑清之继续进取的仍然只有二赵的京湖、淮东。京湖与淮东如何在三京之役失败后继续进取,此不赘述,参见附录《宋理宗端平恢复考》。这里简单提一下端平三年春的军事灾难——襄阳兵乱。兵乱导致南宋京湖战区的核心襄阳城化为丘墟,一直到淳祐十一年(1251)才由李曾伯(1198—1268)主持收复并重建。

襄阳兵乱由一支被称为"克敌军"的北军引发,其原因既有赵范"抚御失当",也有赵范与淮西阃之间的相互倾轧,还有襄阳地区防务不足、南宋对北军缺乏信任等等③。本书要强调的是:相阃委托消失之后,朝廷不但无法贯彻国是、消弭分歧,而且其操作还进一步激化了矛盾,最终导致了军事灾难。

所谓克敌军,本在淮西之黄州驻扎,亦属北方来人所组成之军队,史籍或称"李藏器之军"。魏了翁曾言:"始焉淮西制阃治黄州,匪但控扼要害,实以兼总黄陂克敌一军也。"④是克敌军本在黄州,前言端平元年正月赵范沿江制置副使、权移司知黄州,紧接着朝廷又诏赵范

---

① 《刘克庄集笺校》卷一四六《忠肃陈观文神道碑》,第5762—5763页。
② 《刘克庄集笺校》卷一四六《忠肃陈观文神道碑》,第5768页。
③ 熊燕军《南宋端平襄阳兵变及相关问题》,《宋史研究论丛》第12辑,河北大学出版社,2011年,第357—382页。
④ 魏了翁《鹤山集》卷二二《论黄陂叛卒》(八月二十五日),《儒藏精华编》242,第384页。

兼淮西制置副使,任责防御。① 也就是说,黄州克敌军本就曾属赵范节制,这是他后来持续插手克敌军的一个原因。

赵范到京湖以后,黄州成了杨恢、孟珙所辖,此见前说。而端平二年春,克敌军(李藏器军)就有作乱迹象:

> 李藏器一军,今春以来谋害管军,制司遣人莅其众,方命专杀,军将被害者五六十人。幸而急戮范青,改命全而分其军,得以粗息。②

可知克敌军在端平二年春图谋作乱后,淮西制司派人去统辖,反而激起了其军哗变,最终杀范青、肢解军队。魏了翁后来提到,"则军未溃以前,其戮叛将范青,不必付之湖广总领何元寿"③,即杀范青的并非淮西战区的官员,而是来自荆湖的何元寿。这说明,朝廷令京湖赵范插手了淮西杨恢辖区之事。

端平二年六七月,克敌军再度作乱;七八月间,赵范所部、权发遣德安府王旻招纳了4800余人的克敌军,史称赵范"意欲阻挠淮西制帅杨恢"④。对于这次叛乱及后续的处置,据李鸣复说:

> 黄陂之叛……意者谓必知所惩创。闻诸道路,其为乖误,抑又甚焉。淮西讨叛,而湖北则纳叛,是自为矛盾也。于俊领兵剿贼,而王旻则出兵助贼,是自相鱼肉也。……王旻先逆之境上,给以赀粮,助以兵力,又谓叛贼委是可嘉,欲与转六七官,或升差路分,升差统制,是诲盗也。诲盗而欲其不为盗,得乎?⑤

据此,黄州兵变后,淮西主张剿杀,而京湖则主张招纳。淮西派出

---

① 《宋史》卷四一《理宗一》,第800页。
② 魏了翁《鹤山集》卷一九《被召除礼部尚书内引奏事第四札》,《儒藏精华编》242,第342页。
③ 魏了翁《鹤山集》卷二二《论黄陂叛卒》(八月二十五日),《儒藏精华编》242,第384页。
④ 周密撰,张茂鹏点校《齐东野语》卷五《端平襄州本末》,第81页。
⑤ 黄淮、杨士奇编《历代名臣奏议》卷一八九,第2488页。

了于俊领兵与叛军作战,他当时是光州(淮西)的都统制①。但是京湖方面则派遣王旻帮助叛军抵御于俊的讨伐。而在剿和招两策之中,朝廷选择支持京湖的招纳。袁甫的奏疏提到:

> 且克敌一军,疽根伏藏久矣,诸帅不协,互相猜贰,狼子野心,窃窥间隙,于是溃决而不可制。任闻寄者,各执所见,朝廷持两可而听其所为,遂折而归于招之一说。然既招之后,忧虑万端。②

袁甫言"朝廷持两可而听其所为,遂折而归于招之一说"说明朝廷先是听任京湖和淮西自作主张,实则更加偏袒京湖,最终支持京湖的招纳方案。既然朝廷已决定招纳,则淮西方面大概也因此改剿为招③。不过,最终还是京湖王旻成功招到了在淮西叛变的克敌军。端平二年九月,王旻率招纳到的部分克敌军进入襄阳。次年二月初,此军被派往均州、光化军一带,竟拒战而回;二月二十一日在襄阳发动叛乱。留在德安的部分克敌军则早在端平二年十月就已叛去④。

总而言之,克敌军本是在淮西黄州驻扎的北军,叛变本也发生在淮西,但在整个过程中,朝廷始终或明或暗支持京湖制司的行动。其根本原因就在于,京湖阃赵范是郑清之信赖的私人,郑清之想方设法增强其实力以执行"恢复"的国是。于是,朝廷把立场不同的杨恢、孟珙调离京湖,又以离谱的手段使淮西克敌军重归赵范节制,最终导致

---

① 洪咨夔《平斋文集》卷一六《赐带御器械兼权主管侍卫步军司公事兼建康都统制王鉴等银合腊药敕书》有"权光州武定都统制司职事于俊"。第384页。
② 袁甫《蒙斋集》卷六《是日上不视事缴进前奏事札子》,《景印文渊阁四库全书》1175,第400页。
③ 李鸣复言:"孟珙许之以便宜,书填防御使、京交十万、官田百顷,又听从各人向某处州郡驻札,是赏盗也。"(黄淮、杨士奇编《历代名臣奏议》卷一八九,第2488页。)魏了翁言:"孟珙招纳,备据叛酋陈温之词,谓若斩杨恢,用孟马帅为制置,则我辈就招。此何语也?而珙公然见之公状,不以为嫌,殆有尝试朝廷之意,是珙亦可疑者矣。"(《鹤山集》卷二二《论黄陂叛卒》(八月二十五日),《儒藏精华编》242,第384页。)李鸣复和魏了翁都提到了孟珙招纳克敌军之事,当发生在于俊领兵讨伐之后。
④ 魏了翁《鹤山集》卷二九《奏析督府前后事体乞检会累奏施行》,《儒藏精华编》242,第410页;卷二七《奏德安叛卒奸诈及备鞑声东击西》,《儒藏精华编》242,第456—457页;卷二六《先事奏陈三事》,《儒藏精华编》242,第439页。

了襄阳兵变这一灾难。

2. 史嵩之退位后的阃臣控制危机

史嵩之于淳祐四年(1244)九月丁忧,宋理宗继而任命范钟、杜范并相,其中杜范于淳祐五年二月初一至临安上任,四月二十日去世,为相仅八十日。在范钟、杜范并相期间,宋朝三边阃臣分别是:淮东、淮西——李曾伯,京湖——孟珙,沿江——董槐,四川——余玠。如第二章所述,他们都是史嵩之安排的,也与史有着非同一般的私人关系。史嵩之退位后,新宰相范钟、杜范与诸阃之间没有旧谊,朝廷与前线阃臣之间的关系遂成为一个重大挑战。

淳祐五年三月初七日,杜范上奏:

> 臣近见李曾伯所报边事,辞气似觉稍缓。今天气渐热,虏兵岂能久驻于此?所忧者在今秋耳。合催赵葵早来此,付以边事。恐当遣庚牌,令快行往趣之,得其速至。此预备防秋之事,庶不至重劳忧顾。伏乞睿照。①

理宗的御笔回复云:

> 昨见李曾伯报到边事,殊无急迫之意,似觉稍缓。今之为备却在秋冬。前日已遣快行赍文字宣谕赵葵,催趣赴阙。②

君臣论及二事。一是李曾伯报边事稍缓。当年春天正月至二月,宋蒙在淮北发生了五河口之战,淮西招抚使吕文德先是自五河口退守濠州,继而在二月九日收复五河③。这是李曾伯边报稍缓的背景。

第二件事是催促赵葵赴阙,"付以边事"。案,淳祐二年二月,赵葵被召为同知枢密院事,离开了久任的淮东阃位,史嵩之的亲信李曾伯取而代之;随后五月赵葵就罢政出知潭州,十二月又知福州④。史嵩之

---

① 杜范《清献集》卷一四《三月初七日未时奏》,《景印文渊阁四库全书》1175,第727页。
② 杜范《清献集》卷一四《御笔》,《景印文渊阁四库全书》1175,第727页。
③ 李天鸣《宋元战史》,第448页。
④ 《宋史》卷四二《理宗二》,第823、825页。

去位后,赵葵在淳祐四年十二月被召为同知枢密院事①,杜范与理宗的沟通就发生在赵葵已被任命却未到任之时。理宗与经筵官也谈及赵葵事:

> 赐茶后,上曰:"边事如何?"侍读奏前日李曾伯所奏云云。上曰:"年年被他苦,闻今年头势颇甚,如何?"侍读奏云云。上曰:"是如此。"侍读奏云云。上因问赵葵来期,奏云云。②

侍读为赵希垐。淳祐五年三月十九日经筵,赵葵仍未至,经筵后理宗再度与赵希垐、徐元杰谈起:

> 赐茶后,上问边头小捷,侍读奏云云。上问赵葵来期,侍读奏云云。上曰:"兵机自当专委之。"上顾盼,某接奏云:"赵葵毕竟久在边间,与将帅士卒颇相谙。若阃外之事,专留其人于庙朝以备咨访,臣知其家世忠实可托。"上曰:"是如此。"③

赵葵迟迟不至,理宗又对其充满期待,欲付以边事、专委兵机,徐元杰道出了原因——"久在边间"。确实,赵葵(1186—1266)比史嵩之(1189—1257)尚要年长,长期在淮东阃位,曾平定李全之乱、参与端平恢复、抵御蒙古,可以说是当时除了史嵩之外最为熟悉北边之事的大臣,因此理宗甚为期待赵葵出面主持对蒙防御的大局,屡屡问及赵葵来期。

理宗对赵葵的期待有一个重要背景:史嵩之去位后,朝廷和前线阃臣之间的关系变得微妙乃至紧张。淳祐五年三月十二日,杜范的奏札先提及了吕文德的捷书,然后说:

> 臣近连得孟珙两书,颇有相孚之意。若得边阃无相疑阻,亦幸事也。其书因并缴奏,伏乞圣览讫,付臣答之。④

---

① 《宋史》卷四三《理宗三》,第831页。
② 徐元杰《楳埜集》卷二《月日进讲》,《景印文渊阁四库全书》1181,第623页。
③ 徐元杰《楳埜集》卷二《三月十九日进讲》,《景印文渊阁四库全书》1181,第624页。
④ 杜范《清献集》卷一四《三月十二日巳时奏》,《景印文渊阁四库全书》1175,第728页。

理宗御笔回应:"孟珙之书,情意相孚,此亦幸事。凡百更须有以得其心,缓急庶可运掉也。"①《宋史·杜范传》云:

> 时孟珙权重兵久居上流,朝廷素疑其难制,至是以书来贺。范复之曰:"古人谓将相调和则士豫附,自此但相与同心徇国。若以术相笼架,非范所屑为也。"珙大感服。②

身为京湖阃的孟珙,在杜范任相后仪式性地致贺,这就是杜范"臣近连得孟珙两书,颇有相孚之意"的起因。杜范回信中"以术相笼架"云云,所指无非是此前史嵩之笼络、驾驭阃臣之术,杜范既然不屑为之,则他与孟珙的交情也只能停留在礼节层面。

杜范与京湖阃孟珙的书信往返可被视为"将相调和",但朝廷与两淮阃李曾伯的关系就复杂多了。李曾伯以史嵩之的门生自居③,史去位之后,李曾伯也力求去位,朝廷则一再挽留。淳祐四年冬至五年春,李曾伯数度请祠,其一言:

> 近自入冬寇退,即拟再伸引辞之请。适新大政,恭奉宸奎,勉竭其愚,未敢遽渎。所愿恪共于职业,以图趋赴于事功。④

可见淳祐四年冬理宗曾御笔勉励李曾伯,冀其安于职事。

淳祐四年十二月四日范钟、杜范拜相,据李曾伯奏:

> 臣今月九日亥时恭准御前金字牌递到御宝实封,降下御札一道,为并建二相,令臣尽心职分,益饬战御之备等事。……臣遥瞻咫尺之威,熟复再三之训,如饬备待敌,遣间觇情,是皆微臣职分之当然,岂敢一日念虑之弗至!惟上之使下,如身之运臂指,而君之命相,乃国之有股肱。事合具陈,情焉敢隐!至于彼此朴实之

---

① 杜范《清献集》卷一四《御笔》,《景印文渊阁四库全书》1175,第728页。
② 《宋史》卷四〇七《杜范传》,第12288页。
③ 魏峰、郑嘉励《新出〈史嵩之圹志〉、〈赵氏圹志〉考释》,《浙江社会科学》2012年10期,第146页。
④ 李曾伯《可斋杂稿》卷一六《两淮制使乞祠奏》,《宋集珍本丛刊》84,线装书局,2004年,第325页。

戒,臣迷叨繁使,惕若帝临,一语或欺,十目所睹。①

可知十二月九日,理宗皇帝的御札就到达了李曾伯处,名义上是叮嘱"饬战御之备",实则是告知新任宰相事,嘱其尽心职分,还令其传达给手下将领王鉴、吕文德。李曾伯在回奏中表态:"惟上之使下,如身之运臂指,而君之命相,乃国之有股肱。事合具陈,情焉敢隐!"说明理宗、朝廷深知史嵩之的退位、新二相的任命必会给朝廷与李曾伯的沟通带来挑战,故御札即时戒饬。至淳祐五年春,李曾伯提到:

> 续准三月四日尚书省札子,三省同奉御笔:"朕方倚卿以宽顾忧,何嫌何疑,临敌求去。列城将士视卿以为勇怯,宜奖率三军,戮力一心,全境却敌。如其有功,朕不靳赏。卿宜勉旃,以副简注。"臣祇承帝训,兢惕愚衷。②

此时李曾伯收到的是尚书省札子转发的理宗御笔,其中所谓"何嫌何疑"的意思是明确的:朝廷认为李曾伯求去就是因为史嵩之退位、新宰相接任。

李曾伯请祠被拒绝了,不过他没有放弃。约在淳祐五年四月,李曾伯提出给假寻医的请求。他说,自己多年来在边境地区"驱驰险阻,冲冒风寒",又久当阃寄,劳苦忧虑过度,以致"久得怔忡麻痹之疾",心脑血管方面的问题令他"半体不仁,筋脉拘挛",已经无法履行职责:

> 臣既不能任事,两道应接,不可一日旷官。除已将淮东制置安抚使司、淮西制置使司牌印职事牒赴添差制参兼淮东运判张竿时暂管干,扬州牌印职事牒赴扬州通判田文虎时暂管干,所有三司及扬州财赋,亦截自此月十五日攒结账状,牒发付各官交管外,臣今乞朝廷收回权兵部尚书告命,仍令臣照缘边主兵官具奏寻医条令,给假一月,归田寻医。③

---

① 李曾伯《可斋杂稿》卷一七《谢御笔令饬战御等事奏》,《宋集珍本丛刊》84,第 342 页。
② 李曾伯《可斋杂稿》卷一六《三乞祠奏》,《宋集珍本丛刊》84,第 325—326 页。
③ 李曾伯《可斋杂稿》卷一六《乞给假寻医奏》,《宋集珍本丛刊》84,第 326 页。

乞给假寻医由此演变成了一起相当严重的事件：身为两路阃臣、南宋东部战区最高负责人的李曾伯，在没有得到朝廷同意的情况下，擅自解职，将牌印、职事交付淮东转运判官张竽、扬州通判田文虎这两个较为低级的官员。

朝廷当然拒绝了李曾伯的给假寻医之请，"四月十九日，三省同奉圣旨不允，令学士院降诏"①。接着（二十四日戊子），朝廷还以李曾伯"职事修举"为由，升其职名（焕章阁学士）②。然"兼给事中赵希㮰缴奏边臣李曾伯褒宠恩数"，继而给事中徐元杰也发言③：

> 臣窃观前兼给事中赵希㮰缴奏边臣李曾伯褒宠恩数，及阅李曾伯之奏，已擅分职事，付之张竽、田文虎，欲轻自脱去，臣不胜惊愕。……况圣政作新，事任因袭，曾伯控辞虽屡，而陛下勉留孔切，锡赉恩泽，初何他嫌？大臣与之书问络绎，所以谕之究心备御者，未尝不恳恳恻恻，曾伯又何所疑？而轻于掷印，一至于此乎？今陛下与大臣告谕深切，而曾伯轻举妄动，以骇观听，又何为而不以贤臣之所以主尔忘身、国尔忘家者终始自信乎？

徐元杰把李曾伯的行为界定为"欲轻自脱去""轻举妄动"。他除了提到理宗亲自勉留李曾伯，又提到"大臣与之书问络绎，所以谕之究心备御者，未尝不恳恳恻恻"，则宰相范钟、杜范和李曾伯之间亦有书信往来。这种书信往来似乎毫无效果，由此也可知前述杜范与孟珙的书信往返也仅是礼仪而已。有意思的是，徐元杰虽然严厉批评了李曾伯，语气甚是强硬，但最终的解决方案却是温和的：一是收回增职名（焕章阁学士）恩命，二是令李曾伯收回辞呈，继续任职，然后皇帝下诏戒谕，"谕曾伯以人道至大之纲常，不得轻为去就，以摇物情，以弛边备"；主要的惩罚要落在擅自接受牌印、职事的张竽和田文虎身上，"重与追斥施行"。

---

① 李曾伯《可斋杂稿》卷一六《乞罢黜奏》，《宋集珍本丛刊》84，第327页。
② 《宋史》卷四三《理宗三》，第832—833页。
③ 徐元杰《楳埜集》卷四《缴李曾伯淮东制帅指挥札子》，《景印文渊阁四库全书》1181，第654—655页。

五月四日,赵希垕、徐元杰进讲,君臣又论及李曾伯事①:

> 赐茶讫,上曰:"昨日卿缴奏李曾伯乞宣谕事甚佳。"
> 
> 某奏云:"臣滥员封驳,不敢不为陛下扶持纲纪。如李曾伯者,丐去俟命可也,却擅以牌印付张竿等。张竿等请命于朝可也,胡为遽受牌印?"
> 
> 上曰:"卿等以正纪纲为事,甚忠于国家,此意甚善。但前日恩数与诸阃并行,况是未曾选择得人以代之,所以未欲收其恩命。"
> 
> 奏云:"臣等大意只是欲正体统,却不是必欲陛下收其恩命。不过欲借此施行,警张竿以厉其余,庶几纲纪可正。"……
> 
> 上曰:"如此施行,诚是可以正纲纪。但欲少留曾伯在彼,且宽容,如何?"
> 
> 某奏云:"臣奏只是乞取法高宗宣谕边臣之大意,以赵希垕一疏取自御批降示曾伯。缘其已释牌印,庶可借此取回。其留之亦甚明白正大,却非必欲夺其恩数也。"

理宗口头表扬了徐元杰的缴奏,但明白告知"未欲收其恩命",即不收回焕章阁学士之命;还明确表达了希望留任、宽容李曾伯的意思——"欲少留曾伯在彼,且宽容,如何?"徐元杰很识趣地说"不是必欲陛下收其恩命""非必欲夺其恩数",只是要正纪纲而已。所谓正纪纲,乃是"警张竿以厉其余",板子并不是直接落在李曾伯身上。

理宗虽然同意要戒谕李曾伯,却又提到了宰相范钟的意见:"大臣欲令袁应老录去示之,如何?"也就是并非如徐元杰建议的"以赵希垕一疏取自御批降示曾伯"。徐、赵二人异口同声表示反对:"如此行但不明白正大,亦不足以正纪纲。"但皇帝没有理会他们二人的意见:

> 上曰:"年来中外难得其人,前次孟珙以牌印交与以次官,颇费区处。"

---

① 徐元杰《楳埜集》卷二《五月四日进讲》,《景印文渊阁四库全书》1181,第626页。

理宗说及人才难得,孟珙也有类似的做法,主要意思是为了堵住徐、赵之口。但二人却又将话题转回了戒谕:"曾伯正是效尤,若更惮于降诏警谕之,自此节节效尤,转见无策。"最后,理宗只好说:"当谕之,当谕之。"但他只是肯定了徐、赵二人"降诏以警谕"中的"谕",并未同意"降诏",也就是仍旧坚持范钟提出的通过私人渠道提醒。最后,君臣的对话转向了惩处擅自接受牌印职事的张竿、田文虎,赵希㮮还把他写给宰相范钟的简子奏呈理宗,其中有他详细的建议。对话就此结束。

后来理宗应是未下诏戒谕李曾伯,但在五月丁巳(二十四日),朝廷因李曾伯辞免而收回了焕章阁学士之命①,也算是对他擅自离职的惩戒,以照顾徐、赵等人的情绪。总而言之,面对李曾伯极端的求退之举,理宗与朝廷既然"未曾选择得人以代之",那就无法严厉回应,只能宽容且令其留任。

可见,在史嵩之退位后,因为新任宰相和孟珙、李曾伯之间没有亲信关系,故朝廷面对这些阃臣时"颇费区处"。同理,若站在阃臣的立场,因为朝中宰相非原来的府主,边事亦颇费区处。下面以李曾伯修泗州新城为例说明这一点。

淳祐三年、四年、五年,李曾伯分别修筑了泰州、寿春、泗州三城,这是他自己较为得意的功绩。李曾伯于淳祐六年撰《拟泰寿泗三郡筑城记》,自述了三城建设始末②。淳祐三年正月,李曾伯奉旨城泰,工期为二月至五月。淳祐三年九月,"御前递火急申诏城寿",亦是奉旨而为;中间经历了蒙古来袭,至四年七月寿春城成。这两城的修筑之命都是直接出自御前。

泗州城兴工于淳祐四年十一月,完成于淳祐五年四月,即修建于史嵩之去位以后。据李曾伯说:

> 泗城之役,臣非敢创有申陈。……臣上奉庙谟,下采众论,于

---

① 《宋史》卷四三《理宗三》,第833页。
② 李曾伯《可斋续稿前》卷五《拟泰寿泗三郡筑城记》,《宋集珍本丛刊》84,第492—494页。

是方敢以招泗条具文状,申取朝命。继准密札,从申行下,差调役兵,科拨钱米,令本司措置。臣职在疆场,义当必葺,用是不敢辞难,非欲邀功生事以求固位也。①

李曾伯所谓"上奉庙谟",是指四年十一月初得"两枢参"(参知政事兼知枢密院范钟、参知政事签书枢密院事刘伯正)之书,令其商榷修城事;所谓"下采众论"指招州、泗州守臣赵邦永、鲍义,以及步帅王福力主修泗州城。总之,李曾伯特别强调,自己"非欲邀功生事以求固位"。上引史料言,"继准密札,从申行下",也就是修城的命令是以枢密院札子批复李曾伯申状的形式行下,并不是像之前泰州、寿春修城时那样直接来自御前的命令。

汴河穿泗州而过,故泗州实分为东西两城。东城即将修完之际,李曾伯并未立即兴建西城:

> 所有西城濠河,则臣先来已下泗州未可轻动。盖缘泗自数年两城俱废弗葺,往时主者不为守计,去年因见寿困,将士方为泗忧。今本司虽奉上命连月措置,安知旁观之士无议其后者?边头一般局面,各手各法,言人人殊。主修之者固为一劳永逸之规,主弗修者未必不为备多力分之虑。而况东西两垒有谓不可偏废,有谓不必尽修,有谓两城修与弃其工等,议论盖不一。大抵添一城则有一城之责,有一城之备,兵力器械非相称不可。今若东城既毕,西城接续兴役,趁此了办,固是一事。惟恐将来工役既就,事力不及,不修固不以为是,既修又或以为非,徒费前功,反滋异议。②

李曾伯的本意肯定是要修完东西二城的,但在此份奏议中则把姿态摆得甚高,认为修不修都有争议,"有谓不可偏废,有谓不必尽修,有谓两

---

① 李曾伯《可斋杂稿》卷一七《乞区处修浚泗州西城奏》,《宋集珍本丛刊》84,第343页。

② 李曾伯《可斋杂稿》卷一七《乞区处修浚泗州西城奏》,《宋集珍本丛刊》84,第343页。

城修与弃其工等,议论盖不一",自己不持什么立场,把球踢回给了朝廷:"近已具申朝廷,或令少缓,俟候裁处,未准回降。臣虽已丐祠,见此俟命,缘系首尾,所合奏闻。伏祈圣慈谕大臣详酌利害,区处定论,下本司遵守施行。"可知朝廷有令其暂停以等待裁处的指示,说明君主和宰相也在犹豫——当时主持工作的宰相,就是去年十一月令李曾伯商量修城的范钟。

李曾伯的高姿态、朝廷的犹豫,都说明史嵩之去位之后宰相与阃臣之间的沟通不再顺畅,朝廷亦不再完全信任阃臣的主张。根据淳祐六年李曾伯的《拟泰寿泗三郡筑城记》,西城后来应该还是修成了。不过,多年以后,淳祐十一年,时任京湖阃的李曾伯奉命收复、修筑襄樊,他回顾往昔:

> 伏念臣向在淮甸,连葺泰、泗、寿三城,凡是遣将调兵、给粮备械,非朝廷悉加之助,则制阃亦无此力。然且寿未成而敌已闻,泗仅立而敌已窥,虽备殚固圉之谋,犹莫逃挑敌之谤。①

李曾伯讲,他在两淮修城时有"挑敌之谤"。根据前面的讨论可知,此种议论一定出现在最后修泗州城的过程中。其原因是,史嵩之的退位使李曾伯在朝中失去强力后盾,在他看来必要的、曾得御前授意的修城已被视为挑衅蒙古之举。

因此,随着权相的退场,朝阃双方都觉得对方颇费区处。后续沿边阃臣的调整,也都是为了在一定程度上重建朝阃信任关系。

比如,淳祐五年六月,赵以夫代董槐任沿江阃。赵以夫在绍定二年至四年陈韡平定陈三枪、张魔王起义过程中,出任陈韡招捕司的主管机宜文字,是陈韡的幕府核心。嘉熙元年至二年乔行简独相期间,赵以夫任都司(左司)、枢密副都承旨。嘉熙四年再度以枢密都承旨的身份入朝,与史嵩之不和而去。史嵩之父丧去位之后,赵以夫才复出,很快任沿江阃②。在赵以夫任沿江阃之后不久,他原来的府主陈韡也

---

① 李曾伯《可斋杂稿》卷一八《回奏经理事宜》,《宋集珍本丛刊》84,第358页。
② 《刘克庄集笺校》卷一四二《虚斋资政赵公神道碑》,第5661—5662页。

被起用了:淳祐五年十一月任同签书枢密院事,十二月兼参知政事,理宗还把"裕财之计"交给陈铧负责,一直到淳祐七年四月离任①。陈铧、赵以夫之间的关系,就是史嵩之去位后重建的朝阃信任关系的一部分。

再比如,淳祐六年闰四月,李曾伯罢,丘岳代替他任两淮阃。丘岳的传记见于《正德姑苏志》:

> 岳字山甫……绍定三年李全弄兵于淮,赵范、赵葵奉命诛讨,辟岳入幕。内则赞决谋议,外则受橄督战,卒殄凶首。又以行军器监簿为范参谋,入洛议兴,未尝苟同。历通判黄州,知真州。御鞑靼,以全城歼其渠帅。改兵部郎官,淮东提刑,兼提举常平。知太平州,兼江东转运。阅三月知江州,兼沿江制置副使。移镇淮东四年,累疏求去。淳祐十年,以工部尚书召。②

从传记可见,丘岳在绍定三年(1230)就入赵氏兄弟的幕府。其知太平州就在淳祐五年春,杜范给理宗的小札中说:"太平乏守,臣欲以尤熵改知,而都司以为有才干、能办事者不如丘岳,今已议定。"③很快,丘岳又出任沿江副阃,并自淳祐六年起出任淮阃四年。而他当年的府主赵葵,自同知枢密院事升为知枢密院(五年十二月),又进为枢密使(七年四月),又以枢密使督视江淮京湖军马(六月),又升为右丞相兼枢密使(九年闰二月),十年三月罢④。可以说,淳祐五年到十年间丘岳的进用和赵葵是同步的。

在京湖战区,孟珙卒于淳祐六年九月,贾似道取而代之。据《宋史·贾似道传》:

> (淳祐)五年,以宝章阁直学士为沿江制置副使、知江州兼江

---

① 《宋史》卷二一四《宰辅表五》,第5624、5625页;佚名撰,汪圣铎点校《宋史全文》卷三四,第2781页。
② 王鏊等纂《正德姑苏志》卷五〇《丘岳传》,《天一阁藏明代方志选刊续编》14,上海书店,1990年,第338—339页。
③ 杜范《清献集》卷一四《又奏》,《景印文渊阁四库全书》1175,第725页。
④ 《宋史》卷二一四《宰辅表五》,第5624、5628页。

西路安抚使。一岁中,再迁京湖制置使兼知江陵府,调度赏罚,得以便宜施行。①

贾似道先出任沿江副阃(江州),接着于淳祐六年任京湖阃,这和丘岳的路径是一致的。虽然贾似道早年的事迹不甚清晰,但可以确定的是,他绝不会被视为史氏的私人。

## 三、贾似道的特点

淳祐六年以后,宋理宗的统治进入后半段,外部局势也在发生变化。戊申年(1248,南宋淳祐八年),蒙古大汗贵由去世,其妻斡兀立海迷失称制,其子忽察和脑忽年轻任性,互相不服②,大蒙古国内部的混乱局面一直持续到壬子年(1251,南宋淳祐十一年)蒙哥成为第四代蒙古大汗。这一时期,南宋的边防压力大大减轻,"时虏中二雏争立,朝野皆有敌去而舞之心"③。

相对宽松的边防形势巩固了后权相时代的枢机制,理宗对臣僚的最大要求就是能顺承其意。淳祐八年孙梦观云:

> 陛下收还政柄之余,似有独运天下之意。造命不尽由于中书,密旨或间传于省府,则谓臣等将顺之而不暇者宜也。④

《宋史·董槐传》言:"帝年浸高,操柄独断,群臣无当意者,渐喜狎佞人。"⑤理宗晚年寻觅的所谓"当意者",就是能将顺其意之人,而非能"把握""负荷"的重臣。

首当其意者就是理宗旧学、端平旧相郑清之。淳祐七年四月到十一年十一月,郑清之第二次任相,据刘克庄言:

---

① 《宋史》卷四七四《贾似道传》,第13780页。
② 陆峻岭、何高济《从窝阔台到蒙哥的蒙古宫廷斗争》,元史研究会编《元史论丛》第1辑,中华书局,1982年,第41页。
③ 程述祖《程公(程元凤)家传》,程樟辑《明良庆会录》卷四,第86a叶。
④ 孙梦观《雪窗先生文集》卷一《戊申轮对第一札》,《宋集珍本丛刊》85,第382页。
⑤ 《宋史》卷四一四《董槐传》,第12432页。

其再相也,端平遗老凋谢,十无一二。新贵各立门庭,分党与,公虽素有主眷,尚操化权,然人情固已阴怀向背,无同舟共济之意矣。①

《程元凤家传》云:"丞相郑清之久不任事,时兴'池边蹲不去'之讥。"②从这些言论可知,郑清之在端平年间被败坏的号召力并没有恢复,但却凭借"主眷"而任相多年。御史劾章云:"比及再相,内降(颖)[频]出,不闻杜衍之封还;大计未定,不闻韩琦之力请。以陈力不能之时,昧知足不辱之戒。"③所谓大计,指理宗的继承人问题。不封还内降、不力主立继承人,就是郑清之顺承主意的表现。

郑清之去位以后,大蒙古国内部也结束了混乱的局面,蒙哥即位后立即展开了对南宋的全面经略,日益严峻的边防局势搅乱了理宗中意的枢机制——若宰臣无力应对危局,仅靠顺承主意是不可持续的。

郑清之罢后,谢方叔、吴潜并相,但吴潜于淳祐十二年十一月即罢相,谢方叔独相至宝祐三年(1255)七月才被罢。谢方叔的久任说明他极能顺承理宗之意,而其最终的罢相则是因为不能应对危局。宝祐元年,谢方叔揣摩理宗的旨意,逼死了长期维系四川大局的阃臣余玠,并籍其家财④。此后,余晦接掌四川,一年之中接二连三失利,四川日益危亡⑤。宝祐二年,牟子才论及四川局面,批评谢方叔云:"臣谓大臣之过非不忧蜀也,其过在于任己见而不受尽言,好顺上意而每怫公议。"⑥所谓"顺上意"正是谢方叔多年任相的核心原因,但他又不能应对当时千疮百孔的局势,理宗御札言及谢方叔罢相的原因:

坐视三边之危,莫施一策之助。相而如此,朕何望焉!⑦

---

① 《刘克庄集笺校》卷一七〇《丞相忠定郑公行状》,第6593页。
② 程述祖《程公(程元凤)家传》,程樟辑《明良庆会录》卷四,第82a叶。
③ 《刘克庄集笺校》卷一四七《警斋吴侍郎神道碑》,第5796页。
④ 陈世松《余玠传》,重庆出版社,1982年,第146—155页。
⑤ 李天鸣《宋元战史》,第613—624、630—635页。
⑥ 黄淮、杨士奇编《历代名臣奏议》卷二四一《宝祐二年起居郎牟子才上奏》,第3177页。
⑦ 程樟辑《明良庆会录》卷一,第13a叶。

> 朕自往年二相并命,正欲其内安社稷、外攘四夷为己任也。然而各分朋党,互相倾轧,无房杜相济之美,有牛李角立之风。天变人事,日以荐臻,采之公论,咸谓潜之所致,吴潜既退,固宜天人协应,而方叔独相,固宜忠以辅朕也。今则依附取容,殊无謇謇之节,持禄固位,而乏谔谔之忠,政以贿成,官非德选,诸子无藉,恬然而不知(二)[三]边贴危,憯然而莫恤。昔吴潜之未去,责犹可诿者。今吴潜去已久矣,责将谁归!方叔宜当之矣。况皇天示警戒之异,臣庶有交奏之章,不夺方叔之相权,则是朕躬之有罪。①

谢方叔虽然在理宗的支持下战胜了吴潜,但终究内不能安社稷、外不能攘夷狄,这是他被理宗抛弃的基本原因。

宝祐三年八月,参知政事董槐任相,次年四月即罢,在任不足一年。董槐曾任史嵩之督视府的幕僚、独相期间的宰属,还曾出任沿江副阃、阃臣,宝祐二年余晦败后还主动请缨前往四川主持局面②。故宋理宗用董槐为相,自是因其军政之才。然董槐终究不属顺承主意之相,故被理宗属意的"佞人"、御史丁大全驱迫去位③。

董槐之后,程元凤于宝祐四年七月至六年四月任相,亦颇"久任"。据《程元凤家传》:

> 先公在揆席,每事皆存大体,不务纷更以骇观听,不事矫激以求夸耀,惟欲上下相安于无事。④

所谓"存大体""欲上下相安",最关键的自是能将顺君主之旨。而黄震《古今纪要逸编》云:"(程元凤)引丁大全同列,为大全孩侮而夺之位。"⑤宝祐四年十一月,丁大全签书枢密院事,进入执政行列。如果程元凤确曾引丁大全执政,那么一定也是顺承理宗之旨。但是,在与丁大全的竞争中,程元凤日渐失势,主动请辞而去:

---

① 佚名撰,汪圣铎点校《宋史全文》卷三五,第 2842—2843 页。
② 《宋史》卷四一四《董槐传》,第 12429—12431 页。
③ 《宋史》卷四七四《丁大全传》,第 13778 。
④ 程述祖《程公(程元凤)家传》,程樟辑《明良庆会录》卷四,第 95a 叶。
⑤ 黄震《古今纪要逸编·理宗》,收入《黄震全集》,浙江大学出版社,2013 年,第 3295 页。

> 未几,大全由谏坡登宥府,势位相轧,自怙其以术得君,志溢气骄,好凌驾人,至与同列争事,交臂于中书堂,观听为骇。先公观其所为益强悖,知难与共政,而其议论间朵颐鼎席之意累露。理考虽密察其机狡,然小人易进难退,先公惟思亟去以避之。①

程元凤罢相后,宝祐六年四月丁大全任相。

就"当意"而言,丁大全一定是最满足理宗要求的宰相。但当年蒙哥对南宋发起了全面进攻,亲自率主力军进入四川;另一支主力军则由忽必烈率领进攻长江中游,并于开庆元年(1259)九月渡过长江进围鄂州城,南宋几乎面临灭顶之灾。丁大全自然要为此负责,故于十月被罢②。蒙古透渡、丁大全被罢,宣告了理宗多年来寻找"当意者"被迫告终,局势需要的是"能把握而负荷"之人。

史称,丁大全被罢后,"相位无肯当者"③。危局之下,沿海制置使、判庆元府(治今浙江宁波)、前宰相吴潜被任命为左丞相兼枢密使,在前线的贾似道则被任命为右丞相兼枢密使。当时蒙哥已卒于钓鱼城,围攻鄂州的忽必烈因为要北归争夺大汗之位,于闰十一月撤军。虽说蒙古军自行撤退是南宋得以解除此次边防危机的根本原因,但在南宋君臣看来,王朝得以避免灭顶之灾应归功于贾似道的指挥调度④。

相比之下,左丞相吴潜既未能直接建立军功,其关于太子、避敌的言行还极大地触怒了理宗。吴潜于景定元年(1260)四月一日被罢,半年之后,十月御笔言:

> 昨台臣论丁大全、吴潜欺君无君之罪,皆有事实,初匪风闻。……若吴潜力芘大全,动摇国本,力请迁幸,发言悖乱,蕴志深险,与自古奸叛之臣曾不必殊,朕之所亲受而忍抑者。

这是以理宗的口吻确认吴潜的罪行:包庇丁大全之党、反对立赵禥即

---

① 程述祖《程公(程元凤)家传》,程樟辑《明良庆会录》卷四,第95a—b叶。
② 佚名撰,汪圣铎点校《宋史全文》卷三六,第2885页。
③ 文及翁《故侍读尚书方公墓志铭》,方逢辰《蛟峰文集·外集》卷三,《景印文渊阁四库全书》1187,第613页。
④ 李天鸣《宋元战史》,第773—774页。

后来的度宗为太子、建议皇帝离开临安避敌等等。所谓"包庇"丁大全之党,姚勉(1216—1262)亦言:"履斋(吴潜)此番再相,声誉颇减于前,不甚恶丁之党。"①说明士大夫间确有此种议论。至于御笔所说的后两者,有学者认为不可信②。若果如此,吴潜又何以被理宗称为"奸叛之臣"呢?

吴潜确实不曾"动摇国本"。宝祐三年,吴潜第一次罢相三年后,曾录进理宗关于建储问题的谈话,以示知晓并完全支持理宗关于皇子忠王(赵禥)的安排,为的就是回应此前萧泰来等人造作的非议③。又,中书舍人洪芹缴奏吴潜景定罢相之命时说:"方国本多虞,潜星驰赴阙,理纷镇浮,陈力为多。"④说明吴潜再相之后非但不曾动摇"国本",反而力排异议。如此再看《宋史·吴潜传》的记载:

> 属将立度宗为太子,潜密奏云:"臣无弥远之材,忠王无陛下之福。"帝怒潜,卒以(沈)炎论劾落职。⑤

如果吴潜之言属实,其意就绝非反对立忠王为太子,恰是催促理宗将入继的皇子忠王立为太子,由此触怒了理宗。吴潜之言的意思是:当年宁宗因未提前立太子,故史弥远得以抛开皇子赵竑而赞立理宗赵昀,这出于史弥远绝世之才,亦是理宗本人之大幸;如今若不提前立忠王为太子,则将来是否有史弥远那样有才能的宰相主持局面、忠王是否能像理宗那样顺利即位就未可知。

吴潜这番言论在两个方面犯了大忌,不仅无意中影射了理宗得位不正,更重要的是,在催促立太子之外,吴潜又建议理宗迁幸避敌、自己留守临安:

---

① 姚勉《雪坡集》卷三一《答安抚徐矩山书(庚申)》,《景印文渊阁四库全书》1184,第206页。
② 宛敏灏《吴潜年谱》,《合肥师范学院学报》1963年1期,第97—98页。
③ 吴潜《许国公奏议》卷四《秋七月因皇子进封忠王遵故事具奏进旧来所得圣语乞付史馆》,《续修四库全书》475,第170—172页。
④ 《宋史》卷四二五《洪芹传》,第12672页。
⑤ 《宋史》卷四一八《吴潜传》,第12519页。

> 大元兵度江，朝野震动，逐丞相丁大全，复起潜为相，帝问潜策安出，潜对曰："当迁幸。"又问："卿如何？"潜曰："臣当死守于此。"帝泣下曰："卿欲为张邦昌乎？"潜不敢复言。未几北兵退，帝语群臣曰："吴潜几误朕。"遂罢潜相。①

参照北宋末年的历史，随着理宗离开临安，和吴潜一起留守的应该还有新立的太子。在这种情况下，最可能的后果并不是吴潜成为叛臣张邦昌，而是重演徽宗、钦宗父子内讧的局面——以旧君被架空乃至被软禁而结束，这当然是理宗绝对无法接受的。虽然吴潜后来改变立场，劝说理宗留守②，但恐为时已晚，也就被理宗认定为"奸叛之臣"。

因此，宝祐六年（1258）到开庆元年（1259）的变局"筛选"出了南宋最后一个权相贾似道。③ 他和史嵩之一样自阃臣崛起，但避免了史嵩之托身于"冰山"的恶名。

贾似道于淳祐元年任湖广总领，方大琮曾致信他：

> 端平之元偶置于列，时老成毕集，而阁下以不可及之年，秀出其间。尝与今徐贰卿直翁相陪从于斋宫，挹其议论，无一点贵介气，心窃敬焉。既而见避权远势，收声晦影，淡然湖山外，则其高不可尚已。
>
> 嘉熙之元，孤踪浸危，时诸贤略散，而阁下以再入之英，益挺特其间，尝一再承接，人方为不肖忧之，独闻阴扶密护，异乎稠人，心窃感焉。

---

① 《宋史》卷四二五《刘应龙传》，第 12669—12670 页。
② 佚名撰，王瑞来笺证《宋季三朝政要笺证》卷三，第 252 页。
③ 关于贾似道的政治生涯，较为综合的论述有：宫崎市定《贾似道略传》，《东洋史研究》6 卷 3 号，1941 年 5 月，第 54—73 页。Herbert Frank（傅海波）《贾似道论（1213—1275）：南宋最后的一个奸相》（胡明斑译），《世界华学季刊》1 卷 2 期，1980 年，第 83—92 页（"Chia Ssu-tao（1213–1275）: A 'Bad Last Minister'？", Arthur F. Wright & Denis Twitchet, *Confucian Personalities*, Stanford University Press, 1962）。任崇岳《误国奸臣贾似道》，河南人民出版社，1991 年。陈正庭《贾似道与晚宋政局研究》，中兴大学硕士学位论文，2009 年。肖崇林、廖寅《"福华编"：南宋末年贾似道执政时代述论》，《宋史研究论丛》第 14 辑，河北大学出版社，2013 年，第 82—114 页。张春晓《贾似道及其文学交游研究》，崇文书局，2017 年。陈凯《通往"权相"之路——贾似道的权威建构研究》，北京大学硕士学位论文，2017 年。

> 既去国后,每传到榜帖,则见策隽儒林,香名烨然,有寒畯所不及者。又传到奏篇,则见忠诚恻怛,谠议伟然,有诸老先生所不及者。然则观都大宝章大监之所卓立,可以觇王室之未易量矣。①

方大琮写信的时候,正是史嵩之如日中天之时。他回忆起了端平初元的往事——"阁下以不可及之年,秀出其间"。确实,贾似道就是在史弥远去世之后、端平更化之时开启了自己的仕途。端平元年三月,前淮东制置使贾涉之子贾似道被任命为籍田令②。据信可知,端平名流之一徐清叟(直翁,时任太常少卿)已经注意到了贾似道,并深表许可。再往后,嘉熙元年,端平更化风流云散,即方大琮所谓"诸贤略散",此时贾似道在朝中,方大琮认为他对诸贤"阴扶密护,异乎稠人"。嘉熙二年,贾似道中进士,即方大琮书中所谓"策隽儒林"。之后"传到奏篇"不知所指。从这封信可以看出,当贾似道踏入政坛之时,已经进入了端平名流的圈子。

再后来,贾似道于淳祐十年至宝祐六年长期担任两淮制置大使。刘克庄说:

> 昔者闻之西山先生,可为制帅者,可为宰相,谓其度量能容受,气力能负荷而已。上顷以相印起清献,岂此意欤?今大使秋壑贾公跋语称,清献制边事如烛照数。计壑公建淮阃十年,忠劳百倍于清献之时,而怀贤服善,了无毫发矜功伐能之意。西山可以相之语,清献未及为之事,不在斯人者乎?③

西山是真德秀,秋壑贾公、壑公是贾似道,清献则是崔与之。刘克庄系真德秀的门人,贾似道早年就与之"相亲敬"④。刘还是淳祐六年冬反对史嵩之复出的人物之一,但他毫不犹豫地把贾似道视为真德秀、崔与之这些道学名流的继承人。期待他达成当年道学名流未竟的功

---

① 方大琮《铁庵集》卷二〇《与贾总卿书》,第 26a—27a 叶。
② 《宋史》卷四一《理宗一》,第 801 页。
③ 《刘克庄集笺校》卷一〇八《题跋·菊坡与刘制置书》,第 4476 页。
④ 《刘克庄集笺校》卷一九四《后村先生刘公行状(林希逸撰)》,第 7549、7561 页。

业——能负荷之宰相。刘克庄所撰《方蒙仲墓志铭》还提到:

> 今丞相魏公开大幕府于维扬,以干官辟。时淮阃号小朝廷,英彦辐凑,然猝有羽书军册,众方环视愕眙,蒙仲磨盾鼻,凭败鼓,多万字,少千言,各有意度。魏公大喜,有"语妙天下"之荐,一府钦其才望。①

"淮阃号小朝廷,英彦辐凑"描绘了贾似道阃幕之中名流云集,身为英彦之一的方蒙仲则是方大琮子侄辈人物,其家与刘克庄家也是世交②。

在两淮阃任上,贾似道于宝祐四年升参知政事,宝祐五年知枢密院事,宝祐六年为枢密使、两淮宣抚大使。开庆元年正月,贾似道以枢密使任京西湖南北四川宣抚大使、都大提举两淮兵甲、湖广总领、知江陵府③。即四川、京湖、两淮战区全部在其节制之下,三边系于一身。当年十月,贾似道在军中被拜为右相。

鄂州退敌之后,贾似道更是被视为士林之望。景定元年四月一日左丞相吴潜罢,诏右丞相贾似道赴阙;四月二十八日,贾似道至临安入见。姚勉云:

> 右相以今月二十八日入朝,公道开明,所行皆是快活条贯。宣局已罢,制阃已除,世界渐渐有分晓。赏功之典,必次第举也。④

姚勉是大儒蔡杭的门人⑤,可谓朱子学的嫡传。所谓"宣局已罢"是指贾似道的宣抚大使司结局⑥,"制阃已除"则是吕文德新任京湖制置使⑦。至当年五月,又以李庭芝主管两淮安抚制置司公事⑧。不用说,

---

① 《刘克庄集笺校》卷一六二《方秘书蒙仲墓志铭》,第 6315 页。
② 《刘克庄集笺校》卷一六二《方秘书蒙仲墓志铭》,第 6316 页。
③ 佚名撰,汪圣铎点校《宋史全文》卷三六,第 2880 页。
④ 姚勉《雪坡集》卷三一《回提干陈志升书》,《景印文渊阁四库全书》1184,第 210 页。
⑤ 姚勉《雪坡集》卷三〇《上大参蔡久轩书》《与佑神蔡仁斋书》,《景印文渊阁四库全书》1184,第 197—199 页。案,蔡仁斋为蔡杭次子蔡公亮。
⑥ 佚名撰,汪圣铎点校《宋史全文》卷三六,第 2891 页。
⑦ 佚名撰,汪圣铎点校《宋史全文》卷三六,第 2888—2889 页。
⑧ 佚名撰,汪圣铎点校《宋史全文》卷三六,第 2893 页。

吕文德和李庭芝都是贾似道信任的将领①。另外，从这封书信来看，姚勉与前任宰相吴潜的关系也不错，但姚勉对贾似道入相的评价、期待都远远高过吴潜——"世界渐渐有分晓"。

贾似道入朝以后，姚勉积极地帮他延揽名士。景定元年，福建安抚使徐经孙(1192—1273)被召，姚勉给他的信云：

> 有如先生，时之正人，朝之重望，与西涧叶先生(叶梦鼎)在履斋(吴潜)更化之初，盖天下拟其为第一番召客矣。拂郁公论，以至于今。今右相(贾似道)还朝，无日不委曲为诸贤地。于是当召者始召，而先生与西涧先生首在弓旌之招矣。前日公论之郁者，至是而始舒，朝野盖共为之庆惬也……
>
> 履斋(吴潜)此番再相，声誉颇减于前，不甚恶丁(丁大全)之党，而善类曾仕于谢(谢方叔)之时者，每以为谢之党。某一日劝其召外间诸贤，答以外间今无贤可召。某试枚举未召者，且及于福建路监司四人。履斋至谓叶先生(叶梦鼎)为谢之党，某力辨其不然，而终不以某之言为是也。今右相(贾似道)则不然，内无私人，外无杂客，进拟必询于众，必出于公，除目日有快人意者。若得政事一出于中书，使得以尽展布，天下庶乎有瘳。……
>
> 今庸斋(赵汝腾)已不来，西涧又未至。在朝幸有王修斋(王爚)、江古心(江万里)、刘朔斋(刘震孙)及洪恕斋(洪勋)数公耳，而杨平舟(杨栋)已召，可系天下之望。更得先生与西涧先生蚤入，气脉必渐完复也。②

在信中，姚勉两度把吴潜和贾似道作对比：叶梦鼎与徐经孙，吴潜当召而不召；贾似道则首召二人。吴潜派系意识甚强，如叶梦鼎都被归入谢方叔党而不得召；贾似道则不然，"无日不委曲为诸贤地""内无私

---

① "(吕)文德起土豪，赵葵始擢之为将，似道始结之为大将。"见黄震《古今纪要逸编·度宗》，第3305页。李庭芝系孟珙推荐给贾似道，见《宋史》卷四二一《李庭芝传》，第12599—12600页。

② 姚勉《雪坡集》卷三一《答安抚徐矩山书(庚申)》，《景印文渊阁四库全书》1184，第205—206页。括注为笔者所加。

人,外无杂客,进拟必询于众,必出于公,除目日有快人意者"。

这封信中提及的贾似道所召用的人物,笔者已在引用时标注,皆是当时的名流。景定二年,姚勉又有答李义山书:

> 秋壑先生归相,甚加意人才。如庸斋(赵汝腾)先生之得温陵,陈千峰(陈宗礼)之帅广右,平舟(杨栋)、西涧(叶梦鼎)、矩山(徐经孙)三先生之有召命,皆委曲为诸贤地也。赵德夫(赵景纬)之为秘书,欧阳巽斋(欧阳守道)之为检阅,陈和平(陈大中)之为架阁,又专以恬退而加旌录。近时后村(刘克庄)复以秘书监召,日阅除目,多是快活条贯。使天福宗社,政本尽由中书,太平日月可冀。①

李义山为李修己之子,李修己曾经从学于张栻、朱熹②,义山母蒋氏墓志铭是他请魏了翁所作③。又据欧阳守道言,李义山还是彭龟年的孙女婿④。姚勉这里又高度评价贾似道召用诸贤,更对贾似道执政有着极高的评价——"政本尽由中书,太平日月可冀",前信则有"若得政事一出于中书"之冀。政出中书,这不正是后权相时代臣僚一致的呼声吗?现在终于有希望实现了。

姚勉答李义山书接着说到了贾似道另一桩更大的"成就":

> 集贤归来,且做了一件大事,幸甚幸甚。此前时宰相所不能者也,宗社无疆之休。宣锁又是恕斋(洪勋)当笔,拜相建储,已两番大典册矣。父子一家,皆兼内外两制,岂人所易及。亦甚倾意先生,令某导意。⑤

---

① 姚勉《雪坡集》卷三一《答提刑李后林书》,《景印文渊阁四库全书》1184,第 206 页。括注为笔者所加。

② 黄宗羲原著,全祖望补修,陈金生、梁运华点校《宋元学案》卷七二《南轩门人·知州李先生修己》,第 2409—2410 页。

③ 魏了翁《鹤山集》卷八七《蒋恭人墓志铭》,《儒藏精华编》243,第 1375 页。

④ 欧阳守道《巽斋文集》卷一八《题彭忠肃公训子十箴》,《景印文渊阁四库全书》1183,第 656 页。

⑤ 姚勉《雪坡集》卷三一《答提刑李后林书》,《景印文渊阁四库全书》1184,第 207 页。括注为笔者所加。

景定元年六月,理宗御笔以皇子忠王为太子,七月下制①,洪勋所当笔的就是建储制。理宗朝士大夫长期关切的"国本"问题终于有了定论,而这被视为贾似道入朝后的一大功。时势不同,吴潜因立太子陷入死地,贾似道却因之声誉倍增。

归纳一下在姚勉致徐经孙、李义山书信中提到的人名:叶梦鼎、徐经孙、赵汝腾、王爚、江万里、刘震孙、洪勋、杨栋、陈宗礼、赵景纬、欧阳守道、陈大中、刘克庄。

这些人中,赵景纬、欧阳守道、陈大中之命在景定元年五月,以其"有静退之节"②。即姚勉所说"专以恬退而加旌录"。

刘克庄除秘书监在景定元年六月,九月除权中书舍人,十一月面见理宗后又除权兵部侍郎、兼中书舍人兼直学士院,此后他有各种兼职,但核心职责是在学士院掌制作,"词命填委,寒暑无间",一直到景定三年八月因老病而罢③。他是贾似道最重要的写手,一时制作、重要人物碑传皆出其手,"四方大纪述必归之后村氏"④,可谓当时盖棺定论之人。

洪勋也有类似的定位:他于开庆元年(1259)十月自祠禄官除秘书少监、兼学士院权直,景定元年二月兼国史院编修官、实录院检讨官,三月除起居舍人兼崇政殿说书,兼职依旧⑤。至少到景定三年(1262),洪勋还在学士院中⑥。《咸淳临安志》附传言:

> (洪咨夔)子勋、煮、熹,皆能绍其家学。勋字伯鲁,以锁厅登淳祐四年进士第。少为崔与之、魏了翁所知,仕至兵部尚书。尝

---

① 佚名撰,汪圣铎点校《宋史全文》卷二六,第2893—2895页。
② 佚名撰,汪圣铎点校《宋史全文》卷三六,第2893页。
③ 辛更儒《刘克庄年谱》,《刘克庄集笺校·附录二》,第7798—7813页;《刘克庄集笺校》卷一九四《后村先生刘公行状》,第7560页。
④ 《刘克庄集笺校》卷一九四《后村先生刘公行状》,第7562页。
⑤ 佚名撰,张富祥点校《南宋馆阁续录》卷七《官联一·少监·开庆以后》,中华书局,1998年,第257页。
⑥ 《刘克庄集笺校》卷七七《壬戌乞引年状》,第3485页。

为词臣,发明先皇与子之意,人称其有父气骨。赠端明殿学士,谥文靖。①

从这个简短的传记可知,洪勋得到了名流崔与之、魏了翁的欣赏。所谓"尝为词臣,发明先皇与子之意",就是前引姚勉书信中提到的理宗立太子当笔一事。

其他几位人物,可以选择数人详论。先看下述任命:

景定元年六月,杨栋、叶梦鼎并太子詹事②。七月,王爚兼同修国史、实录院同修撰兼侍读,为真侍郎兼太子左庶子③。

景定元年,江万里兼国子祭酒、侍读④。景定二年八月,江万里为端明殿学士、同签书枢密院事兼太子宾客⑤。

景定三年,六月,杨栋端明殿学士、同签书枢密院事兼太子宾客⑥。十月,叶梦鼎端明殿学士、同签书枢密院事兼太子宾客⑦。

咸淳元年(1265),王爚同知枢密院事兼权参知政事⑧。

杨栋、叶梦鼎、王爚、江万里四人皆在贾似道入朝后被任命为东宫官,后都进入了执政行列。立太子是贾似道入朝后绝大的功绩,他所选择的东宫官自然也就是未来度宗的潜邸之臣,这意味着贾对上述四人之看重(东宫官不止上述四人)。

杨栋为眉州青城人,为绍定二年(1229)进士,得到过魏了翁的推荐,以为"天姿醇静,好学不厌"⑨。杨栋曾于理宗朝进对,理宗问曰:"止是正心修身之说乎?"栋对曰:"臣所学三十年,止此一说。用之事亲取友,用之治凋郡、察冤狱,至为简易。"史称:"栋之学本诸周、程氏,

---

① 潜说友纂《咸淳临安志》卷六七《洪咨夔传附》,《宋元方志丛刊》4,第 3971 页。
② 《宋史》卷四五《理宗五》,第 874 页。
③ 《宋史》卷四一八《王爚传》,第 12526 页。
④ 《宋史》卷四一八《江万里传》,第 12524 页。
⑤ 佚名撰,汪圣铎点校《宋史全文》卷三六,第 2905 页。
⑥ 《宋史》卷四五《理宗五》,第 881 页。
⑦ 《宋史》卷四五《理宗五》,第 882 页。
⑧ 《宋史》卷四一八《王爚传》,第 12526 页。
⑨ 魏了翁《鹤山集》卷二四《申省论龙飞鼎甲人初任堂差》,《儒藏精华编》242,第 411 页。

负海内重望。方贾似道入相,登用故老,列之从官,栋亦预焉。"①

叶梦鼎为台州宁海人,他在理宗宝祐六年(1258)后知建宁府②,其《建府戊午鹿鸣宴致语》云:"渊源问学,腹载考亭之书;藻火文章,神授山房之笔。"开庆元年蔡杭去世后,叶梦鼎祭文云:

> 文公既没,学出多歧。高者驰幻诞之说,拘者泥文义之疑,矫者窃形似以盖空中之质,怪者饰艰深以文浅近之辞。不有耆英,孰挈纲维。惟公以西山(蔡元定)、九峰(蔡沈)为祖为父,节斋(蔡渊)、觉轩(蔡模)为师,合全体与大用于实践,救善类之脉于濒危。③

从这些文字看来,他是朱子学的嫡传无疑。

王爚为绍兴府新昌县人,绍定二年王爚刊印其父王枏文集时,曾找真德秀作序④。《宋史》本传又言,端平二年王爚任籍田令兼督视干办公事,端平二年的"督视"就是督视军马魏了翁,可见他曾得到魏的赏识与辟差;淳祐六年王爚任尚书左司员外郎,即宰相属官,当时的宰相是范钟、游似;宝祐元年又任宰属"中书门下省检正诸房公事",宰相为谢方叔⑤。陈著贺王爚寿颂文说,王爚"修斋"之名来自道学的修养工夫:"方寸之微,万善之会。惟修则存,不则昧昧。"⑥史亦称王爚"以圣门之学自励"⑦。王爚去世后,叶梦鼎所作《王爚诔文》云:

> 公之经术,《中庸》《大学》;公之典刑,乾道、淳熙;公之践履,

---

① 《宋史》卷四二一《杨栋传》,第12586—12587页。
② 《宋史》卷四一四《叶梦鼎传》,第12434页。
③ 刘子实编《新编簪缨必用翰苑新书·别集》卷一二《祭蔡大参文》,《北京图书馆古籍珍本丛刊》74,书目文献出版社,1988年,第1161页。《翰苑新书》原无撰人,据余嘉锡考订为刘子实。见余嘉锡《四库提要辨证》,中华书局,1980年,第992页。
④ 真德秀撰,丁毅华、吴冰妮校点《西山先生真文忠公文集》(简称《西山集》),卷三五《跋王秘监文集》,《儒藏精华编》241,北京大学出版社,2020年,第824页。
⑤ 《宋史》卷四一八《王爚传》,第12525—12526页。
⑥ 陈著《本堂集》卷三六《寿王修斋枢密爚颂》,《景印文渊阁四库全书》1185,第171页。
⑦ 田琯纂修《(万历)新昌县志》卷一一,《天一阁藏明代地方志选刊》19,上海古籍书店,1964年,第9b叶。

言行相顾;公之出处,久速皆宜。有真实而无饰伪,有正大而无诡随。①

这些都说明王爚是典型的道学传人。

江万里为江州都昌县人,《宋史》本传称:"贾似道宣抚两(浙)[淮],辟参谋官。及似道同知枢密院,为京湖宣抚大使,以万里带行宝章阁待制,为参谋官。"②可知江万里曾在贾似道的阃幕中效力,属于刘克庄所说的淮阃"英彦"之一。在更早之前,淳祐元年,江万里在吉州创白鹭洲书院,或曰周程书院;为了表彰周敦颐,他摄江西提交常平时,还令州县建濂溪书院③。刘辰翁(1233—1297)说,江万里"所交多考亭门人,出入端平诸老"④。

不过,江万里也受陆学的影响。魏了翁本就有"心学"的转向⑤,他用"古今同心"解释江万里之号"古心"⑥。江万里还藏有一幅包恢之父包扬的遗墨,包恢在跋文中,先是表达了一番陆学"仁义即人之本心"的观点:"仁者天下之广居,义者天下之大道。乃人心之所固有,不待借居于外而居,借路于人而行,所谓非由外铄我也,而由人乎哉!"最后对江万里云:

> 江子远能宝而藏之,其志美矣。然如徒藏此字画而不体先君子之心,则画无乃徒为虚画乎?必居此居,乃为屋下主;必行此路,乃为路上人。或不居不由,则予之所哀,又有甚于孟子之时矣。子远方寸之内,仁居义路自备也,盍思所以居于斯,由于斯乎?⑦

---

① 田琯纂修《(万历)新昌县志》卷一一,《天一阁藏明代地方志选刊》19,第11b叶。
② 《宋史》卷四一八《江万里传》,第12524页。
③ 周敦颐撰,梁绍辉等点校《周敦颐集》卷一一《附录·吉州鹭洲周程书院记(江万里)》,岳麓书社,2007年,第245页;《古心摄江西仓日行下州县建濂溪书院牒》,第245—246页。
④ 刘辰翁《须溪集》卷三《鹭洲书院江文忠公祠堂记》,《景印文渊阁四库全书》1186,第463页。
⑤ 侯外庐、邱汉生、张岂之主编《宋明理学史》,人民出版社,1997年,第618—619页。
⑥ 魏了翁《鹤山集》卷五七《江万里子远古心堂铭》,《儒藏精华编》242,第905页。
⑦ 包恢《敝帚稿略》卷五《跋克堂先生墨迹后》,《景印文渊阁四库全书》1178,第757页。

这段话勉励江万里遵从陆学之"发明本心",进一步显露了江万里身上朱陆兼备的色彩,这在南宋晚期也不是罕见的情况。

人物考察到此为止。杨栋、叶梦鼎、王爚、江万里四人作为道学名流欣然赴贾似道之召,与名流对史嵩之的厌恶形成鲜明对照。宋末元初的周密(1232—1289)在谈及"道学"时,不止一次地说道贾似道有尊崇道学之名:"崇尚道学、旌别高科之名,而专用一等委靡迂缓不才之徒,高者谈理学,卑者矜时文,略不知兵财政刑为何物。"①"师宪当国,独握大柄,惟恐有分其势者,故专用此一等人,列之要路,名为尊崇道学,其实幸其不才愦愦,不致掣其肘耳。"②道学与道学家是否萎靡不才,下篇将会详论。但周密也有正确的地方:贾似道专权,其实是深受道学群体支持的。这不是单向拉拢、利用关系,而是双向奔赴。

"理宗春秋高,倚成贾似道。"③贾拥立的皇太子于景定五年(1264)登基,是为度宗。黄震言,度宗"恭俭小心,委政旧辅贾似道,值年谷屡登,四方无虞。似道益以骄肆,远违君父,养傲湖山,自号'半闲老人',而遥制朝廷之命"④。至此,贾似道既有军功,又有道学名流的倾心支持,还有定策之功,他才是南宋的终极权臣。哪怕边事紧急,但理宗、度宗皆不许贾似道行边⑤,因他被理宗、度宗委以大政,"师相不可一日离左右"⑥。故时人亦以"独运"形容贾似道之专权⑦。在他的身上,君—相—阉双重委托关系最为稳固。

## 四、本章结语

本章主要论述了南宋晚期"后权相时代"的危机。一是信任危机,

---

① 周密撰,吴企明点校《癸辛杂识》后集《贾相制外戚抑北司戢学校》,中华书局,1988年,第68页。
② 周密撰,吴企明点校《癸辛杂识》续集卷下《道学》,第169—170页。
③ 《宋史》卷四一一《朱貔孙传》,第12363页。
④ 黄震《古今纪要逸编·度宗》,第3304页。
⑤ 刘一清撰,王瑞来校笺《钱塘遗事校笺考原》卷七《贾相出师》,第226—227页。
⑥ 刘一清撰,王瑞来校笺《钱塘遗事校笺考原》卷六《勉留贾相》,第207页。
⑦ 周密撰,吴企明点校《癸辛杂识》后集《贾相制外戚抑北司戢学校》,第68页。

这是指二相取代独相/权相之后因君主信任不再出于一而引发的二相关系、君相关系、士大夫舆论问题。二相制似乎解决了权相独运、专断的弊端,但绝没有想象中的甜蜜。此时君主自揽权纲,宰相被降为卑微的、配合性角色,所谓"枢机"是也;二相又不和,表现为竞相退逊。这些都引发了士大夫对君主是否"信任"宰相、皇权是否"溃裂四出"而流入君主侧近之手的质疑,他们呼吁"二相而归于一",得到君主的"赤心委任",实际不过是在呼吁权相的回归。只有权相的回归、委托制的再登场,才能避免枢机制下士大夫与其他侧近并列为君主枢机。因此,南宋不但皇帝对权相欲罢不能,呼吁君主"委任责成"的南宋道学士大夫同样如此。二是朝阃关系危机,这是权相退场带来的严峻挑战。没有了权相作为委托方,前线阃臣各行其是,不但端平恢复成为空言,甚至导致了襄阳兵变这样的军事灾难。史嵩之退位后,其"门生"、淮阃李曾伯以擅离职事强求去位,原先深得中央赞许的筑城陷入"挑敌"之议。

结合上章对史弥远、史嵩之的考察,可知南宋晚期政治不断在双重委托与枢机制之间摇摆。确切地说枢机制始终存在,区别在于君主委托与否。君主纯以枢机制还是结合委托制来支配天下具有很大的弹性,钟摆何时摆向委托既取决于君主个人的意愿,更取决于被委托的"权相"何时出现。在南宋后期,战争的加剧、道学的流行,使得权相的出现并不完全取决于君主单方面的信任,还必须获得军功与道学名流的推戴。像贾似道这样既有军功,又有名流的推崇,还有拥立之功的权臣确实就是时势的产物,并非君主的刻意选择。

若权相退场,君主支配重回枢机制,看起来似是摆脱"权奸"宰制,一新政事的良机,但实际上南宋此类"更化"皆以失败收场。其原因在于,就君相关系而言,君主支配因权相离场而成为枢机制;但就宰相与三边诸阃乃至内外百司的关系而言,那个负荷重任、把握内外的角色仍是不可或缺的,枢机制下的宰相无法成为此种人物,理由已见前。因此,从委托制退回枢机制,对君主而言看似可自揽权纲,但对于宰相以下的整个南宋政事运转体系而言则是失去了其支点——那个能消除分歧、贯彻国是、承担后果的轴心。这种空缺非朝夕可以填补,内外局面陷入混乱就是必然的。

　　回到本篇前言所论,当下流行以现代国家结构反观古代,将古代王朝视为低配版的现代国家。这种不恰当的"以今格古"恰凸显了"家产制国家"概念、"专制国家论"在分析中国古代国家独特性方面的洞见。但是,在这些一般性的、静态的判断基础上,"家产制"与"专制"在不同历史时段以何种形态呈现,这是历史研究可以回答的问题。

# 下篇　道学的政治理论与实践

"道学"是一种性理化的儒学,也是南宋历史的关键词之一。在朱熹(1130—1200)去世之前,道学就已经在士人间广泛流行。上篇第二章已提到,淳祐元年(1241)正月,宋理宗御笔将周敦颐、张载、程颢、程颐、朱熹从祀于孔庙,同时削去王安石的从祀位置,还将绍定三年(1230)御制的《道统十三赞》赐国子监①。这标志着程朱道学正式成为南宋王朝的正统思想。先在社会上赢得听众,后在政治上成为正统,使得道学对王朝、君臣为政的影响更深入、长远。

"学"之于王朝的作用,不仅在于承担其学的士大夫、受其学沐浴的君主是政治的主要参与者,更在于"学",即思想,为政治设定了一些基本原则,成为参与者的行动框架。而若论道学思想对南宋从朝中到地方的政治产生了何种影响,仍是一个有待深入的课题。如本书前言所论,多数道学哲学史、观念史研究并不太关心这种"学"的政治社会后果。英语世界的研究又偏向道学思想与行动"转向地方"、教化的一面。余英时《朱熹的历史世界》虽强调了道学家作为一股政治力量对朝政的冲击,但除了强调道学限制绝对君权的精神外,道学思想本身并非重点;而余著关于第一序(政治关怀)与第二序(形而上领域)的分疏也割裂了道学主张的"一贯"性,并倒置了它们的逻辑关系。

本书下篇要回答的基本问题,就是"道学"在何种意义上改变了南

---

① 佚名撰,汪圣铎点校《宋史全文》卷三三,第2743—2744页。

宋王朝。重点是思想本身提供了哪些基本原则,影响了君臣的为政模式、王朝形态,而非道学支持者与反对者之间的政治风波。既然如此,首先要对道学政治理论的基本逻辑作简单陈述,从而理解其针对不同政治层次的基本预设与实践逻辑。其次,道学理论在内部虽是自洽、一贯的,但其在不同领域的落实是分化乃至矛盾的,有必要揭示这些分化、矛盾的实践方式、产生的原因。在上述分疏的基础上,才能厘清道学思想对南宋的结构性影响,宋王朝的历史独特性亦可进一步呈现。

# 第一章　道学政治理论的两截

道学思想体系自朱熹创建之后，基本内容没有太大变化。《大学》的格物、致知、诚意、正心、修身、齐家、治国、平天下八条目，就是朱熹的基本政治思想①。在朱熹的解释中，"政治"不属于一般意义的"权力世界"。《大学章句序》说：

> 盖自天降生民，则既莫不与之以仁义礼智之性矣。然其气质之禀或不能齐，是以不能皆有以知其性之所有而全之也。一有聪明睿智能尽其性者出于其间，则天必命之以为亿兆之君师，使之治而教之，以复其性。此伏羲、神农、黄帝、尧、舜所以继天立极，而司徒之职、典乐之官所由设也。②

这段话揭示了道学对"政治"的基本理解：君主、臣僚作为统治者，是已经去除气禀所拘、恢复了其本性的先觉，就如魏了翁所说："天生斯民，必有出乎其类者为之君师，以任先觉之责。"③

既然统治者是"先觉"，那么"统治"也不过就是"先觉"让被治者"复其性"而已。这是一个先觉觉后觉的过程，也就是"新民"或"明明德于天下"：

> 新者，革其旧之谓也，言既自明其明德，又当推以及人，使之亦有以去其旧染之污也。
>
> 明明德于天下者，使天下之人皆有以明其明德也。④

---

① 陈来《朱子哲学研究》，生活・读书・新知三联书店，2010年，第311页。
② 朱熹《四书章句集注》，中华书局，1983年，第1页。
③ 魏了翁著、张全明校点《重校鹤山先生大全文集》（简称《鹤山集》）卷五四《朱文公年谱序》，《儒藏精华编》242，北京大学出版社，2022年，第865—866页。
④ 朱熹《四书章句集注》，第3页。

可见,君臣与民众的关系性质就不再是支配与被支配,而是推己及人。这样的话,道学的基本政治思想可分为两截,第一截是自明其明德,第二截是让天下之人皆明其明德,即明明德、新民:"修身以上,明明德之事也。齐家以下,新民之事也。"①

如果政治就是统治者先自明其明德,然后推以及人,那么首先会产生的推论就是:作为最高统治者的君主自然也就具有了最高的责任,同时也应是最高标准。学者已指出,传统经学都把"皇极"解释为"大中",但朱熹"一破千古之惑",认为"皇极"乃是君主修身以为根本标准之意②。这似乎意味着君主在理论上会受限于一种道德严格论。本章的部分内容确实会印证这一点,但下篇第二章也将说明,在真正精熟于道学话语的宋理宗身上,君主并不是被"明明德"之说束缚了,而是获得了新的为政之道。

再者,道学的"明明德"与"新民"之说,使得"政治"问题看起来就是伦理问题,给人以明显的空疏之感。下篇将不断强调,虽然明明德与新民在理论上是一以贯之的,却指向不同的实践领域,也因此产生迥异的实践方式。本章的部分内容,及下篇第三章以下要特别论述的是:道学在终极意义上确实将政治伦理化了,但就实践而言,政治伦理化主要存在于"明明德"一截,而其"新民"一截提供了一套独特的行动逻辑,道学信徒前赴后继,对南宋的朝廷、地方治理都产生了巨大的影响。

## 一、明明德与格物致知

所谓"明德","便是仁义礼智之性""是自家心中具许多道理在这

---

① 朱熹《四书章句集注》,第4页。
② 余英时《朱熹的历史世界——宋代士大夫政治文化的研究》第十二章第七节"环绕'皇极'的争论",生活·读书·新知三联书店,2004年,第808—845页。包弼德著,王昌伟译《历史上的理学》,浙江大学出版社,2010年,第120—121页。陈来《"一破千古之惑"——朱子对〈洪范〉皇极说的解释》,《北京大学学报》2013年2期,第5—17页。

里""是我得之于天,而方寸中光明底物事。统而言之,仁义礼智"①。"明德"就是人心所素具的天理,或曰"天命之性",主体内容就是五常。因此,所谓"明明德"就是指去除气禀所拘、人欲所蔽,恢复人心本就具备的天理——仁义礼智之性。从这里可以看出,"道学"之天不是有意志的、作为至上人格神的主宰者,而是"天理"之天。在这个意义上,"明明德"与传统政治核心之一的"敬天"就贯通了,王朝政治中历史悠久的修德应天之说,因道学工夫论的加持而有了新的展开空间,详论见下篇第二章。

"修身以上,明明德之事也","明明德"条目包括格物、致知、诚意、正心、修身。隆兴元年(1163)朱熹对孝宗说:

> 臣闻《大学》之道,自天子以至于庶人,壹是皆以修身为本,而家之所以齐,国之所以治,天下之所以平,莫不由是出焉。然身不可以徒修也,深探其本,则在乎格物以致其知而已。夫格物者,穷理之谓也。盖有是物必有是理,然理无形而难知,物有迹而易睹,故因是物以求之,使是理了然心目之间而无毫发之差,则应乎事者自无毫发之缪。是以意诚心正而身修,至于家之齐、国之治、天下之平,亦举而措之耳。②

无形的天理难知,有形有迹的物则可把握,故身修是最终结果,也就是明明德的实现,方法却在格物。朱熹给出了无比确定的承诺:通过格物穷理,达至身修,则人在政治世界的行动就无往而不利,"应乎事者自无毫发之缪"。

既然如此,关键就是如何格物穷理了。朱熹认为,人、物之性都是理全体的一种局部的、特殊形式的存在③,既然理在人与万物中普遍存在,那就可以通过"格物",即考究外部事物去把握"理"——所以然之

---

① 黎靖德编,王星贤点校《朱子语类》卷一四,中华书局,1986年,第260、263、271页。陈淳《北溪字义》,中华书局,1983年,第6页。
② 朱熹撰,刘永翔、朱幼文校点《晦庵集》卷一三《癸未垂拱奏札》,《朱子全书(修订本)》20,上海古籍出版社、安徽教育出版社,2010年,第631页。
③ 陈来《朱子哲学研究》,第227—330页。

故、所当然之则。

朱熹所谓格物之物,包括一切事物,"凡天地之间眼前所接之事,皆是物"①,因此格物的途径是多种多样的,且经过今日格明日格的积渐功夫,人的认识会达到一个贯通的境界,即超越具体事物的特殊性,能从普遍原理(天理)的高度来把握具体②。朱熹也指出,格物主要的途径还是通过读书而讲明义理、处事而求其当,以把握道德的准则和一般原理③。

人禀受天理以为性的学说本身并不复杂,朱熹主要采用的还是古老的类比思维去论证这一点,如把仁义礼智信比附为水火金木土五行之理④。从万理皆一理的统一性中推导出格物穷理就是修身的逻辑也不神秘。但若要从实践的角度理解格物穷理、明明德,还有一些环节需要略作陈述。

朱熹强调万物具体分理的千差万别(只是在更高的层次上它们都是同一普遍规律的表现)⑤,但若物各有各理,又如何理解格万物、穷万理最终导向了终极的一理呢?

《朱子语类》载,弟子黄卓"问至善",朱熹的回答是"事理当然之极也"。然后他引用程颐对"艮"卦的解释:"恐与伊川说'艮其止,止其所也'之义一同。谓有物必有则,如父止于慈,子止于孝,君止于仁,臣止于敬,万物庶事莫不各有其所,得其所则安,失其所则悖。"并说:"所谓'止其所'者,即止于至善之地也。"⑥在这里,各事物各有其则,父子君臣"各有其所",分别为慈、孝、仁、敬,所止不同。

另,朱熹在回答郭友仁(字德元)问"秉彝""降衷"时说:"衷,只是

---

① 黎靖德编,王星贤点校《朱子语类》卷五七,第1348页。
② 陈来《朱子哲学研究》,第340—347、351—358页。
③ 陈来《朱子哲学研究》,第344页。
④ 陈淳《北溪字义》第2、18页。真德秀《西山集》卷三〇《问答·问格物致知》,《儒藏精华编》241,北京大学出版社,2020年,第689页。
⑤ 陈来《朱子哲学研究》,第141—144页。
⑥ 黎靖德编,王星贤点校《朱子语类》卷一四,第268页。参见程颐撰,王孝鱼点校《周易程氏传》卷四,中华书局,2011年,第299页。

中;今人言折衷者,以中为准则而取正也。"故而《诗·烝民》"天生烝民,有物有则,民之秉彝,好是懿德"应该理解为天为民立法则:

> 天之生此物,必有个当然之则,故民执之以为常道,所以无不好此懿德。物物有则,盖君有君之则,臣有臣之则:"为人君止于仁",君之则也;"为人臣止于敬",臣之则也。如耳有耳之则,目有目之则:"视远惟明",目之则也;"听德惟聪",耳之则也。"从作乂",言之则也;"恭作肃",貌之则也。四肢百骸,万物万事,莫不各有当然之则,子细推之,皆可见。"①

"万物万事,莫不各有当然之则",这个"则"就是理。而"物物有则",即父、子、君、臣、耳、目、言、貌乃至万事万物各有其不同之则。

因此,所谓格物穷理,首先就是求各事物之则——"逐一件与他理会过"②;"物谓事物也,自吾一身以至于万事万物,皆各各有个道理,须要逐件穷究"③。各具体事物以及各自的特殊之理,相互之间没有一致性,毕竟父、子、君、臣、耳、目、言、貌、四肢百骸之"则"不可通约。

不可通约的各事物之则只有在一个意义上是贯通的:它们都是"事理当然之极"的"极","止于至善"的"至善"所在,都是"当然"之则。这样的话,格诸事诸物与最终的贯通之间,就存在着一种颇为形式化的关联。朱熹说:

> "格物"二字最好。物,谓事物也。须穷极事物之理到尽处,便有一个是一个非,是底便行,非底便不行。凡自家身心上,皆须体验得一个是非。若讲论文字,应接事物,各各体验,渐渐推广,地步自然宽阔。④

不可通约的各自之理到极尽处都"有一个是一个非",也就是分理在"极"的意义上是一致的。如果在格物的过程中体验是非判断,积累、

---

① 黎靖德编,王星贤点校《朱子语类》卷一四,第410页。
② 黎靖德编,王星贤点校《朱子语类》卷一五,第295页。
③ 真德秀《西山集》卷三〇《问答·问格物致知》,《儒藏精华编》241,第688页。
④ 黎靖德编,王星贤点校《朱子语类》卷一五,第284页。

推广这些判断,最终就可以达到贯通的境地。据蔡沈说,朱熹临终前夕,"言为学之要,惟事事审求其是,决去其非,积累日久,心与理一"①。最终的"心与理一",是靠着在每件具体事物上作是非判断、积累而至。格万物与身修之间由此建立起了相当形式化的联系,使得"明明德"具备了可操作性。

操作性在于,日常的读书讲学、道德践履,就是人们进行是非判断的场合,都在积累通向穷理的经验。这就意味着,作为政治根本的明明德并不是一种特殊的政治工程,而就是日常行事本身。朱熹对弟子说,明明德之功,可以"就书理会",书上若无则可"就事上理会";若古代没有的,则可"就而今理会"②。君主"就事上理会""就而今理会"是什么?端平元年(1234),真德秀在经筵进读《大学》,对宋理宗说:

> 且如陛下日对儒臣,讲明经史,此格物致知之事也;日对辅臣,议论朝廷政事、人材贤否,此亦格物致知之事也;退御宫庭,省阅天下章奏,讲求四方利病,此亦格物致知之事也。③

与儒臣讲学、与辅臣论政事、批阅章奏本身就是君主日常之举,若在这些事上穷究所当然之则,判断是非,那就是格物致知。这说明,从格物到修身的"明明德之事",不是要否定已有行动、秩序的意义,而是要求人时刻警醒,在各事上"审求其是,决去其非"。这固然是沉重的压力,但考虑到应事无所不当的前景,又最大程度地兼容乃至肯定了当下,"明明德"之说难道不是对政治世界的人们,特别是君主极有吸引力的设想吗?

这又引出了另一个问题:格物到何种程度后才能贯通,也就是实现明明德?应怎样看待一个德尚未明、知尚未致的人?朱熹曾斩钉截铁地说:

---

① 蔡沈《朱文公梦奠记》,收入曾枣庄、刘琳主编《全宋文》301,上海辞书出版社、安徽教育出版社,2006年,第411页。
② 黎靖德编,王星贤点校《朱子语类》卷一四,第265页。
③ 真德秀《西山集》卷一八《讲筵进读大学章句手记》,《儒藏精华编》241,第424页。

> 格物者,格,尽也,须是穷尽事物之理。若是穷得三两分,便未是格物。须是穷尽得十分,方是格物。
>
> 格物,须真见得决定是如此。为子岂不知是要孝?为臣岂不知是要忠?人皆知得是如此。然须当真见得子决定是合当孝,臣决定是合当忠,决定如此做,始得。①

首先,格物若未穷尽其理,就不是真正的格物。其次,体认是非之后并依据而行,这才是真正的格物。所以,格物不但是绝对地判定是非(穷尽得十分),还必须是"决定如此做",也就是知致而后应物。

这个要求对任何人来说都是过高了。除了生而知之的圣人,普通人肯定会问:什么时候可以说知已致?在尚未知致或者尚不确定是否知致的情况下,我是否应该又当如何应接事物?

道学并未指明何时理已穷、知已致。弟子徐寓向朱熹感叹"格物最难",问及"交错疑似处"当"何以穷之",朱熹对他的教导是:

> 但不失了大纲,理会一重了,里面又见一重,一重了又见一重。以事之详略言,理会一件又一件;以理之浅深言,理会一重又一重。只管理会,须有极尽时。②

那么,到底"理会"到什么时候才是"极尽"呢?朱熹没法提供确定的回答。他还说:

> 致知未至,譬如一个铁片,亦割得物事,只是不如磨得芒刃十分利了,一锸便破。若知得切了,事事物物至面前,莫不迎刃而解。③

这个比喻似乎易懂,铁片与利刃确实有区别,但临界点到底在哪里呢?并没有一个可把握的标志。

既然如此,现实中的人并不是"致知"后方去应接事物,铁片未成

---

① 黎靖德编,王星贤点校《朱子语类》卷一五,第283、284—285页。
② 黎靖德编,王星贤点校《朱子语类》卷一五,第285—286页。
③ 黎靖德编,王星贤点校《朱子语类》卷一五,第298页。

利刃前就可以割物:

> 盖卿因言:"致知、格物工夫既到,然后应事接物,始得其宜。若工夫未到,虽于应事接物之际,未尽合宜,亦只得随时为应事接物之计也。"
>
> 曰:"固是如此。若学力未到时,不成不去应事接物!且如某在长沙时,处之固有一个道理;今在路途,道理又别。人若学力未到,其于应事接物之间,且随吾学力所至而处之。善乎明道之言曰:'学者全体此心。学虽未尽,若事物之来,不可不应;但随分限应之,虽不中不远矣。'"①

人无时无刻不在事物之中,格物"工夫未到"是多数人、多数时候的状态,在这种情况下,"应物"并非在穷尽事物之理后,而总是在未尽之时,每个人只能是"随吾学力所至而处之"。因此,现实中的格物总处在接近却始终未达目的之状态,而且到底什么时候算是"穷尽得十分"是难以确定的。

进一步说,政治世界的人不可能等待"明明德"之后才去"新民":

> 或问:"明德新民,还须自家德十分明后,方可去新民?"
>
> 曰:"不是自家德未明,便都不管着别人,又不是硬要去新他。若大段新民,须是德十分明,方能如此。若小小效验,自是自家这里如此,他人便自观感。'一家仁,一国兴仁;一家让,一国兴让',自是如此。"②

虽然"大段新民"需要"明明德"为前提,但即便"德未明"也可以"管着别人"——这才是现实。人无从判断明明德的进度条,而新民无时无刻不在进行。

以上分析有助于理解道学政治理论与现实政治的关系。道学以"明明德"为政治的基点,要求人们皆去旧染之污、复天命之性的本然

---

① 黎靖德编,王星贤点校《朱子语类》卷一一六,第 2791 页。
② 黎靖德编,王星贤点校《朱子语类》卷一四,第 267 页。

之善。这似乎给政治世界设定了高悬的道德法则,政治将从属于伦理。但是,明明德的基本方法"格物以致其知"提供了不同的图景。首先,格物承认了诸事物各有其则,要人们在当下已着手的事物中探求各自之"极",积累是非判断以等待最终的贯通。其次,道学未承诺何时算是物已格、知已致,且肯定了人在理未穷尽状态下随时应物的意义、在"德未明"状态下"新民"的意义,人若"随分限应之,虽不中不远矣",就达到了可实现的最好状态。总而言之,从"格物"出发去理解"明明德",则道学就不是在提供一种高悬的原则,而是在提供一种使当下的秩序、日常的行动变得熠熠生辉的方案。

当然,在这套方案中,君主占据一个特殊的位置:君位的产生就是因为最初的君主是先觉,故君主理应是最先"明明德"之人,是政治的根本标准与表率。上篇第二章说到,宋理宗已被推尊为完整的道统之传承者。下章还将围绕宋理宗展开,以说明道学政治理论中对君主当下作为的肯定、对其德未明却有资格"新民"的确认,实际上使得君主之"明明德"从"要求"变成了不得不承认的"现实"。

## 二、絜矩之道

在道学的政治理论中,统治者的"明明德"只是开始,那又如何"推以及人""使天下之人皆有以明其明德"?朱熹认为,《大学》传第十章释何谓"治国平天下"就是在陈述这个问题:

> 所谓平天下在治其国者:上老老而民兴孝,上长长而民兴弟,上恤孤而民不倍,是以君子有絜矩之道也。
> 所恶于上,毋以使下;所恶于下,毋以事上;所恶于前,毋以先后;所恶于后,毋以从前;所恶于右,毋以交于左;所恶于左,毋以交于右:此之谓絜矩之道。

治国平天下章的关键词就是"絜矩之道"。这里的经文分为两段,朱熹告诫学生:第一段以"是以君子有絜矩之道也"结尾,只是在说上行下效的道理,并不会自然而然实现;第二段以"此之谓絜矩之道"结尾,才是在说何谓"絜矩",即让上行下效得以实现的"政事"①。而没有"政事"是无法达成上行下效的,就如有些后学所说的:"夫政者所以推吾之心而达之天下者也,苟无其政,心何自而达?"②朱熹还说:"老老、长长、恤孤方是就自家身上切近处说,所谓家齐也。民兴孝、兴弟、不倍此方是就民之感发兴起处,说治国而国治之事也。"③即八条目中的治国、平天下在所谓"絜矩之道"范畴中。所以,道学政治理论的下半截"新民之事"(齐家、治国、平天下)的核心问题成了如何以"絜矩之道"推以及人。

吴长庚已经较全面地阐述了朱熹"絜矩"的内涵、逻辑④。他指出了朱熹絜矩之道的几个重要层面:首先,絜矩是一个以"我"为中心的三者关系模式,包含我之上、我、我之下三个层次。其次,朱熹把絜矩之道的重点放在经济关系方面,根本是在财用问题上保民富民的问题。再次,朱子又把絜矩之道用于朝廷人事,要求人君纳天下之才若己才而用之。最后,朱熹的絜矩之道既是思维方式,更是行为方式;既对政治实践有作用,也是处理好上下关系的行为准则。李振宏又强调了朱熹絜矩思想中的平均、富民、恕道内涵⑤。吴、李二文已将朱子学"絜矩"的基本含义阐释无余,本节在他们的基础上再对"絜矩"的逻辑次第、重点略加梳理。

"絜矩"的具体所指,即上引《大学》经文的第二段,从字面上讲就是己所不欲勿施于人,即"恕"。但朱熹强调,"絜矩"的恕不是一种双方关系,而是一种三方关系。朱熹用官员交接为喻,絜矩就类似于前

---

① 黎靖德编,王星贤点校《朱子语类》卷一六,第306—361页。
② 黄淮、杨士奇《历代名臣奏议》卷五八"驾部员外郎李鸣复上奏",上海古籍出版社,1989年,第806页。
③ 黎靖德编,王星贤点校《朱子语类》卷一六,第360页。
④ 吴长庚《朱子倡言絜矩之道的历史贡献》,《朱子学刊》9,黄山书社,1998年,第87—103页。
⑤ 李振宏《朱熹絜矩思想研究》,《商丘师范学院学报》2005年1期,第15—18页;《絜矩:一个已消亡的文化概念》,《史学月刊》2005年3期,第17—26页。

任、本人、继任三者之间的关系,如果本人认为前任官待己不善,那就不要用同样的方式对待继任官①;他又用邻里关系作喻,左家侵我家之地不对,则我不可学他侵右家地②。总而言之,絜矩实质是指"己"以同样的尺度去衡量"己"与上下之人、前后任、左右邻。如果总括上下、前后、左右与己,则是"作七个人看"③。

朱熹对絜矩这种"三人"乃至"七人"关系的强调,直接涉及对"平天下"的理解。他说:

> 所谓度长絜大,上下前后左右,都只一样。心无彼己之异,只是将那头折转来比这头。在我之上者使我如此,而我恶之,则知在我下者心亦似我如此,故更不将所责上底人之心来待下人。如此,则自家在中央,上面也占许多地步,下面也占许多地步,便均平正方。……左右前后皆然。待前底心,便折转来待后;待左底心,便折转来待右,如此便方。每事皆如此,则无所不平矣。④

絜矩最终所要实现的状态就是这里所说的"均平正方""方""平"——"自家在中央,上面也占许多地步,下面也占许多地步。"而"平天下"之"平",也就是这个意思:

> 平天下,谓均平也。⑤

又《尚书·尧典》言尧"克明俊德,以亲九族。九族既睦,平章百姓。百姓昭明,协和万邦,黎民于变时雍"。传统解释以百姓为百官,"谓九族与百官皆须导之以德义,平理之使之协和;教之以礼法,章显之使之明著"⑥。但是,朱熹和蔡沈作了新解:"平,均;章,明也。百姓,畿内

---

① 黎靖德编,王星贤点校《朱子语类》卷一六,第362页。
② 黎靖德编,王星贤点校《朱子语类》卷一六,第363—364页。
③ 黎靖德编,王星贤点校《朱子语类》卷一八,第427页。
④ 黎靖德编,王星贤点校《朱子语类》卷一六,第363页。
⑤ 黎靖德编,王星贤点校《朱子语类》卷一六,第362页。
⑥ 孔安国传,孔颖达正义,黄怀信整理《尚书正义》卷一,上海古籍出版社,2007年,第36—38页。

民庶也。昭明,皆能自明其德也。"①百姓为民庶,"百姓昭明"即"明明德于天下","平"即"均"。此与《大学》解合。

由此,所谓的"平""均"就成为理解道学政治理想的关键,这当然绝非平等之意:

> 非是言上下之分欲使之均平。盖事亲事长,当使之均平,上下皆得行。上之人得事其亲,下之人也得以事其亲;上之人得长其长,下之人也得以事其长。②

均平的意思是很具体的:不是上下等级的平等,而是上下之人皆得以践行事亲、事长这些伦理法则。"絜矩之道"所要达成的就是这种状态:"絜矩是四面均平底道理,教他各得老其老,各得长其长,各得幼其幼。"③"天下平"因而是一种"伦理均平"的状态,这就是"明明德于天下",也就是道学家所要实现的终极理想。

问题就来到了如何"絜矩"以实现"均平"。朱熹说:"紧要在'毋以'字上。"做到了"毋以"才做到了"推以及物"④。所谓"毋以",禁止之辞。问题就成了:什么是实现伦理均平的最大障碍?朱熹的答案是明确的:财用。若财用不足以生存蕃息,家庭离散,又如何让民众孝、弟、不倍?

朱熹反复表达这一意思,仅引其二:

> 但兴起其善心,而不有以使之得遂其心,则虽能兴起,终亦徒然。如政烦赋重,不得以养其父母,又安得以遂其善心!须是推己之心以及于彼,使之"仰足以事父母,俯足以育妻子",方得。⑤

---

① 蔡沈撰,朱熹授旨,严文儒校点《书集传》卷一,华东师范大学出版社,2010年,第2页。
② 黎靖德编,王星贤点校《朱子语类》卷一六,第364页。李振宏以为,中国古代的"平均"观念除了少数时候指财富平均外,大多意味着公正、公平或平衡、秩序与和谐,朱熹即此意。见李振宏《朱熹絜矩思想研究》,《商丘师范学院学报》2005年1期,第16页。
③ 黎靖德编,王星贤点校《朱子语类》卷一六,第361页。
④ 黎靖德编,王星贤点校《朱子语类》卷一六,第362、363页。
⑤ 黎靖德编,王星贤点校《朱子语类》卷一六,第361—362页。

> 何谓"是以君子有絜矩之道"？上面人既自有孝弟，下面民亦有孝弟，只要使之自遂其孝弟之心于其下，便是絜矩。若拂其良心，重赋横敛以取之，使他不得自遂其心，便是不方。左右前后皆然。言"是以"者，须是如此。①

道学政治理论上半截突出了伦理问题，但下半截却推展至相当"物质"的层面——财用，主要是财用分配问题。

朱熹一再说，《大学》"絜矩"章用了很多篇幅谈财利是有深意的安排：

> 又曰："为国，絜矩之大者又在于财用，所以后面只管说财。如今茶盐之禁，乃是人生日用之常，却反禁之，这个都是不能絜矩。"②

> 问："末章说财处太多。"曰："后世只此一事不能与民同。"③

> 或问："絜矩之义，如何只说财利？"曰："必竟人为这个较多。所以生养人者，所以残害人者，亦只是这个。且如今官司皆不是絜矩。自家要卖酒，便教人不得卖酒；自家要榷盐，便教人不得卖盐。但事势相迫，行之已久，人不为怪，其实理不如此。"④

> 问："'平天下'章言财用特详，当是民生日用最要紧事耳。"曰："然。孟子首先所言，其原出此。"⑤

因此，用以保证上行下效得以实现的"政事"，最终落在不是伦理而是财用的领域，其矛头直指南宋的现实：沉重的、不公正的赋税对民众的伤害。赋税问题关系到民众的道德践履是否可能，所以是关系到道学的"天下平"能否实现的关节所在。

前引吴长庚文已经指出，朱熹絜矩之道的根本是在财用问题上保民富民的问题。但不能把朱熹的这一套理论等同于"民本"：传统民本

---

① 黎靖德编，王星贤点校《朱子语类》卷一六，第367页。
② 黎靖德编，王星贤点校《朱子语类》卷一六，第362页。
③ 黎靖德编，王星贤点校《朱子语类》卷一六，第367页。
④ 黎靖德编，王星贤点校《朱子语类》卷一六，第368页。
⑤ 黎靖德编，王星贤点校《朱子语类》卷一六，第369页。

思想实际以"民"作为"邦"的基础,最终的归宿仍是"邦"即政治体;而在朱熹絜矩之道的逻辑中,民在财用上的满足,为的是民自身的"明明德"、自身的道德践履,其所实现的"天下平"也就不限于狭义的政治体层面,最终是一种伦理共同体。

至此可以对道学的政治理论作一个完整的陈述:一截是统治者修身(格物)以成"先觉"(明明德),另一截"新民"的核心是"絜矩"(政事)以实现"天下平"。这两截,其实也就是道学所谓的"忠恕"。按照陈淳的标准解释:"伊川谓'尽己之谓忠,推己之谓恕'。忠是就心说,是尽己之心无不真实者。恕是就待人接物处说,只是推己心之所真实者以及人物而已。"陈淳将"有位者"作为"恕"最重要的应用对象:

> （忠恕）只是己心底流去到那物而已。然恕道理甚大。在士人,只一门之内,应接无几,其所推者有限。就有位者而言,则所推者大,而所及者甚广。苟中天下而立,则所推者愈大。如吾欲以天下养其亲,却使天下之人父母冻饿,不得以遂其孝;吾欲长吾长、幼吾幼,却使天下之人兄弟妻子离散,不得以安其处;吾欲享四海之富,却使海内困穷无告者,不得以遂其生生之乐,如此便是全不推己,便是不恕。①

士人在"一门之内""所推者有限"是就"齐家"而言,更重要的是"有位者"——不但指士人之在官者,还包括"中天下而立"的君主,总而言之就是统治者。统治者的"推己"是什么,陈淳没有正面解释,但说了什么是"不推己""不恕",也就是使天下之人父母冻饿、兄弟妻子离散、困穷无告,丧失了维持家的基本条件。

"大概忠恕只是一物,就中截作两片则为二物。"②两截虽说理论上是"一贯"的,但"明明德"与"絜矩"各自导出的实践却是不同的。前者在政治领域中逐渐集中于君主身上,后者则落实在地方治理中,特别是财赋方面。这就意味着,道学政治理论对南宋政治实践的冲击

---

① 陈淳《北溪字义》,第28—29页。
② 陈淳《北溪字义》,第29页。

因层次、领域不同而分化。下文拟从一个较小切口出发,即南宋中期真德秀(1178—1235)与张忠恕(1174—1230)的一场冲突及后续的"和解",来说明道学理论在实践中的分化。

## 三、道学实践的分化

真德秀是朱熹之后最为重要的道学家之一,已有不少研究①。张忠恕则是个自带光环的人,他的祖父是南宋前期的名臣张浚(1097—1164),伯父是理学宗师张栻(1133—1180),父亲张构也是以吏干著称的名臣。张忠恕的墓志铭系与真德秀齐名的魏了翁所作。真与张皆可厕身南宋中期最重要的道学传承者之列,他们的争执、一致性恰能凸显道学政治理论在实践中所可能导致的分化。本章也希望用实例说明,理解"道学"的影响并不一定要搁置"观念世界"而单纯强调道学家在"权力世界"的活动。

1. 真德秀与张忠恕在江东的冲突

南宋宁宗嘉定八年(1215)二月,新任江东转运副使真德秀到任②。当年夏天,江东九郡遭受严重的旱蝗之灾。在大灾中,转运副使真德秀与提举常平李道传(1170—1217)、提点刑狱谯令宪(1155—1222)通力合作,"民得无流亡顿踣以死"③。救灾过程前人已经有梳理④。下文要分析的是救灾过程中的一个插曲——真德秀与宁国府

---

① 参见朱人求《真德秀思想研究述评》,《哲学动态》2006 年 6 期;戴金波《真德秀研究述评》,《湖南大学学报》2008 年 1 期。新近研究有:向鸿全《真德秀及其〈大学衍义〉之研究》,台北:花木兰文化事业有限公司,2008 年。郑丞良《谋国? 忧国? 试论真德秀在嘉定年间岁币争议的立场及其转变》,《成大历史学报》43,2012 年 12 月,第 177—210 页。夏福英《"帝王之学"视域下之〈大学衍义〉研究》,湖南大学博士学位论文,2015 年。夏福英、姜广辉《建构"帝王之学"的知识体系:真德秀〈大学衍义〉"格物致知之要"解析》,《中国哲学史》2015 年 1 期。
② 真德秀《西山集》卷一〇《江东漕谢到任表》,《儒藏精华编》241,第 272 页。
③ 真德秀《西山集》卷四四《谯殿撰墓志铭》,《儒藏精华编》241,第 1017 页。
④ 杨宇勋《先公庾后私家——宋朝赈灾措施及其官民关系》,台北:万卷楼图书股份有限公司,2013 年,第 213—255 页。

(治今安徽宣城)长官张忠恕的冲突。

张忠恕于嘉定七年授权发遣宁国府。嘉定八年夏旱之际,真德秀致信江东诸郡,嘱其"豫讲振荒事宜",而宁国府长官张忠恕"条画灿然,本末甚备",令真德秀大喜过望,将其树为典型,俾诸郡效法①。救灾工作开展以后,分管宁国府的是提举常平李道传②,他也相当看好张忠恕,认为他"前后所申最详"③,故"以是郡为得人,不更遣官"④。但随后李道传和真德秀逐渐觉得张忠恕有名无实,最终真德秀认为,张忠恕就是官吏中不仁之甚者。

张忠恕在宁国府到底做了什么?先看魏了翁为张忠恕所写墓志的描述:

> 宣城夏旱,公尽瘁祷求,至忘寝食。(1)请于朝,鬻度僧牒、截拨米运以备济粜。(2)且又劝分招籴以责宽征,(3)严保伍之法以防奸觊。(4)常平使者以是郡为得人,不更遣官。⑤

墓志的描述是相当正面的,事迹也可信。其中(4)言李道传之信任,已在上段提及。(1)"请于朝"云云没有什么问题,监司与州府多是共同奏、申,真德秀文集中保留的事例较多。(2)"劝分"亦属实,下面会提到。所谓"劝分"就是劝粜,即劝诱富民平价粜粮以救灾民,这本来是富民自愿的行为,但越到南宋中后期越具有强制性⑥。(3)乃为防止灾民之乱,应无虚辞。

那么,张忠恕这个典型怎么就倒塌了呢?其事先起于张忠恕与分管上司李道传的分歧。《张忠恕墓志》说:

---

① 真德秀《西山集》卷一二《奏乞将知宁国府张忠恕亟赐罢黜》,《儒藏精华编》241,第300页。

② 真德秀《西山集》卷六《奏乞分州措置荒政等事》,《儒藏精华编》241,第185页;卷四四《谯殿撰墓志铭》,《儒藏精华编》241,第1021页。

③ 真德秀《西山集》卷一二《奏乞将知宁国府张忠恕亟赐罢黜》,《儒藏精华编》241,第300页。

④ 魏了翁《鹤山集》卷七七《直宝章阁提举冲佑观张公(忠恕)墓志铭》(下文简称《张忠恕墓志》),《儒藏精华编》243,第1203页。

⑤ 魏了翁《鹤山集》卷七七《直宝章阁提举冲佑观张公(忠恕)墓志铭》,《儒藏精华编》243,第1203页。编号为笔者所加,下同。

⑥ 李华瑞《宋代救荒史稿》,天津古籍出版社,2014年,第525—544页。

(5) 既而朝廷拨赐米一十万七千余石、僧牒五十,使者欲均济而不复(籴)[粜]。公虑无以继,则核户口,计岁月,庶及春莫。(6) 使者欲勿劝籴,公虑来日尚赊,则请严戒诸邑。礼谕大室,仍发盖藏。(7) 所见既殊,间言乘之,转运使者以闻,是以有冲佑之命。朝廷遣常平使者领其郡,则所发之廪固班之诸邑,无留藏也。①

据(5)所言,李道传希望无偿赈济,而张忠恕希望有偿赈粜,以期坚持至春末。据(6)可知,李道传不希望"劝籴",即强制征购,也就是"劝分";张忠恕则"礼谕大室,仍发盖藏",显然进行了颇为强制性的劝分。据(7),最终劾罢张忠恕的是"转运使者",也就是真德秀,而非顶头上司李道传;张罢后,李道传又以提举常平的身份暂摄府事。

本不负责宁国府的真德秀何以介入呢?这与张忠恕的劝分直接相关。真德秀说,先有"宛陵来者",即宁国府百姓向他言及当地"飞蝗塞路,粟直翔贵,州郡恬若不闻",后他巡行至与宁国府相邻的太平州(治今安徽当涂)、广德军(治今安徽广德),"荐绅父老多为臣言,宣境之民憔悴尤甚,振恤之事殊未有伦"②。可见并不是宁国府灾民流落外地,而是"荐绅父老",即形势富户,前去告诉真德秀宁国府的灾后惨状。这无疑是因为张忠恕的劝分损害了这些人的利益。

关于张忠恕在宁国府的劝分,真德秀提供了具体数字。"考诸民词,有家产仅千钱而劝令认米四百石者,有因公事至庭而罚米数百石者",而张忠恕自己的申状则坐实了总数——十二万八千九百余石,这甚至超过了朝廷向宁国府拨下的米斛数量,所以真德秀认为"苟非以无道行之,其能致多若是乎?"③给他贴上了"无道"酷吏的标签。

张忠恕将自己的作为编成册子上申,但真德秀认为其中"虚词多而实事少,略于给散而详于劝分",而且无偿赈济少、有偿赈粜多;更过

---

① 魏了翁《鹤山集》卷七七《直宝章阁提举冲佑观张公(忠恕)墓志铭》,《儒藏精华编》243,第1203页。
② 真德秀《西山集》卷一二《奏乞将知宁国府张忠恕亟赐罢黜》,《儒藏精华编》241,第300页。
③ 真德秀《西山集》卷一二《奏乞将知宁国府张忠恕亟赐罢黜》,《儒藏精华编》241,第301页。

分的是,用少量的官米赈济百姓,而取上户之米"尽充官橐"①,可谓强取上户米。提举常平司还向转运司关报,其牒文称:宁国府共得到十一万七千多石米,但被用于诸县赈济的只有五万六千余石,剩下的六万余石不知下落;而张忠恕的解释恰恰暴露了侵吞官米的罪行②。也正因有此指控,魏了翁所撰《张忠恕墓志》特意为其辩护:"所发之廪固班之诸邑,无留藏也。"即未私自侵吞。

张忠恕在宁国府为何如此刻剥贪婪——不但强制劝分民户,还侵吞官米?真德秀说:"朝廷盖尝因忠恕之请,颁祠牒截纲米以赡州用矣,借令经费犹或不足,夫岂他无撙节之方?何至绖饥民之臂而夺之食?其亦可谓不仁之尤者矣!"③这就透露了很重要的信息:地方经费(州用)不足是张忠恕施"不仁"之政的重要动机。

张忠恕的"不仁"也表现在与地方财政有关的其他方面。真德秀说,早在上一年秋,"宛陵之士"就向他报告了"民怨十事",多与赋税有关④:

第一怨:

> 牌由内明书䌷一寸则科纳一尺,明书䌷一尺一寸则科纳二尺,明书绵一钱则科纳一两,至于和买䌷绢,亦将零寸责令尽纳整数,其怨一也。

这是指征收赋税时"合零就整",即民户纳䌷、绵时,张忠恕将零数皆增作整数。一般来说,这种刻剥办法主要是针对下户而非上户。官府从中所得不仅有所加增的本色,而且因为民户纳税时不能多户合为一钞,一户一钞使官府所收的税钞勘合钱亦可增加几十倍⑤。

---

① 真德秀《西山集》卷一二《奏乞将知宁国府张忠恕亟赐罢黜》,《儒藏精华编》241,第300页。
② 真德秀《西山集》卷一二《奏乞将知宁国府张忠恕亟赐罢黜》,《儒藏精华编》241,第300—301页。
③ 真德秀《西山集》卷一二《奏乞将知宁国府张忠恕亟赐罢黜》,《儒藏精华编》241,第301页。
④ 真德秀《西山集》卷一二《奏乞将知宁国府张忠恕亟赐罢黜贴黄》,《儒藏精华编》241,第302—303页。
⑤ 王曾瑜《宋朝的两税》,原载《文史》第14辑,收入氏著《锱铢编》,河北大学出版社,2006年,第358—360页。

第二怨：

> 本府受纳夏税、秋苗，不用文思斗斛，而用私制宽大斗斛。两岁以来，加增收耗尤甚于前，总而计之，不啻多量一倍以上。受纳官随印申府，乞委官般量，将加增收到之数为出剩以献。开场未几，所收出剩已可补足正数，便行出榜，责令人户重价输钱，以归府用。其怨二也。

第二怨为受纳夏秋两税时有法外的附加税。张忠恕一是临时将米重价折钱，这些临时纽折收来的钱则被归于"府用"，即留作地方经费。二是使用大于标准的斛斗，以致成倍多收。这两者都是南宋各地的普遍做法。据李道传后来的调查，本应输一石苗米，宁国府用大斛斗后实收二石六斗。《续宣城志》载，李道传说："宁国府循习旧例，受纳人户苗米，不用文思斛斗。"可见大斛斗不始于张忠恕，乃是旧例；且转运司、提举司早就知道此事，宁国府的解释是，支遣军粮斛就大于标准文思斛，故若不增大斛斗收税则"支遣军粮未免有贴陪之数"①。监司也接受了这一解释。这更说明：张忠恕的刻剥不是为了私人腰包，而是因为地方经费困难这一南宋痼疾。

第三怨：

> 人户输纳去年折苗钱，以一石为率，如纳籼米，通用米二石二斗了纳，如纳粳米，通用米二石了纳。今年六月十一日以前，籼米每石八百文足，粳米每石一贯文足，更有官收水脚等钱共五百文足，只合通计钱二贯三百文足，而官司估价，每石纳成三贯四百五文足，则是每石多取民钱一贯文足，其多收折麦钱大略亦同。

此怨涉及赋税征收时的折科问题。宁国府的折苗钱，应是以本色米为准，每一石折籼米二石二斗或粳米二石，然后折钱征收。张忠恕将每石本色米折钱三千四百零五文，但籼米二石二斗或粳米二石的市价不过是二千五百文。这样，折科后的民众负担大为增加。

---

① 马蓉等点校《永乐大典方志辑佚》，中华书局，2014年，第1024页。

第四怨涉及南宋的酒课问题：

> 他如公库既造酒，宅堂又造酒，责令官吏沽卖，以挽夺赡军正库之课额，一有亏欠，官员动遭责罚，公吏例行决配，而官吏怨。

这里提到的"赡军正库"，即指归淮西江东总领所的酒库，其课皆归朝廷或大军，地方州县不得染指①。所谓"公库"造酒，即宋代州府军的公使库造酒，本作为各路州军宴请、馈赠官员的"公用酒"，也有用于犒赏等其他用途者，原则上不允许出卖，但实际以公使库酒渔利者颇多②。"宅堂造酒"当是指张忠恕利用品官可以造酒自用的便利，在官邸造酒出卖。张忠恕严厉督责官吏把公使库酒、官邸造酒上市，以获利益。而既然是官吏负责交易，则应不入张忠恕的私人腰包，而是州用为主。

关于卖酒之怨，还涉及第七怨以官酒代春衣钱支给军人："军人预借春衣钱，每名抑支官酒七升，亏折甚多，噤不敢言，而军士怨。"与此相关的第六怨云："宗子降生，陈乞公据者逾年而不行，陈乞起支者经年而不予，近又创例坐仓回籴孤遗米，并以酸淡官醅折支料钱，而宗室怨。"这是不给宗室落实待遇，强行征购配给宗室孤儿的口粮，并以劣质酒作为宗室的料钱发下。六、七两怨都涉及张忠恕百般克扣军人、宗室的待遇，以减少本府支出。

剩下的第五、八至十怨都涉及诛剥百姓钱财，以致家破人亡：

> （5）坊场河渡之败阙者不任兴开，虚负官钱，无可偿纳，家既籍没，身复监留，馁瘠如鬼，犹不释放，而坊户怨。

> 中产之家，（8）有因科配赈粜破坏家业而怨者，（9）有为户长以逼催逃阁税赋鬻产代输而怨者，（10）有无辜遭罹刑辟，编窜他州、骨肉离析而怨者。

第五怨为民户买扑坊场、河渡后因无力向官方缴纳承诺的税钱，以致家财被籍没、人身被监留。八至十怨皆出自"中产之家"，或因强行劝

---

① 李华瑞《宋代酒的生产和征榷》，河北大学出版社，2001年，第246—254页。
② 李华瑞《宋代酒的生产和征榷》，第267—272页。

分被破坏家业,或任户长而被迫代输民户赋税而致破产,或无辜被罪。

第十怨所谓无辜遭罪,亦与钱财有关。真德秀在劾罢张忠恕之后,又于嘉定九年八月劾奏本府司户参军钱象求,并追责了吏人张翼、汪澄。真德秀说,张忠恕伙同钱象求等人,借诉讼之机对富户或籍没家产、或罚钱。总之,张忠恕"志在得钱",其心"沉溺奸利",民间诉讼只要"稍涉钱之一字,便欲攫而取之"①。

如上所述,真德秀与张忠恕的矛盾起于荒政但不限于荒政。张忠恕被劾罢以后,真德秀又阻止了新任知府陈广寿上任。真德秀说,陈广寿在抚州(治今江西抚州)时"白夺之名交播众口",行罗织、科罚、籍没之举,凶暴过于张忠恕②。最终,江东提举李道传摄宁国府事。他取缔了张忠恕搞的那些法外科罚、籍没,而且:

> 君摶节关防,府计充裕。郡为大斛以受民租,悉剖而更制之。是岁减民输七万斛,既又捐夏税缗钱亦五万。去郡之日,帑庾视始至亦数倍。③

李道传在宁国府改革大斛斗收税的弊政、蠲免夏税钱等。《永乐大典》残本所收《续宣城志》完整收录了李道传于嘉定九年摄宁国府时整顿大斛斗的榜文④。据榜文,宁国府宣城县民户王憨等上状,诉宁国府违法收两税事宜,主要是三项:夏秋苗米妄收加耗、本不该收加耗的义仓米也征收加耗、用大斛斗收米。这也与前述"十怨"相合。

李道传对加耗、义仓、大斛斗等皆有整顿,且这一减负是永久性的。据《续宣城志》,端平元年(1234)、淳祐二年(1242),当地仍然沿用李道传所定斛斗、加耗⑤。在这种背景下,宁国府的地方财政可能日

---

① 真德秀《西山集》卷一二《按奏宁国府司户钱象求状》,《儒藏精华编》241,第307—309页。

② 真德秀《西山集》卷一二《奏乞将新知宁国府陈广寿寝罢新命》,《儒藏精华编》241,第306页。亦参见徐松辑,刘琳等点校《宋会要辑稿》职官73之28,上海古籍出版社,2014年,第5016页;职官七三之四〇,第5023页。

③ 黄榦撰,《勉斋集》卷三五《知果州李兵部墓志铭》,《儒藏精华编》240上,北京大学出版社,2018年,第609页。

④ 马蓉等点校《永乐大典方志辑佚》,第1022—1029页。

⑤ 马蓉等点校《永乐大典方志辑佚》,第1028、1030页。

益窘迫。据李道传估算,张忠恕在任时所收秋苗大致为二十五万文思石。但到了宝祐元年(1253),孙梦观(1200—1257)言其在任之前的五年两税实收只有每年六至十万石,其余皆因灾伤检放、转运司寄纳、诸县截留、远年逃阁、人户拖欠而失收,以致地方经费"移东补西,委难支吾"①。

回到张忠恕,他于嘉定九年二月被免为祠禄官。真德秀还挖掘他的"黑历史":说他在之前权发遣湖州(治今浙江湖州)任上"污秽无检,为宪臣所劾,侥幸获免"②。但魏了翁在《张忠恕墓志》中却说:

> 为湖州,治势家门卒之暴民者,建复湖学以振士风,蠲下户积逋,凡泉帛纩粟之征,为数甚夥。③

据此,张忠恕在湖州有三大政绩:打击形势豪强、兴复湖州州学、蠲下户积欠。其中的打击势家,可与他在宁国府发富户之藏相联系,皆属强硬对待富强之户。至于蠲下户积欠,则无疑是减负善政。

2. 真、张在临安"和解"

宁国府被免后一年,张忠恕复出知鄂州(治今湖北武汉)兼荆湖北路漕臣。至嘉定十三年(1220)赴行在,除屯田郎官。但当年七月即丁母忧,再复出已是嘉定十五年九月,除户部右曹郎中;十七年又除将作监。至理宗宝庆元年(1225)七月,张忠恕出知赣州(治今江西赣州)。正是在宁宗末、理宗初,身在临安的张忠恕迎来了人生的高光时刻,魏了翁所撰《张忠恕墓志》对这段经历大书特书,重点是其上言。

张忠恕与真德秀在临安又有交集。嘉定十七年闰八月宋宁宗去世时,真德秀正在知潭州(治今湖南长沙)任上,随即被诏赴阙。次年,也就是宝庆元年六月四日,真德秀到达临安,但九月初即被免为祠禄官。在短暂的交集中,真德秀"见证"了张忠恕在临安的高光。魏了翁

---

① 孙梦观《雪窗先生文集》卷一《癸丑轮对第二札(论州县财计)》,《宋集珍本丛刊》85,线装书局,2004年,第 387 页。
② 真德秀《西山集》卷一二《奏乞将知宁国府张忠恕亟赐罢黜》,《儒藏精华编》241,第 300 页。
③ 魏了翁《鹤山集》卷七七《直宝章阁提举冲佑观张公(忠恕)墓志铭》,《儒藏精华编》243,第 1203 页。

在《张忠恕墓志》中说:"(予)于其请外也,深嗟屡叹,为诗以送之。时诸贤如真希元、丁文伯、洪舜俞皆有诗。"①真希元即真德秀,这无疑是在暗示,此前冲突的二人此时已经和解。而《宋史·张忠恕传》径云:"疏入,朝绅传诵……真德秀闻之,更纳交焉。"②作为旁证,与真德秀关系甚近的陈宓称赞张忠恕:"大监倾时去国,殊有祖风,海内叹仰甚盛。"③当然,所谓"和解"基本是张忠恕传记资料单方面的表述,无法得到真德秀方史料的印证。

即使"和解"无法完全确证,真德秀与张忠恕在临安的上言仍表现出相当的一致性。为张忠恕博得美名的主要是他在宝庆元年所上封事八条,《张忠恕墓志》对此封事与前后的其他奏疏皆不厌其烦作了摘录。将这些内容与真德秀在同时期的上言略作比较,即可理解二人的一致性所在。

(1) 三年之丧

《张忠恕墓志》云,宋宁宗去世后,"或疑所服,公上书宰相,请取法孝宗行三年之丧"④。至宝庆元年五月理宗下诏求言⑤,张忠恕因上封事,其中的第三条说:

> 而闻庆寿前期,陛下吉服称觞,播为诗什,凡以寓颂祷者惟恐不至。此世俗之见,而表仪天下者亦为之乎!太后抚时触物,追念所天,亦岂乐于受此?臣窃为陛下惜此举也。⑥

案,理宗登基后,宁宗杨皇后短暂垂帘,于宝庆元年四月还政⑦。随后

---

① 魏了翁《鹤山集》卷七七《直宝章阁提举冲佑观张公(忠恕)墓志铭》,《儒藏精华编》243,第1201页。
② 脱脱等《宋史》卷四○九《张忠恕传》,中华书局,1985年,第12330页。
③ 陈宓《复斋先生龙图陈公文集》(简称《复斋集》)卷一二《与大监张札》,《续修四库全书》1319,上海古籍出版社,2002年,第407页。
④ 魏了翁《鹤山集》卷七七《直宝章阁提举冲佑观张公(忠恕)墓志铭》,《儒藏精华编》243,第1197—1198页。
⑤ 佚名撰,汪圣铎点校《宋史全文》卷三一,第2621页。
⑥ 魏了翁《鹤山集》卷七七《直宝章阁提举冲佑观张公(忠恕)墓志铭》,《儒藏精华编》243,第1199页。
⑦ 佚名撰,汪圣铎点校《宋史全文》卷三一,第2620页。

的五月十六日为杨氏生辰,即庆寿节①。张忠恕批评的正是理宗在庆寿节之前"吉服"为太后称觞、颂祷,因此与三年丧服相违。

真德秀在宝庆元年六月至临安,七月上《论初政四事》,其中第三事即言三年之丧。他建议,理宗在行三年丧期间居处之制应极朴素、饮食应极菲俭、居内应严格屏远声色,否则"虽衰麻在躬犹不服也"②。该论调与上引张忠恕封事类似,皆怀疑皇帝在宫中服丧之"诚"。

(2)理宗与太后的关系

史言嘉定十七年闰八月史弥远率百僚八上表请太后同听政③。《张忠恕墓志》云,张致书史弥远,称北宋仁宗、英宗、哲宗或以疾病,或以年幼,故母后垂帘实不得已;而徽宗朝向太后垂帘则不同,"惟钦圣出于勉强,故务从抑损,不避父名,不庆生日,不御前后殿,仅半载而卒辞焉";考虑到理宗已经成年,故可援引徽宗朝向太后之例,由杨太后低调、短暂地垂帘④。此说明显偏向维护理宗长君身份。

杨氏确实在次年四月即还政,张忠恕在封事第二条中说:

> 曩时德寿、重华异宫,虑数跸以烦民也,故有五日一朝之制。今筵几在前,自可朝朝暮夕,而无故习为疏简,臣所甚惑也。⑤

宁宗去世后,杨太后居于皇城内的慈明殿,故此言"筵几在前"。但张忠恕显然觉得理宗疏于朝见太后。

魏了翁《论初政四事》的第四事主题亦为两宫关系。真德秀也提到,理宗本来每日赴慈明殿,而今则否,故而劝理宗加倍维护好两宫关系,"恭勤之礼、孝养之诚,当有加于前日可也"⑥。而且,真德秀在读此札时,还和理宗有一番交流:

---

① 佚名撰,汪圣铎点校《宋史全文》卷三一,第2617页。
② 真德秀《西山集》卷四,《儒藏精华编》241,第149页。
③ 佚名撰,汪圣铎点校《宋史全文》卷三一,第2615页。
④ 魏了翁《鹤山集》卷七七《直宝章阁提举冲佑观张公(忠恕)墓志铭》,《儒藏精华编》243,第1198页。
⑤ 魏了翁《鹤山集》卷七七《直宝章阁提举冲佑观张公(忠恕)墓志铭》,《儒藏精华编》243,第1199页。
⑥ 真德秀《西山集》卷四,《儒藏精华编》241,第149页。

> 某奏云:"臣所陈四事,第四条尤为切要,不审陛下知臣之意否?"玉音云:"深晓卿意。"……某又举治平间事,谓今虽未有此,当潜消于未形之先,且云:"臣此段紧切处只在孝思二字而已,愿陛下深留圣心"。玉音云:"极是。"①

真德秀认为,初政最关键事乃对太后之孝,还引治平年间英宗与曹太后失和事为戒。

(3) 百官吉服过早

张忠恕封事第二条言:

> 人道莫先乎孝,而送死尤为大事……今若甫经练祭,虽朝臣一带之微亦不复有凶吉之别,则是三年之丧降而为期,害理滋甚。况人主执丧于内,而群工之服无异常日,是有父子而无君臣也。②

张忠恕提出的问题是,如果皇帝在宫中服丧三年,而其下群臣却在宁宗小祥后即纯吉服,于礼、于君臣大伦都是不合的。

真德秀作为礼部侍郎,以礼部的名义向尚书省上申状,反对百官于宁宗小祥后从吉。他在申状中比张忠恕更精确地指出,绍熙五年(1194)孝宗去世后罗点等人所拟百官为孝宗所服才是得体的做法。真德秀还就此事向史弥远致札抗辩,据说得到了史的口头同意,他进一步建议以都省的名义"亟降旨挥"改正③。可见,在百官服制上,张忠恕与真德秀在宝庆元年的主张基本是一致的。

(4) 济王事

理宗在杨皇后、史弥远的拥戴下即位,宁宗的另一养子济王赵竑则被排挤至湖州,最终在宝庆元年正月因卷入一次民变而非正常死亡④。事件发生后,张忠恕在封事第五条先是批评了理宗于"济王之

---

① 真德秀《西山集》卷五《得圣语申后省状》,《儒藏精华编》241,第 152 页。
② 魏了翁《鹤山集》卷七七《直宝章阁提举冲佑观张公(忠恕)墓志铭》,《儒藏精华编》243,第 1198—1199 页。
③ 真德秀《西山集》卷一○《礼部申省论小祥不当从吉状》附录,《儒藏精华编》241,第 271—272 页。
④ 佚名撰,汪圣铎点校《宋史全文》卷三一,第 2618 页。

恩礼自谓弥缝曲尽",而实际上"不留京师,徙之外郡,不择牧守,混之民居",导致不幸结局。他建议理宗:

> 谓当此时亟下哀诏,痛自引咎,优崇恤典,选立嗣子,则陛下所以自处者庶或无憾,而造讹腾谤者亦非所致力矣。自始至今,率误于含糊,而犹不是之思,臣所以不解也。①

张忠恕"痛自引咎,优崇恤典,选立嗣子"的主张代表了道学家的基本立场,他们的激烈议论与宋理宗形成了尖锐的矛盾②。

后至临安的真德秀在六月十二日上殿有三奏札,其第一札即专言济王事③,详言三纲五常为天理,希望理宗"深惩往悔而思所以补过",为济王追封、赐谥、立嗣,与张忠恕基本一致。真德秀还记录了他读此札时与理宗的交流情况。他言及舜与象之事,表彰舜能"处人伦之变",批评理宗"处济王不如舜之处象","只看舜之处象者如彼,陛下之处济王者如此,其不及舜明甚","陛下所以待亲王者既有愧于舜,终是欠阙处"。他希望理宗"知得此是一大欠阙处,自此益进圣学,益修圣德",即迁善改过④。这些札子、对话说明了真德秀的基本立场:济王案背后的三纲五常乃"扶持宇宙之栋干、奠安生民之柱石"的天理,皇帝在这一事上的"欠阙"也更加说明了其进学修德的必要性。

(5) 天子之学

在进封事后不久的宝庆元年七月,张忠恕得到了轮对机会⑤,便有机会向理宗阐述何为"人主之学"。《张忠恕墓志》载:

> 其论学术邪正略曰:"《大学》之道,格物致知诚意正心修身

---

① 魏了翁《鹤山集》卷七七《直宝章阁提举冲佑观张公(忠恕)墓志铭》,《儒藏精华编》243,第1199—1200页。
② 围绕济王案的政争参见:张金岭、吴擎华《晚宋理学家对僭越权力的加入、疏离与抗争——立足于晚宋时期理学家为济王鸣冤的考察》,《四川师范大学学报》2003年4期,第91—99页;方震华《破冤气与回天意——济王争议与南宋后期政治(1225—1275)》,《新史学》27卷2期(2016.6),第1—38页。
③ 真德秀《西山集》卷四《召除礼侍上殿奏札一》,《儒藏精华编》241,第136—139页。
④ 真德秀《西山集》卷四《得圣语申省状》,《儒藏精华编》241,第146—147页。
⑤ 佚名撰,汪圣铎点校《宋史全文》卷三一,第2662页。

齐家治国平天下,而其要则曰'自天子达于庶人,壹是皆以修身为本'。盖正心以上皆修身之事,齐家以下则举而措之耳,无二道也。后世乃有谓人主之学与士大夫不同者,吁,其诸异乎《大学》之道欤!"予闻其说,又知公不特优于论事,盖学问之道固尝有闻。①

魏了翁在《师友雅言》中还说,当时曹彦约(1157—1228)、陈贵谊(1183—1234)、乔行简(1156—1241)"皆说天子之学与士大夫不同",而张忠恕对札云云,故魏了翁深赞其有家学渊源②。

张忠恕言天子与士大夫之学皆以修身为本,自是经典的道学观点;所言"正心以上皆修身之事,齐家以下则举而措之耳"实则引用了朱熹《大学章句》的解释。真德秀类似的阐述自然更多,后来著成的《大学衍义》自不必说,若仅就宝庆元年而言,其于七月所上《论初政四事》言:"惟学可以养此心,惟敬可以存此心,惟亲近君子可以维持此心。"他劝理宗通过为学、持敬、亲贤人君子等方法存理义、去物欲③。他在读札时还对理宗说:"敬之一字,乃圣贤宅心之至要。人主能持心以敬,则平居肃然,常若神明在前,非僻之念无自而入。"④朱熹强调"敬"是"圣门第一义""圣门之纲领,存养之要法",而且贯穿着从格物致知到治国平天下的所有节目⑤。故无论是张忠恕还是真德秀,都恪守朱子学的家法,将修养作为天子之学的根本。

(6) 收召道学名流

张忠恕和真德秀都将理宗的登基作为引入道学名流的契机。张忠恕封事第七条建议理宗收召"经明行修"之柴中行、陈孔硕、杨简,

---

① 魏了翁《鹤山集》卷七七《直宝章阁提举冲佑观张公(忠恕)墓志铭》,《儒藏精华编》243,第1201页。
② 魏了翁《鹤山集》卷一〇九《师友雅言》,第1763页。
③ 真德秀《西山集》卷四《论初政四事》,《儒藏精华编》241,第148—149页。
④ 真德秀《西山集》卷五《得圣语申后省状》,《儒藏精华编》241,第152页。
⑤ 关于朱子学的"敬",参看钱穆《朱子论敬》,《朱子新学案》(二),九州出版社,2011年,第399—439;陈来《宋明理学》,辽宁教育出版社,1991年,第177—180页;侯外庐、邱汉生、张岂之主编《宋明理学史》,人民出版社,1997年,第402—407页。

"识高气直"之陈宓、徐侨、傅伯成,"精于史笔"之李心传诸道学名流①。真德秀在《召除礼侍上殿奏札三》中有几乎相同的名单,处之内祠、经筵、言论之地,以闻正论,唯一的差别就是没有提及朱熹弟子陈孔硕②。真德秀与陈孔硕、陈韡父子极有渊源,对陈孔硕深为敬服③,他的名单中没有陈的原因只能是陈孔硕年事过高④。

除了以上内容,张忠恕封事第一条谈的是天人关系,言"天人之应,捷于影响"云云,且言"正统所系,不宜诿之分野"⑤,如上章所言,这种对机械解说天变意指的批评是士大夫中的常见之论,目的是推动君主的实政、修省。还略可一提的是,张忠恕与真德秀实际早在宁宗嘉定五年就在临安有交集。当年七月发生了雷雨毁太庙屋的重大天变⑥,张忠恕此时在临安任籍田令,"公因轮对请广言路,通下情"⑦。而真德秀当时在临安任军器少监,也曾就此上言,敦促宁宗"内揆之一身,外察诸庶政,勉进君德,毋以养赡养逸为心;博通下情,深求致异召和之本"⑧。

又张忠恕封事第六条涉及君主听言,第八条批判士风奢贪、贿赂公行⑨。此外,宁宗嘉定十七年,张忠恕论边事,反对招山东忠义人,提

---

① 魏了翁《鹤山集》卷七七《直宝章阁提举冲佑观张公(忠恕)墓志铭》,《儒藏精华编》243,第1200页。
② 真德秀《西山集》卷四《召除礼侍上殿奏札三》,《儒藏精华编》241,第144页。
③ 真德秀《西山集》卷五五《祭陈北山》,《儒藏精华编》241,第1266页。
④ 真德秀《西山集》卷三六《跋陈北山帖》言,韩侂胄被杀时(1207)陈孔硕"年几八十",后"以眉寿终"(《儒藏精华编》241,第837页)。若理宗宝庆元年(1225)时陈尚在世,则已无出仕之可能。
⑤ 魏了翁《鹤山集》卷七七《直宝章阁提举冲佑观张公(忠恕)墓志铭》,《儒藏精华编》243,第1198页。
⑥ 佚名编,汝企和点校《续编两朝纲目备要》卷一三,中华书局,1995年,第238页。
⑦ 魏了翁《鹤山集》卷七七《直宝章阁提举冲佑观张公(忠恕)墓志铭》,《儒藏精华编》243,第1203页。
⑧ 真德秀《西山集》卷二《八月一日奏札》,《儒藏精华编》241,第103—104页。
⑨ 魏了翁《鹤山集》卷七七《直宝章阁提举冲佑观张公(忠恕)墓志铭》,《儒藏精华编》243,第1200页。

醒朝廷警惕金朝残余势力,也反对与新兴的大蒙古国结盟①。这些内容,也都能在真德秀那里找到对应,只是张忠恕留下的言论过于零碎,不足以相互对比。

通过以上梳理可知,当理宗初张忠恕与真德秀同在临安时,双方政论多围绕丧礼、人伦(包括两宫、兄弟)、帝王为学、收召道学名流而展开,其立场高度一致。也正因如此,魏了翁暗示的真与张在临安的"和解"确实是有基础的。

## 四、本章结语

真德秀与张忠恕在江东的矛盾、冲突,在临安的政见一致乃至"和解",构成为一组鲜明的对照。这种对照正可置于道学政治理论的两截中去理解。他们在丧礼、对太后之孝、与济王的兄弟关系、帝王为学、收召道学名流上高度一致;而这些内容,主要落在帝王"修身"领域中,属于君主"明明德之事"。而他们在江东涉及地方财政的冲突,则落在"絜矩"领域。

真德秀和张忠恕在朝中所论诸事中,"天子之学"是纲领,也就是《大学》所言"以修身为本",其余丧礼、两宫关系、兄弟之伦、闻名流正论,大抵是所格之物不同,各有其理。在道学家看来,皇帝在这些事上应可以轻易判断是非、依据而行。而除了像处置济王这样关涉到皇位继承的事外,理宗对其余诸事并不排斥。那么,君主在遵照道学原则而行的过程中可以获得什么? 这是下一章要探讨的问题。

"絜矩"主要涉及财赋。在地方治理的财利问题上,真德秀可谓完全遵循了朱子学的原教旨,所至处皆力行减负,在行动上践行了朱子学的"絜矩之道"。从表面看,张忠恕的行为与真德秀相反,他遵循的多是南宋长期以来的赋税惯例,其刻剥之法是南宋地方财政的潜规则。

---

① 魏了翁《鹤山集》卷七七《直宝章阁提举冲佑观张公(忠恕)墓志铭》,《儒藏精华编》243,第1197页。

那是否就意味着张忠恕背离了朱熹的"絜矩之道"呢？答案或是否定的。《张忠恕墓志》云，在宁宗末年，张忠恕曾注意到官员"苛敛虐征，贿讼鬻狱，剽夺民产"的残酷现实[①]；前文还提到了他在湖州"蠲下户积逋"。这都说明他关注并支持减轻民众负担。重要的是，南宋赋税问题不仅仅是官府刻剥，更有形势豪强以各种方式转嫁赋税带来的不公，这是学界的共识。束景南、吾妻重二、陈支平的研究都指出，打击豪强乃是朱熹及其后学地方施政的重要一环，其中尤其以正经界以实现更为公正的赋役为重点[②]。而强硬对待形势富户，又确实是张忠恕在湖州、宁国府施政的一个特点。因此，"絜矩"在实践中不仅仅表现为真德秀、李道传那样以减负为主的"仁政"，也可以表现为张忠恕那样打击形势富户的酷政、刻政。就此而言，道学的"絜矩"理论本身就蕴含了仁与刻分化的可能。

"絜矩"之道的内在矛盾还不限于此，下篇第三章将讨论道学家以省赋恤民为主要目标的地方治理实践，由此更能理解张忠恕存在的必然性。

---

[①] 魏了翁《鹤山集》卷七七《直宝章阁提举冲佑观张公(忠恕)墓志铭》，《儒藏精华编》243，第1197页。

[②] 束景南《朱子大传》，福建教育出版社，1992年。吾妻重二《朱熹的政治实践及其思想》，《朱子学的新研究——近世士大夫思想的展开》，商务印书馆，2017年，第299—321页。陈支平《朱熹及其后学的历史学考察》，商务印书馆，2016年。陈支平书还论及了朱子后学陈淳、黄榦、真德秀。

# 第二章 宋理宗"敬天"

上章所论真德秀、张忠恕在临安的言论，看起来是士大夫以道学的"明明德"要求君主。那么，宋理宗若接受道学所提供的原则，其为政方式会有何特点呢？

因为"明德"是人心所素具的天理，因此君主的"明明德之事"在实践中也是"敬天"的一部分①。"敬天"本就是王朝政治当中的头等大事，是君道的根本。到了南宋中后期，尤其是宋宁宗嘉定七年（1214）以后，金朝的衰落与灭亡、蒙古的崛兴与征服、宋朝内部的种种危机，使得宋人意识到当时正处于所谓"天命离合之机"②、"天命未定之时"③。邓小南师指出，南宋"祈天永命"口号的流行，正是时人万般无奈之下冀求有所奋起的反映④。

那么，道学的"明明德"之说给"敬天"增加了什么新的内容？宋理宗如何在现实的督迫、道学的要求之间找到自己的为政空间，从而将"明明德"从一种要求转化为现实？

---

① 关于宋代的天人关系论，参见：沟口雄三《论天理观的形成》，收入沟口雄三、小岛毅主编，孙歌等译《中国的思维世界》，江苏人民出版社，2006年，第220—240页。小岛毅《宋代天谴论的政治理念》，收入《中国的思维世界》，第281—339页。李泽厚《宋明理学片论》，原载《中国社会科学》1982年1期，收入氏著《中国古代思想史论》，生活·读书·新知三联书店，2008年，第231—280页。韦兵《星占历法与宋代政治文化》，四川大学博士学位论文，2006年，第160—198页。刘力耘《政治与思想语境中的宋代〈尚书〉学》，中国社会科学出版社，2022年，第154—190页。

② 真德秀《西山集》卷三《直前奏札》（嘉定六年十月十一日），《儒藏精华编》241，第110页。

③ 《西山集》卷一三《召除户书内引札子一》，《儒藏精华编》241，第326页。

④ 邓小南《祖宗之法：北宋前期政治述略》，生活·读书·新知三联书店，2006年，第488—494页。

## 一、宋理宗御制《敬天图》

嘉熙三年（1239），理宗即位已经 16 年了，他推出了亲自编纂的《敬天图》[①]。该图一共有 12 幅：

> 摘六经之训有关于省躬修行、弭灾兆祥者，亲御翰墨，纂为十有二图，系以圣制序跋，揭诸殿幄，仍命秘馆摹刻坚珉。[②]

可见，《敬天图》就是理宗从六经中摘录的"关于省躬修行、弭灾兆祥"之言论，属于天人关系的范畴，正可以把道学"明明德"之说囊括在内。

完整的敬天十二图今已不可得见，但从御制《敬天图序》仍可了解其大概[③]。《敬天图序》开篇云，六经之要即"天道"：

> 大概《易》明其理，《书》正其事，《诗》通其情，《周典》备其礼，《春秋》志其变，《记礼》则杂纪焉者也。人主知天之当敬，视六经格言如金科玉条，罔敢逾越，则逸德鲜矣。

宋理宗说，《易》《尚书》《诗经》《周礼》《春秋》《礼记》各自从不同的角度阐述了天道，故而是人主敬天的金科玉律。他称，自己是效法祖宗敬天之心，"取其关于天道之大而有以启寅畏之衷者，每经表而出之，裒列成编，目之曰《敬天图》。庶几朝夕观览，对越鉴临，以自警省云尔"。即从六经中摘录了他认为最能说明"天道"的内容，抄录、张挂、刻石，作为自警的座右铭。

摘录六经以朝夕观览的行为本身就属于"明明德之事"的范畴。朱熹说，商汤的《盘铭》"苟日新，日日新，又日新"是自戒的典范："汤

---

[①] 王应麟《玉海》卷五六《乾道御制敬天图》，广陵书社，2007 年，第 1072 页。程公许《沧洲尘缶编》卷一四《敬天图箴》，《景印文渊阁四库全书》1176，台北：商务印书馆，1986 年，第 1052 页。

[②] 程公许《沧洲尘缶编》卷一四《敬天图箴》，《景印文渊阁四库全书》1176，第 1052 页。

[③] 潜说友纂修《咸淳临安志》卷七《行在所录》，《宋元方志丛刊》4，中华书局，1990 年，第 3420—3422 页，以下所引《敬天图序》皆出此，不再一一注明。亦参见王应麟《玉海》卷五六《嘉熙敬天图》，第 1072 页。

以为人之洗濯其心以去恶,如沐浴其身以去垢,故铭其盘。言诚能一日有以涤其旧染之污而自新,则当因其已新者而日日新之,又日新之,不可略有间断也。"①端平元年(1234)真德秀在给理宗讲课时,称赞朱熹之说已经把《盘铭》说透,接着又发挥武王作《盥盘铭》,并说:"圣帝明王因物自警每如此,愿陛下燕闲之际,取汤武之铭与凡古人自警之语,书而揭之座右,则所益非浅。"②在《大学衍义》卷三〇,真德秀摘录了诸铭以为诚意正心之要,附言:

> 以上论规警箴诫之助,臣闻程颐有言:"古之人耳之于乐,目之于礼,左右起居,盘盂几杖,有铭有戒,动息皆有所养,今皆废此,独有理义之养心耳。但存此涵养意,久将自熟。'敬以直内'是涵养意。"颐之意,盖欲学者敬以自持而内自直,虽无礼乐铭戒之助可也。然以学者言之,则今之所无固未易复,以人君言之则亦何所欲而不可耶?③

《敬天图》就是理宗的自警之辞,就是符合程颐理想的"动息皆有所养"的作为。《敬天图》出台后,成为当年秋天上舍试策之主题,程公许(1182—?)在所拟策题开头就以汤、武"所御器物咸有铭"说明《敬天图》的意义:

> 古先哲王,明睿生知,道德纯备,一动息一颦笑无非天理之流行,而戒谨恐惧,其严若此。岂人心之易于弛,虽圣人亦不可一日而忘其规警耶。④

回到《敬天图》的内容,即摘录了六经与"天道"关系最密切的内容。那么,六经各自从什么方面阐明了天道?从《敬天图序》可窥一斑。

---

① 朱熹《晦庵集》卷一五《经筵讲义》,《朱子全书(修订本)》20,第701页。
② 真德秀《西山集》卷一八《进读大学卷子》(十月十九日),《儒藏精华编》241,第408页。
③ 真德秀撰,朱人求校点《大学衍义》卷三〇,华东师范大学出版社,2020年,第491页。
④ 程公许《沧洲尘缶编》卷一四《试上舍生策题》(己亥秋),《景印文渊阁四库全书》1176,第1049页。

1.《易》明其理

关于《周易》,《敬天图序》因《象传》言,认为《易》是针对君主的经典,"皆主于人君而言也"。具体来说"自出治而言,则谓之后;自定位而言,则谓之上;自创法而言,则谓之先王;自继体而言,则谓之大人"。而对于人君来说,如果能领会、践行所谓的"大象之义",就能做到"与造化同流",也就是与天理合一。

"义"是什么呢?《敬天图序》说:

> 然他卦大象皆著本卦之名,惟乾独不称乾,而止曰"天行健",而以"自强不息"归之君子。呜呼!此天德也!人君实以之。君即乾,乾即天也。人君动静语默,政化云为,无一而非乾。以至先天而天弗违,后天而奉天时,皆此物也。而其要则自"闲邪存诚"始。然则求敬天于《易》,岂不尤邃于五经欤!

对于君主来说,最重要的是"乾"卦之义:"君即乾,乾即天也。人君动静语默,政化云为,无一而非乾。"这就是所谓的"与造化同流",即"先天而天弗违,后天而奉天时"。按照朱熹的解释:"先天不违,谓意之所为,默与道契。后天奉天,谓知理如是,奉而行之。"① 就是或生而知之,先天合理;或学而知之,后天知理。总之是与理合,即与天合。

《敬天图序》又指出,要达到这一目的,关键在于"闲邪存诚"。此语出自《周易·文言》,程颐在"听箴"中引用了此语,将其作为"复性"的重要修养工夫:"人有秉彝,本乎天性;知诱物化,遂亡其正。卓彼先觉,知止有定;闲邪存诚,非礼勿听。"② 朱熹对"闲邪存诚"的解释是:"'无斁亦保'之意。"③ "无斁亦保"出自《诗·大雅·思齐》称颂文王之德:"雍雍在宫,肃肃在庙。不显亦临,无射亦保。"朱熹解释说:

---

① 朱熹撰,王铁校点《周易本义·周易文言传第七》,《朱子全书(修订本)》1,第150页。
② 程颐《四箴·听箴》,收入程颢、程颐著,王孝鱼点校《河南程氏文集》卷八,中华书局,2004年,第589页。
③ 朱熹撰,王铁校点《周易本义·周易文言传第七》,第147页。

> 雍雍,和之至也。肃肃,敬之至也。不显,幽隐之处也。射,与"斁"同,厌也。保,犹守也。言文王在闺门之内则极其和,在宗庙之中则极其敬。虽居幽隐,亦常若有临之者;虽无厌射,亦常有所守焉。其纯亦不已盖如是。①

文王之德不但"纯",而且"不已",即不虚假、不间断。下文将会谈到,这就是朱子学中重要的概念——"诚"。"不显亦临,无射亦保"所谈论的正是这一意思:虽然独处,仍然像有神临视;并无倦怠,仍然坚持修德不懈。总之,所谓"敬天图"之"敬",不是一般意义上的虔敬,而是已经进入道学的工夫论。下面还会提到这一点。

度宗(1264—1274 在位)朝,文天祥在经筵给皇帝讲《敬天图》,提到《敬天图》采用了"贲"卦的《彖辞》:

> 贲,亨。柔来而文刚,故亨。分刚上而文柔,故小利有攸往。天文也。文明以止,人文也。观乎天文以察时变,观乎人文以化成天下。

贲(䷕),离下艮上。文天祥说,理宗之所以摘录这一条,就是因为"观乎天文以察时变"这一句,他的解释是:

> 天一积气耳,凡日月星辰、风雨霜露,皆气之流行而发见者。流行发见处有光彩,便谓之文。然有顺有逆,有休有咎,其为证不一,莫不以人事为主。时,时世也。象易圣人不曰"天变",而曰"时变",盖常变虽丽于天,而所以常变则系于时。人君一身,所以造化时世者也,故天文顺其常,则可以知吾之无失政,一有变焉,咎即在我。是故天文者人君之一镜也,观镜可以察妍媸,观天文可以察善否。且如历家算日食云某日当食几分,固是定数,然君德足以消弭变异,则是日阴云不见。天虽有变,而实制于其时。②

---

① 朱熹《诗集传》卷一六,《朱子全书(修订本)》1,第 664 页。
② 文天祥《文山先生全集》卷一五《熙明殿进讲〈敬天图·周易贲卦〉》,《宋集珍本丛刊》88,第 712 页。

文天祥在这里采用了天人一气学说,即天人之间的感应以气为中介,这是一种相当传统、广泛流行的天人感应论。因为天人一气,故天文的变化因应着时世之善恶,而时世之善恶又是君德修否的结果("人君一身,所以造化时世者也")。甚至是历家所谓"定数",也可以因君主德修而加以消弭。人事也可以消常数之变,是两宋士大夫中较流行的观点①。

所谓"《易》明其理",从上述分析来看,首先是指天人一理,从而明确了天人关系的理论基础;其次,作为实现途径,道学修养工夫的关键词敬、诚也凸显了出来。这两点就奠定了《敬天图》的基本宗旨。从文天祥的解说则可见,传统的天人感应论与道学新论可以毫不违和地融合。

2.《书》正其事

关于《尚书》,《敬天图序》曰:

> 若昔先王盛时,君臣上下相与儆戒,兢业于敬天一言,最为深切著明皆聚此《书》。今可考也,曰"天无亲",曰"天难谌",曰"天明畏",曰"天命不易",凡所以推言天命靡常之理,言言至到,何凛乎其严耶!惟人君深知天命之靡常,而能疾敬厥德,则可以祈天永命,无疆惟休矣。不然,则不敬厥德,乃早坠厥命,岂不甚可畏哉。今所纂辑,取于《书》者尤详,噫!肆予曷敢不敬。

《尚书》的作用,在于提供了圣主贤臣"敬天"的实例,特别是其中对天命不常一再强调,故《敬天图》"取于《书》者尤详"。这大概也是之前宋孝宗(1162—1189 在位)《敬天图》独取于《尚书》的原因所在②。

强调天命靡常,是为了人君"能疾敬厥德,则可以祈天永命,无疆惟休矣",即通过"敬德"永续天命。这句话的出典是《尚书·召诰》中

---

① 刘力耘《政治与思想语境中的宋代〈尚书〉学》,第 173—181 页。
② 此前宋孝宗于乾道七年(1171)正月亦有御制《敬天图》。孝宗自己说,这是模仿流传已久的《无逸图》,"取《尚书》中所载天事,编为两图,朝夕观览,以自儆省,名之曰《敬天图》"。孝宗之图,只是摘自《尚书》,故仅有两图。见佚名撰,汪圣铎点校《宋史全文》卷二五下,第 2109 页。

召公的告诫之辞,敬德、祈天永命在《召诰》中多处出现。召公之辞有云:"呜呼!皇天上帝,改厥元子,兹大国殷之命。惟王受命,无疆惟休,亦无疆惟恤!呜呼!曷其奈何弗敬!"朱熹将注释《尚书》的任务交给了蔡沈,针对上句话,蔡沈的解释是:

> 商受嗣天位为元子矣,元子不可改而天改之,大国未易亡而天亡之,皇天上帝,其命之不可恃如此。今王受命,固有无穷之美,然亦有无穷之忧。于是叹息言,王曷其奈何弗敬乎?盖深言不可以弗敬也。
>
> 又按,此篇专主敬言,敬则诚实无妄,视听言动一循乎理,好恶用舍不违乎天。与天同德,固能受天明命也。人君保有天命,其有要于此哉!伊尹亦言"皇天无亲,克敬惟亲"。敬则天与我一矣,尚何疏之有。①

这里第一段是文意的疏通,指出了殷周革命是天命不常的实例,必敬乃能保天命;第二段是蔡沈对于整个《召诰》主旨的理解:敬。由"敬"而达到"诚"(即真实无妄),能举动循理、与天合,这样君主才能保有天命。

### 3.《诗》通其情

关于《诗经》,《敬天图序》曰:

> 《诗》者动天地,感鬼神,所以通幽微之情,而穷交际之理者至矣。

"穷交际之理"指天人交际。《敬天图序》认为,商周隆盛之时,上下之人皆能了解天道、识别天象,其思虑深远,因事而发,故有《诗》。如有祭祀、宴乐时的"隐然戒惧之意",如《我将》之诗;也有因灾异而发的"恻然哀矜之情",如《云汉》之诗。但戒惧、哀矜都是指已发之情,《诗》更涉及未发之理:

---

① 蔡沈撰,朱熹授旨,严文儒校点《书集传》,第185—186页。

> 至于"陟降左右"、"缉熙敬止"之类,则又非可以浅近观也。端居而诵,澡心以思,玩味而绅绎之,其不曰"上帝临汝,无贰尔心"乎!

案"陟降左右""缉熙敬止"皆出自《大雅·文王》。关于此诗,朱熹特有针对汉儒的批判:

> 文王之德,上当天心,下为天下所归往,三分天下而有其二,则已受命而作周矣。武王继之,遂有天下,亦卒文王之功而已。然汉儒惑于谶纬,始有赤雀丹书之说,又谓文王因此遂称王而改元。殊不知所谓天之所以为天者,理而已矣。理之所在,众人之心而已矣。众人之心,是非向背,若出于一,而无一毫私意杂于其间,则是理之自然,而天之所以为天者,不外是矣。今天下之心既以文王为归矣,则天命将安往哉!①

汉儒认为,赤雀衔丹书乃是周文王受天命之祥瑞,但朱熹批判了这种神学式的天命观——所谓的天乃是理。因为理在人心,故如果众人之心皆归于一(归于文王),那也就是天命所归的表现了。所以说,周文王的天命不是来自神授,而是出于天理。

"陟降左右"上下文为:"文王在上,于昭于天。周虽旧邦,其命维新。有周不显?帝命不时?文王陟降,在帝左右。"这仍然是称赞文王之德的,周之子孙之所以能君有天下,是因为文王之神在天,居上帝之左右②。朱熹还说:"'在帝左右',察天理而左右也。"③

"缉熙敬止"上下文为:"穆穆文王,于缉熙敬止。假哉天命,有商孙子。商之孙子,其丽不亿。上帝既命,侯于周服。"朱熹的解释是:

> 穆穆,深远之意。缉,续。熙,明。亦不已之意。止,语词……言穆穆然文王之德,不已其敬如此,是以大命集焉。以有商孙子观之,则可见矣。盖商之孙子,其数不止于亿,然以上帝之

---

① 朱熹《诗集传·诗序辨说》,《朱子全书(修订本)》1,第391页。
② 朱熹《诗集传》卷一六,《朱子全书(修订本)》1,第652页。
③ 黎靖德编,王星贤点校《朱子语类》卷八一,第2127页。

命,集于文王也,而今皆维服于周矣。①

按照朱熹的解释,"缉熙敬止"的意思就是不已其敬,不间断地敬。为什么商人失天命而周文王能得天命呢?关键还是在于周文王深远之德,能"不已其敬"。

《诗经》虽似因其体裁、题材而显得驳杂,但《敬天图序》指出,其有关天道之大者在于二:一是天即理,天命即天理之自然;二是得天命的关键在于"敬"。这就又与前述《周易》《尚书》保持了一致。

4.《周典》备其礼

关于《周礼》,《敬天图序》曰:

> 河汾王通尝谓:"如有用我,则执《周礼》以往。"且重发"《周礼》敌天命"之叹。盖其为书大纲小纪、详法略则粲然,靡所不载。玉帛牲器之用,车旗冕服之制,豆笾罍爵之陈,钟鼓鞄管之奏,品节度数,必加详焉。至于象纬之考察,眚灾之抑损,亦莫不隶之司存而不敢慢。凡所以接三才之奥,通幽明之理也,圣人于此,岂徒从事于文物典章之饰于外者而已乎?要必有为之本者矣。不然,则《周礼》特一书耳,又安能敌天命而与之并存哉!

《周礼》的主要内容是"文物典章""典礼",尤其详于那些与"天"(祭祀、天象、应灾等)有关的设置,《敬天图》采于《周礼》的可能也主要是这些方面的内容,故有"《周典》备其礼"之语。

这些典章制作是有所本的。按王通之言见于《中说》卷八:

> 子居家,不暂舍《周礼》。门人问子,子曰:"先师以王道极是也,如有用我,则执此以往。"(先师,谓孔子也。定礼乐,时极周道而已。)②
>
> 子曰:"《周礼》其敌于天命乎?"(周公典礼与天命齐其久长,

---

① 朱熹《诗集传》卷一六,《朱子全书(修订本)》1,第653页。
② 王通著,张沛校注《中说校注》卷八《魏相篇》,中华书局,2013年,第208页。按,括号中注为北宋阮逸所作。

故曰敌也。)①

"子"即王通,其言《周礼》中的具体纲纪法则,乃是王道/周道的体现,而所谓王道/周道又是超越历史的,故而《敬天图序》说"接三才之奥,通幽明之理",也就是典礼是"理"的具体化。

《敬天图序》对《周礼》的看法非常符合朱熹的观点。在宋代,已经有不少人怀疑《周礼》的可靠性,但朱熹认为,《周礼》虽然不是周公的亲笔,细节有可疑之处,但规模、大纲却出自周公②,他说:

> 如《周礼》一书,周公所以立下许多条贯,皆是广大心中流出。③
> 
> 一部《周礼》却是看得天理烂熟也。④
> 
> 圣人瀘得那天理似泥样熟。只看那一部《周礼》,无非是天理,纤悉不遗。⑤

因此,《周礼》的内容如何与"敬天"发生联系?不但因为《周礼》载有具体的观天、应天之典礼,更是因为这些具体的典礼乃是王道的体现,是本于"理"的制作。

5.《春秋》志其变

关于《春秋》,《敬天图序》说:

> 《春秋》二百四十二年,所书辰星风电之变,水旱霜雹之灾,螽螟蜮蠓之害,靡不毕备,而于日食之书尤详且密,传者间未免傅以列国证应之说,遂使后之星翁历家分诿于所主方域,以启时君之玩心,此则非《春秋》本指也。

则所谓"志其变"之"变"指天变。《敬天图序》认为,将天变(日食)与固定的方域对应起来(分野说),反而会让君主有玩天之心。所谓"玩

---

① 王通,张沛校注《中说校注》卷八《魏相篇》,第 209 页。
② 黎清德编,王星贤点校《朱子语类》卷八六,第 2203—2204、2210 页。
③ 黎清德编,王星贤点校《朱子语类》卷三三,第 850 页。
④ 黎清德编,王星贤点校《朱子语类》卷九〇,第 2291 页。
⑤ 黎清德编,王星贤点校《朱子语类》卷一一九,第 2868 页。

天",是指在解读天变意指时一种机械的对应方式①。理宗淳祐末所编的类书《群书会元截江网》云:"谓某事必有某证,某证必应某事,求之而不合焉,则玩心不能不生,此启人主玩天之心。"②即在解读天变意指时,将天变与固定人事一一对应,这就是所谓"事应说"。由于这种解读过于机械,十分容易被证伪,就可能引发君主的玩天之心。此种"事应说"与"分野说"作为机械解读天变意指的模式,都是《敬天图序》批判的对象。

因此《敬天图序》接着说:

> 《春秋》一统之书也,方诸侯专恣,王室既卑,麟笔褒贬,岂独以礼乐征伐关于人事者属之周?而天变之特书屡书,皆系之王,至于书王必曰"天王",其所望于周者甚深。固曰,诸侯虽无周,而天命未改,承天从事,周之人主不可不任其责也。以周之无政,而圣人犹拳拳焉,南面而治天下者,其可忽诸!

因为天命仍属周,故天变是天对周王室的警醒,周天子而非某个诸侯要担负起责任。这也是为了说明,对宋而言天命亦未改,君主应时刻有紧迫感,承天从事。

《敬天图序》所批判的是解读天变意指的机械模式,并没有谈及灾异的生成。就灾异生成和感应方式而言,前已述及文天祥的气感说,其他如古老的主宰之天谴告之说在当时也仍然相当流行。如《截江网》云:

> 大抵天之于君,父之于子也,父有震怒,为人子者事事当修

---

① 刘力耘指出,灾异学说应分疏为生成、意指、应对三个层次。此说诚为的论,见氏著《政治与思想语境中的宋代〈尚书〉学》,第154—190页。关于玩天及其与敬天的区别,参见韦兵《星占历法与宋代政治文化》,第175—181页。

② 佚名《群书会元截江网》卷三《敬天》,《景印文渊阁四库全书》934,第39页。按,《群书会元截江网》编纂年代不详,《四库全书总目》以为,"首题太学增修,中有淳祐、端平年号,盖理宗时程试策论之本也"。此论甚是,检此书提及的庙号最晚为宁宗,年号最晚为理宗淳祐(1241—1252),卷三所录策问又出自淳祐十年(1250)榜,故推测此书当成于理宗淳祐末。

> 省，不可以为某事当修省，而某事不必修省。天有谴告，为人君者事事当修饬，不可以为某事当修饬，而某事不必修饬也。今焉汉儒之论，乃以貌作恭。①

此处把天人关系比作父子关系，天的概念是传统的主宰之天，灾异的成因是天父之于人子的谴告，因此人君不是要于某一事上应某一天变，而是应该时时刻刻修省其身、修饬政事②，以解天（父）怒。天变作为主宰之天表达的意志，是推动人君持续修身的压力和动力。在这里，新旧学说融合：就灾异生成而言采用了传统的主宰之天谴告说，就意指而言采用宽泛而非机械对应的解读，就应对天变而言强调"事事修省"——这已经进入了道学工夫论的范畴。

6.《记礼》则杂纪焉

关于《礼记》，《敬天图序》曰：

> 《记礼》一经，冠之以"毋不敬"之辞，所谓礼仪三百，威仪三千，待其人然后行者，惟以"敬"之一字而已。或谓《月令》出于吕不韦之手，未免滞而不通。然奉时承天之义，虽细微必谨，言固不可以人废也。

这一段将"敬"作为礼仪的核心精神。《敬天图序》接着说：

> 至若《中庸》《大学》之书，一则曰"维天之命，于穆不已"，再则曰"惟命不于常"，援《诗》《书》以明义理之正，而其本则俱切切于谨独之训。诚之不可掩，必戒于不睹不闻；诚之毋自欺，必严于所视所指。二书之旨深矣，可不惧哉！

这一段涉及《礼记》的《中庸》《大学》章，《敬天图序》特意将"诚"作为核心提了出来。

"维天之命，于穆不已"系《中庸》第二十六章引《诗·周颂》："维天之命，于穆不已。于乎不显，文王之德之纯。"朱熹《中庸章句》指

---

① 佚名《群书会元截江网》卷三《敬天》，《景印文渊阁四库全书》934，第39页。
② 参见韦兵《星占历法与宋代政治文化》，第175—181页。

出,《诗经》此章言天道;对于这句诗,他说:"引此以明至诚无息之意。程子曰:'天道不已,文王纯于天道,亦不已。纯则无二无杂,不已则无间断先后。'"所谓"至诚无息",即"无虚假,自无间断"①。在《诗集传》中,朱熹也说:"言天道无穷,而文王之德纯一不杂,与天无间。以赞文王之德之盛也。"②总结而言,"维天之命,于穆不已"一句说的是:文王之德与天道一致,纯且不已,即无虚假、无间断,也就是所谓的"诚"。

"诚之不可揜,必戒于不睹不闻"出自《中庸》第十六章及首章。《中庸》第十六章有"夫微之显,诚之不可揜如此"一语。朱熹此章将"鬼神"解释为"气"(阴阳之气),他对"诚之不可揜"一句的解释是:"诚者,真实无妄之谓。阴阳合散,无非实者。故其发见之不可揜如此。"③即气的运行(阴阳合散)及其显现是必然的。朱熹在解释《中庸》第二十章时,认为"所谓诚者,实此篇之枢纽"④,他说:

> 诚者,真实无妄之谓,天理之本然也。诚之者,未能真实无妄,而欲其真实无妄之谓,人事之当然也。⑤

"诚"是真实无妄之义,是天理本身的状态。但只有圣人之德是"浑然天理,真实无妄"的,而一般人则"不能无人欲之私,而其为德不能皆实",所以必须经过一个"诚之"的过程。真德秀说:"诚者天道,本乎自然。诚之者人,以人合天。曰天与人,其本则一。"⑥

如何"诚之"呢?《中庸》首章曰:"道也者,不可须臾离也,可离非道也。是故君子戒慎乎其所不睹,恐惧乎其所不闻。莫见乎隐,莫显乎微,故君子慎其独也。"这句话就是所谓的"存养省察之要"。对于"不睹不闻",朱熹的解释是:

---

① 朱熹《四书章句集注·中庸章句》,第34—35页。
② 朱熹《诗集传》卷一九,《朱子全书(修订本)》1,第723页。
③ 朱熹《四书章句集注·中庸章句》,第25页。
④ 朱熹《四书章句集注·中庸章句》,第32页。
⑤ 朱熹《四书章句集注·中庸章句》,第31页。
⑥ 真德秀《西山集》卷三三《思诚箴》(为陈若虚作),《儒藏精华编》241,第710页。

> 是以君子之心常存敬畏，虽不见闻，亦不敢忽，所以存天理之本然，而不使离于须臾之顷也。①

"必戒于不睹不闻"目的在于"存天理之本然"。在这里，"慎独"是为了"遏人欲于将萌"，属于已发工夫；"必戒于不睹不闻"是未发工夫，是"体统""大纲"，作"持敬"解②。

《敬天图序》"诚之毋自欺，必严于所视所指"一句，来自《大学》传之六章，后半句是《大学》引曾子之语。这句话的主旨就在于作为已发工夫的"慎独"，朱熹说：

> 诚其意者，自修之首也。毋者，禁止之辞。自欺云者，知为善以去恶，而心之所发有未实也……独者，人所不知而己所独知之地也。言欲自修者，知为善以去其恶，则当实用其力，而禁止其自欺。使其恶恶则如恶恶臭，好善则如好好色，皆务决去而求必得之，以自快足于己，不可徒苟且以徇外而为人也。然其实与不实，盖有他人所不及知而己独知之者，故必谨之于此以审其几焉。③

对于曾子之言，他认为："言虽幽独之中，而其善恶之不可揜如此。可畏之甚也。"这里慎独之"独"指他人所不知而自己所独知者，显然进入了思虑已萌、事物已致状态，故属于已发阶段的格物致知工夫。

因此，《敬天图序》关于《礼记》的部分凸显了朱子学的宗旨——涵养须用敬，进学则在致知（程颐语），"无事时，且存养在这里，提撕警觉，不要放肆；到讲习应接时，便当思量义理"④。《敬天图》所谓的"天"，主要是作为道学之天理的天；"敬"是作为道学工夫的敬。

在《敬天图序》中，理宗抓住了天理、敬、诚这几个关键词，展现了居敬穷理的姿态，显示了他对道学术语的稔熟。在作《敬天图》之前，

---

① 朱熹《四书章句集注·中庸章句》，第 17 页。
② 黎清德编，王星贤点校《朱子语类》卷六二，第 1499、1502、1503、1505—1506 页。己丑（乾道五年[1169]，朱熹 40 岁）之悟后，朱熹的未发、已发分别指思虑未萌和思虑已萌两个心理活动的阶段，相应的修养方法是持敬、格物致知。见陈来《朱子哲学研究》，第 204—205 页。
③ 朱熹《四书章句集注·大学章句》，第 7 页。
④ 黎清德编，王星贤点校《朱子语类》卷九五，第 2456 页。

绍定六年(1233)九月明堂大礼之后,理宗以御制《敬天法祖事亲齐家四十八条》《缉熙殿记》宣付史馆①。其《缉熙殿记》第一句就是引《大学》"自天子至于庶人,壹是皆以修身为本";后云,创缉熙殿为讲学之所,"庶几增缉广大,进进于光明之境,于以修身,于以治国平天下,期有合于《大学》之旨,而无负家法之传"②。端平元年,理宗于选德殿之柱御书座右铭"思无邪,毋不敬"③,此六字,一指敬,一指诚④。又,宋理宗曾被赐名"贵诚",但"诚"字在理宗朝不避讳⑤。又,端平三年四月,理宗与臣僚有一番对话:

> 又奏:"人主一心,攻之者众。"上曰:"常持敬心,则不为外物所移。"⑥

可见,经过了道学长期的熏陶,宋理宗在嘉熙三年抛出《敬天图》可谓水到渠成。

## 二、宋理宗的应天之"实"与反响

就政治而言,宋理宗为什么要在嘉熙三年抛出《敬天图》?其表态与实践是什么关系?

嘉熙这个年号(1237—1240)颁布的背景是端平更化的失败。绍定六年史弥远去世之后,宋理宗亲政,对外力行恢复,在内引入道学名流。但是端平三年冬,恢复之业已令人彻底绝望,对道学名流的质疑声也越来越大。故端平三年十一月,理宗诏议改元,"以示作新之意",令有司详议;十二月最终下诏改元"嘉熙"⑦。嘉熙改元诏被误作淳祐

---

① 佚名撰,汪圣铎点校《宋史全文》卷三二,第 2677 页。
② 潜说友纂修《咸淳临安志》卷一《行在所录·缉熙殿》,《宋元方志丛刊》4,第 3362 页。佚名撰,汪圣铎点校《宋史全文》卷三二所录《缉熙堂记》文字不同。
③ 佚名撰,汪圣铎点校《宋史全文》卷三二,端平元年六月戊辰条,第 2688 页。
④ 思无邪即指诚,见黎靖德编,王星贤点校《朱子语类》卷二三,第 543、544 页。
⑤ 佚名撰,汪圣铎点校《宋史全文》卷三二,端平二年闰七月己巳条,第 2701 页。
⑥ 佚名撰,汪圣铎点校《宋史全文》卷三二,端平三年四月己亥条,第 2706 页。
⑦ 佚名撰,汪圣铎点校《宋史全文》卷三二,端平三年十一月戊辰、十二月甲辰,第 2710、2712 页。

改元(1241)诏,保留在《宋会要辑稿》当中①。这篇诏书以法祖宗(仁宗嘉祐、孝宗淳熙)的旗号,表达了强烈的改弦更张之意。而这种作新之意,又是以承认既往失败为前提的:

> 曁更张于鸿化,期开际于多艰。厉精虽勤,计效愈邈。仰而观诸天运,未臻协气之横流;俯而验诸人情,但见浇风之华竞。惟口兴戎而民生匮,藩身以货而吏道衰。疆场骚然,戎狄惊甚。

总之,端平更化在内外全面的失败,在诏书中表达得非常明确。

端平三年冬的改元只是最后确认了端平更化的失败,实际上更化在开始不久,特别是端平元年夏秋三京之役失败后,就陷入了困境。端平二年正月出现了一些异常的天象,道学名臣真德秀借此阐发了一些对时政的看法②:

> 太史奏,元日立春,风起乾位,其占主兵。丁酉之夕,月犯太白,亦为兵象。或谓星文所主实在卫、晋,以此仰宽圣忧。

真德秀批评太史对天变的机械事应解说,认为南宋仍然是"中原正统之所在",故而主卫晋的天变仍然是理宗和宋朝需要应对的。此论与上文《敬天图》《春秋》志其变"部分表达的意思一致。在解释天变生成原因时,真德秀用的是主宰者警告的说法:"天之示戒,所以仁爱陛下""天佑皇家,豫形警告,至惓惓也"。那如何理解此次天变的意指、理宗应采取的应对之方呢?真德秀说:"意者应天之实,陛下犹有当尽者乎?"他所谓的"应天之实",一方面指理宗是否真正践行了"毋不敬,思无邪"六字:"动静起居,真若神明之在上,然后为敬之实。声色玩好,真若寇雠之必远,然后为无邪之实。"如果无法做到,那就是"虚

---

① 徐松辑,刘琳等校点《宋会要辑稿》礼54之20。诏书明言"践祚十有三载",而理宗于嘉定十七年(1224)登基,至端平三年(1236)恰13年;又言"节用爱人,此嘉祐所以永天命;经文纬武,此淳熙所以恢圣谟。用表新年之名,以达期治之意",合嘉祐与淳熙两个年号,即"嘉熙"。所以此诏必是端平三年改元嘉熙之诏,而非如《宋会要辑稿》所云淳熙改元诏。
② 真德秀《西山集》卷一四《乙未正月丙辰经筵奏已见札子》,《儒藏精华编》241,第348—349页。

文而非实也"。"应天之实"的另一方面,则指正在进行的端平更化于用人、听言、恤民、察吏皆有名无实,财用、楮币、边备等事则"皆未闻经理之实",他建议:"愿诏三省、密院刷具绍定六年十月以后所降御笔,一一稽考,未行者趣施行之,行而未尽者更检举行下。"总之,他认为天变系天之谴告,意指当朝君主、政事的所有缺陷,故应天之方应是理宗在修身、政事上全面去文从实。

端平二年夏秋又出现了多次异常天象、气候①,魏了翁在端平二年七月时说,"比日以来,天文示异,何其稠也?"他详述了当年六月、七月的天变及其占辞(覆军、阴谋、饥、逆、丧、兵等)。关于天变的生成原因,从魏了翁引汉王嘉语可知,他持主宰之天"敕戒人君,欲令觉悟反正"的立场②。就意指和应对而言,魏了翁认为天变针对的是南宋朝政的问题,"大水大火,大兵大盗,无岁无之","所接州县民吏,语及亲政,未有能深信者;至江淮以来,则忧危之语日闻"。即宋朝内外政事上的乱象,特别是端平更化之有名无实。因此,魏了翁认为,希望以祈祷袚禳以应天变乃是浅见,只能"实体而笃行"③。端平二年十二月,身为签书枢密院事、督视京湖江淮军马的魏了翁陛辞,又言仅仅祝禳之仪无法息天怒,建议理宗"恐惧修省,以回天怒;恭俭笃实,以图民怨"④。

端平二年秋,军器监丞杜范上疏,认为理宗亲政两年以来:

> 纪纲之荡废者未修,政事之苟玩者未饬,风俗之颓靡者未振,气象之凋残者未复。楮轻物贵,国匮民贫,军伍于纪而远迩效尤,

---

① 当年六月,"壬申,太阴入氐","庚辰,流星昼陨","己丑,荧惑入太微垣";七月,"丁酉,流星大如太白","戊戌,太白经天","辛丑,流星昼陨","丙午,太白入东井"。以上见《宋史》卷四二《理宗二》,第808页。当年八月,还有臣僚提到"积阴多霖",见佚名撰,汪圣铎点校《宋史全文》卷三二,第2702页。
② 班固撰,颜师古注《汉书》卷四五《息夫躬传》,中华书局,1962年,第2184页。
③ 魏了翁《鹤山集》卷二〇《乙未秋七月特班奏事》,《儒藏精华编》242,第350—351页。
④ 魏了翁《鹤山集》卷二七《陛辞奏定国论别人才回天怒图民怨》,《儒藏精华编》242,第382页。

边备单虚而中外凛凛。弊端纠结,有不可爬梳之势。坏证捷出,有不可援持之忧。①

症结何在呢？他说:"考论其故,虽不止一端,推究其源,不过私之一字耳。"私既指理宗,也指大臣。后端平三年正月,杜范又上札子论灾异。对于"立春之三日,雷震连夕,而继以大雪"的成因,他采用了上天谴告之说。于意指,他采用了一种比较传统的,又是较为宽泛的"阴阳事应说"②:阴气肆虐,对应着蒙古入侵(夷狄)、魏了翁督视府不足应付局面,上权纲不振、下尾大不掉,女谒宦寺盛行诸事;相应的解决方案自然是施行政事、侧身修行③。

端平三年夏秋,朝廷以久雨祈晴于天地、宗庙、社稷及宫观、岳渎等处,又有雨血之异④。方大琮于七月缴进奏札,第一札主要是为了"正权臣之罪,洗故王之冤",也就是问罪史弥远、为济王翻案,他发挥说:

> 通天地间一气耳,今也戾气流行,在天则为妖星,在地则为沴水,在朝廷则为二相不咸,在边方则为诸阃不协。去岁叛兵之变,自南而北,殆遍天下;去夏殿旅之哄,市扉昼闭,相恐以走。此无非戾气之流注激射也。……若一念之欿横于胸中而不化,则一气之戾郁于两间而不消。⑤

第二札的贴黄部分,方大琮提及当年水灾当是指向阴气太盛,除夷狄属阴之外,还有"内之群阴"——"或冤气之未散,或女寺之浸盛,或憸壬之希进,或壅蔽之犹有"⑥。在这里,方大琮采用了以气相感去解释

---

① 杜范《清献集》卷五《军器监丞轮对第一札》(端平二年秋),《景印文渊阁四库全书》1175,第640页。
② 阴阳事应说是一种事应说,但避免了某变对某事的机械性,而在事应解说上更加宽泛,此说在汉代就有。见刘力耘《政治与思想语境中的宋代〈尚书〉学》,第157—158页。
③ 杜范《清献集》卷八《论灾异札子》,《景印文渊阁四库全书》1175,第672—673页。
④ 佚名撰,汪圣铎点校《宋史全文》卷三二,端平三年七月甲申、癸巳、乙未条,第2708页。
⑤ 方大琮《铁庵集》卷一《端平三年七月分第一札》,第7b—8叶。
⑥ 方大琮《铁庵集》卷一《端平三年七月分第二札贴黄》,第12b叶。

灾异的生成,至于灾异意指、应对,方大琮指向的是全面而非特定的政事之失,所谓"更化三年,病源故在",或指理宗德行有亏,故而否定了祈祷之效,主张具体的政事更改以及"侧身修行"①。

在灾异生成上,方大琮也用主宰之天谴告说,认为天变系"父母谴怒,变容动色,久而不解"②。又,端平三年九月,理宗行明堂大礼,遇到了雷雨之异:"庚午,雷。辛未,祀明堂,大赦,雷雨。"③庚午日是朝飨太庙的日子④,则明堂大礼的整个过程都伴随着雷、雨。这对于理宗朝君臣而言是极大的冲击,故大礼结束后的第二天(癸酉日),理宗即以"雷声骤发,上天示谴"令学士院下诏,采取避殿、减膳、彻乐、求言诸措施⑤。方大琮言,天变不但为理宗发,也是为宰相(郑清之、乔行简)而发;对理宗而言,雷变是天之谴告:"方斋明盛服以觐父母,非独愠形于色,且厉声呵责焉,虽耳提面命,不过如此。"那如何消除主宰者之怒呢?方大琮说,理宗"诚能端居靖念某事当戒、某事当举,修饬省悟,揆之于心,当戒者不惮改,当举者不惮行,则父母之变容动色者将悦豫之矣"⑥。也要求全面的修省、修政。

端平年间不断出现的天变,在士大夫的解读中无不指向更化以来的政事、理宗本人的德行之失。因此,理宗改元嘉熙,以示作新之意,正是对于三数年以来"更化既久,责治未进"⑦、"更化愿治,三年于兹,而天变见于上,人心摇于下"⑧的回应。学者已经注意到,理宗亲政以

---

① 方大琮《铁庵集》卷一《端平三年七月分第二札》,第8b—12a叶;《八月分第一札》,第13a—17a叶;卷五《辞免御笔除右正言申省状》,第1a叶。
② 方大琮《铁庵集》卷一《八月分第一札贴黄二》,第18a叶。
③ 《宋史》卷四二《理宗二》,第811页。
④ 佚名撰,汪圣铎点校《宋史全文》卷三二,端平三年九月庚午条,第2708页。按,点校本当于第2708页末己巳条之前加"九月"二字。
⑤ 佚名撰,汪圣铎点校《宋史全文》卷三二,端平三年九月癸酉条,第2709页。
⑥ 方大琮《铁庵集》卷一《九月分第一札贴黄》,第26a—26b叶。
⑦ 《刘克庄集笺校》卷五一《轮对札子》,第2548页。
⑧ 佚名撰,汪圣铎点校《宋史全文》卷三二,端平三年七月乙巳条,第2708页。

后,其变革贯穿于端平、嘉熙、淳祐年间(1234—1252),历时约二十年①。实际上此后也没停止,宝祐六年(1258)十二月诏改元开庆,亦表达了更化变通之意:改元诏先是陈述了庶政、民生、朝纲、吏治、国势的困局,然后也是在法祖宗(太祖开宝、仁宗庆历)的旗号下,表达了祖述变通之意②。总之"更化"成为理宗朝政治中一个不断重复的主题,主要就是不断表达行"实政"以应天变、走出泥潭的姿态。

但是,改元更张本身并不能回应臣僚反复提及的"修身"问题。理宗御制《敬天图》的意义在这里就显露出来了——《敬天图》主旨是居敬穷理,这一套标准的朱子学表述就成为其对修身应天呼吁的回答。

嘉熙三年秋天上舍试策中,程公许所拟策题言:

> 顷又摘六经之有关于天道者,章分句析,亲御翰墨,为敬天十二图……季秋吉日辛卯,九筵穆卜,先期申警,蔬食斋居,言款清宫,冻雨飘洒,裸飨世室,阴凝未舒。逮羽卫导行,玉辂趣驾,云翳一扫,晴景四开,都人骈首以观天仗之森严,天颜之肃穆,而后喜可知也。丙夜禁门启钥,臣工骏奔,上端冕入就次,月星明朗,乐舞和愉,穹示顾歆,克竣熙事。颁贺肆赦,典仪备举,质以前三岁烈风雷雨之变异,思成之庆,宁易致耶?③

这段话说明《敬天图》颁布于嘉熙三年明堂大礼前夕。据程公许的描绘,嘉熙三年的明堂大礼与三年前端平三年的明堂大礼形成了鲜明对比:端平三年是"烈风雷雨之变异",嘉熙三年则是"晴景四开""月明星朗",一派祥和的景象。这种差异的关键就在于《敬天图》的出台:

> 岂《敬天图》之作,忱念孚格,不专于牺牲玉帛之荐乎?

庆成不仅是祭祀的结果,更是因为《敬天图》表达的"忱(诚)念"信至于天。程公许在当年冬所上的《敬天图箴》中也说:

---

① 段玉明、胡昭曦《宋理宗"端平——淳祐更化"刍论》,《宋史研究论文集(一九八七年年会编刊)》,第155页。
② 佚名撰,汪圣铎点校《宋史全文》卷三五,宝祐六年十二月丙子条,第2870页。
③ 程公许《沧洲尘缶编》卷一四《试上舍生策题》(己亥秋),《景印文渊阁四库全书》1176,第1049页。

> 会季秋吉辛,肇禋重屋……嘉气布濩,欢声龠合。较以岁丙申雷雨之异,兹为庆成无疑矣。呜呼! 敬与肆一念之分,而影响之不爽若是,天远人乎哉!①

两次明堂礼,一次天变,一次庆成,原因就在于"敬与肆一念之分",即凸显了《敬天图》之"敬"产生的效果。这也可以解释为什么理宗要在嘉熙三年明堂礼前抛出《敬天图》——因为这是端平三年后的第一次明堂大礼,正可以用庆成来展现《敬天图》的格天之效。

程公许在《策题》近末尾有一段话:

> 谛观敬天之图,心画谨严,先后如一。退朝燕坐,声色玩好,决莫能为德性之移。而道途窃议,尚有过于责难者。"皇自敬德",要不必以人言为忤,而益当以高明光大加之意。"非苟知之,亦允蹈之",无徇其名而既其实,则怨汝詈汝,其有补于学问者不既多乎? 天不远人,随念昭格,圣学就将而不已,圣德日新而又新,易危为安,用祈天永命,岂不同此一机耶?

这里提到"而道途窃议,尚有过于责难者",说明当时臣僚颇有对理宗德行的批评。程公许说,君主面对这些责难首先应"皇自敬德",继以"非苟知之,亦允蹈之"(典出《扬子法言》),即知而行之。

"皇自敬德"典出《尚书·无逸》,周公言商中宗、高宗、祖甲及周文王之举动:"厥或告之曰:'小人怨汝詈汝。'则皇自敬德。"这里"皇"作"大"解,孔颖达疏谓:"其有告之曰:小人怨恨汝,骂詈汝。既闻此言,则大自敬德,更增修善政。"②主要是称赞明君"宽弘之若是"。而蔡沈《书集传》在此基础上更强调其修身的层面:"反诸其身,不尤其人……不暇责小人之过言,且因以察吾身之未至。"③这里产生了一个循环论证:君主"敬"不足,于是有责难,有责难于是有"皇自敬德"说,

---

① 程公许《沧洲尘缶编》卷一四《敬天图箴》,《景印文渊阁四库全书》1176,第1052页。
② 孔安国传,孔颖达正义,黄怀信整理《尚书正义》卷一七《无逸》,上海古籍出版社,2007年,第639页。
③ 蔡沈撰,朱熹授旨,严文儒校点《书集传》卷五《无逸》,第206页。

而"皇自敬德"就是圣学不已、圣德日新。这种循环论证既容纳了臣僚对君主德性看起来颇为激烈的批判,又极大地限制了其批判性。

嘉熙三年著作郎李昂英(1201—1257)的奏札①,先是说近年来风、火、雹、旱、蝗、海潮、天变种种灾异,其成因是上天对人君不再是仁爱而"告戒寓于灾异",是"仁爱之已极,且转而为震怒矣",即属于主宰之天的谴告,他质疑:"敬天之图,未必见于躬行。"既然如此,应天的关键还在于落实《敬天图》:

> 夫天人之际,本无二致,人君之心,当主一忱,积此忱以消变,推此忱以受言,上下感通,悉本乎是。今天下之势亟矣……臣愿陛下充此悔而持之以敬,不容一息之怠荒。民,天民也,念转壑之可忧;职,天职也,毋旁蹊之捷出。陟降常在于左右,戒惧如对于睹闻。以吾之心,合天之心,庶可以转祸而福矣。

"忱"即诚,李昂英只是复述了关键词敬、诚。"陟降常在于左右",前已言指"察天理而左右也"②。"戒惧如对于睹闻",典出前引《中庸》"君子戒慎乎其所不睹,恐惧乎其所不闻"一语,意指持敬。

再如嘉熙四年(1240)杜范入见,缕述宋朝面临的内忧外患,和李昂英类似,他认为天变系天之谴告:"迩者星文示变,妖彗吐芒,犯王良,络紫微;方冬而雷,既春而雪;海潮冲突于都城,赤地几遍于畿甸。则其仁爱已转而为怒也。""天心人心之俱失"是史弥远专权三十年酿成的恶果,端平更化的失败又使局面更加严重,对理宗本人意志有极大的消磨:

> 陛下敬天有图,旨酒有箴,缉熙有记,文义粲然,环列左右。使持此一念,振起倾颓,以无负列圣付托之重,何难之有?然臣闻之道路,谓警惧之意只见于外朝亲政之顷,而好乐之私多纵于内廷燕亵之际。名为任贤,而左右近习或得而潜间。政若出于中

---

① 李昂英《文溪集》卷六《嘉熙己亥著作郎奏札》,《景印文渊阁四库全书》1181,第155—156页。
② 黎靖德编,王星贤点校《朱子语类》卷八一,第2127页。

书,而御笔特降或从而中出。左道之蛊惑,私亲之请托,蒙蔽陛下之聪明,转移陛下之志虑于冥冥之中而不自觉。传曰:君人者昭德塞违,以临照百官,犹惧或失之。陛下之所以临照百官者既失其所以自强,百官则而象之,宜其瀹瀹訾訾,而未知所底止也。

"敬天有图,旨酒有箴,缉熙有记"分别指《敬天图》《敬天法祖事亲齐家四十八条》《缉熙殿记》,这些御制篇章所表达的方法论是没有问题的,问题出在落实上:理宗的敬心不真实、不持续(不诚),任贤、信任宰相有名无实,左道私亲蒙蔽其聪明、转移其志虑。总而言之是君德不昭,自修出了问题。当然,宰执、台谏、百官、边帅都有深病,如果用人的身体为喻,就是"内外百骸,头目手足,无一不受其病,为日既久,危证尽见"。要解决危迫局面,只能依靠理宗有"大悔悟,大振刷,大转移":

> 伏望陛下奋发宸虑,坚秉精诚。以灾谴屡形、天怒未释为大警,而常怀戒惧之心;以夷狄凭陵、国步斯频为大耻,而常励修攘之志。必侧身修行,使百姓见忧如周宣王;必卧薪尝胆,使种蠡分任如越句践。①

这些图新之举的关键,仍是回到《敬天图》所主张的居敬穷理。

淳祐元年(1241),黄应龙在进士对策中先是回答了策问提出的六事,最后的两条建议,一是正朝纲,二是答天心。黄应龙也把天变视为谴告,他先说理宗即位以来累年之天变是"天欲扶持全安"者,又说淳祐改元以来"麦秋小稔,雨旸若时"是"陛下化弦更张之后,君德有加之所致也"。这番解说之后,他提到了理宗的座右铭:

> 敬天有图,不但观览于内殿,而必常省于心中之图;克己书铭,不但警省于翰墨,而必常刻于心中之铭。以不愧屋漏为无忝,以存心养性为匪懈。②

---

① 杜范《清献集》卷九《嘉熙四年被召入见第一札》,《景印文渊阁四库全书》1175,第680—682页。
② 黄淮、杨士奇编《历代名臣奏议》卷六三,第873页。

这仍只是对《敬天图》的复述。而臣僚之复述,并不是说理宗的座右铭有多高明,只是因为《敬天图》等铭用主流的道学行话表达了当时的"基本常识",所以当臣僚欣喜于皇帝进学的同时,也发现皇帝已说的就是自己所能说的。

再分析一个案例。因为靖康二年/建炎元年(1127)是丙午年,所以南宋就出现了一种认识:"丙午、丁未之岁,中国遇此辄有变故,非祸生于内,则夷狄外侮。"①这种说法从靖康二年上下推演,形成每遇丙午、丁未年就有大灾变的术家预言②。且因为丙午丁未之厄是六十年为周期的天道之变③,故洪迈说:"昭昭天象,见于运行,非人力之所能为也。"④即从生成的角度来说,丙午丁未之厄被预言为不可避免的"常数"。理宗淳祐六年(1246)正是丙午年,故早在淳祐四年底,理宗在经筵后与讲官徐元杰交谈就涉及此:

> (徐元杰)又奏云:"一二年来,外间士论多谓丙午、丁未阳九之会近在目前,此尤当致谨于天人相与之际,思所以潜消未形之变。其要只在坚定圣志,谨养天和,念念以祈天永命为事。"
> 
> 上曰:"当修人事以应天,所谓应天以实不以文也。"
> 
> 奏云:"圣语及此,实宗社生灵之福。然人事有本末、先后、终始之,欲修实德以应天者,不可不于致知力行上理会。"
> 
> 上曰:"学问莫切于致知力行。"
> 
> 奏云:"《大学》格物首于意、心、身上用力,而后足以立的于国家天下。故又终之以好仁恶不仁,而严于小人之使,为国家灾害并至之戒,此古今治乱之明验。盖以国家天下之治固端本于修身,苟于知人或有不明,则末流之弊,反害于其本矣。今陛下讲明

---

① 洪迈撰,孔凡礼点校《容斋五笔》卷一〇《丙午丁未》,中华书局,2005年,第952页。《刘克庄集笺校》卷一五八《赵克勤吏部墓志铭》,第6178页。
② 南宋的相关议论,见梁庚尧编著《南宋朝野论王安石与新法》,台北:台湾大学出版中心,2023年,第411—436页。
③ 陈亮著,邓广铭点校《陈亮集》卷一《上孝宗皇帝第一书》,上海古籍出版社,2022年,第7—8页。
④ 洪迈撰,孔凡礼点校《容斋五笔》卷一〇《丙午丁未》,第953页。

圣学,即明明德之事,所以作新万化,非新民之事乎?"

上曰:"是。"

奏云:"然明德新民,皆当止于至善。此是于源头理会,惟在陛下兢兢业业,夙夜讲求,尽其所谓致知力行之实可也。"①

理宗、徐元杰认为丙午丁未之厄这种"天数"在发生前是可以改变的。著作佐郎赵时焕也认为,若应对得当,丙午丁未之厄这样的"数之否者可亨也"②。至于应天的办法,理宗与徐元杰达成了一致:大本在于致知力行/修身/明明德。

以上案例之中,臣僚或以谴告,或以常数解释天变的生成,其言天变所指亦纷繁多样,但到了应天的层面就趋于一致:落实居敬穷理的工夫论。淳祐末所编的类书《群书会元截江网》说:

呜呼！敬天之有十二图,固以敬为主也。"(无)[毋]不敬"之书,更化之初,尝与"思无邪"对揭矣。钦天台之作,迩年以来,尝于内庭规刱矣。使圣天子真见夫"毋不敬"之一言所当服膺,则斯图不作可也;真见夫钦天命台之训所当践言,则斯图无有亦可也。敬即钦也,钦即敬也,一敬之外,无复余说。③

"一敬之外,无复余说",《敬天图》所揭示的"敬""诚"已然容纳了臣僚所要陈说的要义。

### 三、本章结语

从《敬天图》的内容来说,天是天理,敬天的途径是修养工夫,可见"敬天"已经被纳入道学"明明德"的范畴下解读,《敬天图》的理念看起来是"新"的。

---

① 徐元杰《楳埜集》卷一《十二月十八日进讲》,《景印文渊阁四库全书》1181,第616—617页。
② 《刘克庄集笺校》卷一五八《赵克勤吏部墓志铭》,第6179页。
③ 佚名《群书会元截江网》卷三《敬天》,《景印文渊阁四库全书》934,第41页。

但从实践来说,《敬天图》推出于明堂礼之前,以求祭祀感格之效。此后臣僚的相关议论中,天仍然还可以是主宰之天、常数之天等,对天意的解读仍然可以采用机械事应说、阴阳事应说等传统模式。诚如学者已经指出的,宋代的天人关系论并无线性的理性趋势[①]。这些传统因素的保留最终又都是为了推动君主的敬天之实——修政、修德。在应天的部分,道学学说终于发挥了作用。宋理宗不断摆出"更化"的姿态以应对修实政以应天的呼声;至于修德,则用《敬天图》等多种座右铭表现了无时无刻不致力于修身的形象,理宗在《敬天图》中用当时流行的道学话语阐述了"居敬穷理"的基本原理。

这带来两方面的效果。一方面,既然皇帝本人已高举这一旗帜,那么臣僚确实可以不断以敬、诚的标准去要求甚至批评理宗。这给人一种印象,似乎道学给了士大夫激烈批评君主德行的底气。只是故事还有另一面,臣僚虽然不满君主未能真的落实"居敬穷理",但提出的解决方案只不过是"皇自敬德",也就是对《敬天图》所提出原则的重复而已。从这个角度来讲,当宋理宗揭举敬、诚这样的概念之时,他就已经履行了自己的政治角色:他展示了自己不间断格物致知、修身以明明德的形象,也为自己本就有的行为赋予了强烈的正当性。正如本章第一部分所言,格物致知本就是一个永远在路上的旅程。臣僚责难、君主"皇自敬德"不正是圣学不已、圣德日新的表现吗?正因如此,理宗本人可以、臣僚只能不断重复道学的关键词、基本理念。这样说来,所有臣僚对理宗德行的批评都只是题中应有之义,这些批评言论只是说明了皇帝仍处在今日格明日格的过程中而已,无伤大雅。

因此,理宗御制《敬天图》尽管是高度形式化的,但恰是理宗在道学影响下"新"的为政方式本身,给理宗本人抹上了"明明德"以"新民"的色彩,也就不难理解为何他可被推崇进入道统序列。

道学之于君道的影响如此,下两章将转入道学"絜矩之道"对南宋地方治理、军事财政的影响。

---

[①] 刘力耘《政治与思想语境中的宋代〈尚书〉学》,第 190 页。

# 第三章 "省赋恤民"与"剜肉补疮"

絜矩的核心课题是财用,即如何减轻沉重的、不公正的赋税对民众的伤害。本篇第一章曾提及道学政治理论中"絜矩"的复杂性——仁政与刻政的并存。自从道学兴起之后,大量受道学沐浴的士大夫前赴后继,践行治平之术。他们在地方治理中如何贯彻"絜矩之道"?最终结出什么样的果实?

宋理宗宝祐二年(1254),吴子良(1197—?)被召入朝,长期居于吉州庐陵(治今江西吉安)的门生欧阳守道(1209—?)致信给他:

> 自昔人主未有讲明性学如吾君之懿者也,在廷之臣,论经谈理,动引濂洛,每有奏疏,各称先师,如此者三十年矣。

从理宗登基算起,君臣讲论程朱性善之学三十年,但南宋王朝却江河日下,"国脉民命岁危一岁,日困一日",病根到底在哪里?欧阳守道对吴子良说:

> 今者姑以财用一事言之。自古为国,未闻皇皇汲汲于利,取之尽锱铢而能以其国久存者也。损上益下,汉唐中主犹或能之,谓吾君不能,贼其君也。上下交征利而国危,孟子之深讳。《大学》曰:"长国家而务财用者,必自小人(始)矣。彼为善之,小人之使为国家,灾害并至。虽有善者亦未如之何!"此而犯之,则引濂洛,称先师,皆空谈也。濂洛先师不以空谈遗后人,使谋身也,上至聪明诸公,不得以宫女几千不可减、厩马几万不可损者待当今。今民穷至骨,兵戈、饥馑、疫疠之余,户口不知减几何矣,抑有告上以四方民数之实者乎?某又记去岁十一月为岳麓诸友讲《论语》末篇之首章,以为孔子道尧舜执中之命,直至<u>"四海困穷,天禄永终"</u>。盖三圣所以执中,大意归宿在此,孔子援引,不如今人独

举十有六言也。讲罢,诸友相告曰,先生听此至激发处,屡为之首肯。嗟乎! 世未有亲遇有道之君,而听民困穷于下者也。①

问题并不是出在讲论性善之说本身,而是仅仅讲论其说,却忽略了另一同样根本的问题,也就是絜矩之道,以致"民穷至骨"。欧阳守道这里用了《大学》《论语》之文。前者即"治国平天下章"最末之文,朱熹以为:"自,由也,言由小人导之也。此一节,深明以利为利之害,而重言以结之,其丁宁之意切矣。""此章之义,务在与民同好恶而不专其利,皆推广絜矩之意也。能如是,则亲贤乐利各得其所,而天下平矣。"②后者出自《论语·尧曰》,朱熹说,这是尧舜禅让之时尧对舜之辞,其意是:"四海之人困穷,则君禄亦永绝矣,戒之也。"所有这些引用,都是为了说明不能"絜矩"、上专财利的危害。欧阳守道说,尧舜传心之言不止十六字(人心惟危,道心惟微,惟精惟一,允执厥中)——这十六字重在明明德范畴,必须加上"四海困穷,天禄永终"才是完整的。因此,欧阳守道所提示的南宋困局,是"絜矩"一截的,而非"明明德"一截的。欧阳守道称赞吴子良有救百姓困穷之心,在浙西、湖南漕使任上皆力行蠲减,希望他还朝之后"深言动上心,自此大有改为"。

这封信展现了一个长期居于地方的士大夫之于朝政的看法:朝中君臣讲求道学明明德、复性之说不遗余力,甚至可以说是成效显著——"自昔人主未有讲明性学如吾君之懿者也""遇有道之君";此亦见本篇上章之论。但是,在"絜矩"部分,现实却与天下平相距甚远——朝廷"皇皇汲汲于利,取之尽锱铢","民穷至骨,兵戈、饥馑、疫疠之余"户口大减。

宝祐二年距朱熹去世(1200)刚过半个世纪,距南宋灭亡只不过二十余年。欧阳守道所观察到的南宋百姓困穷之状,说明了道学在13世纪前半个世纪落实"絜矩之道"的失败。这个失败是如何发生的?最终又把南宋王朝导向何方?

---

① 欧阳守道《巽斋文集》卷六《贺吴荆溪被召书(甲寅十二月)》,《景印文渊阁四库全书》1183,第 550—551 页。下划线为笔者所加。
② 朱熹《四书章句集注·大学章句》,第 13 页。

本章将根据一些具体的事例探析道学家在地方治理中的减负作为与财政困境。黄榦为朱熹所作行状称:"先生守南康、使浙东,始得行其所学,已试之效卓然。"下面就从道学宗师朱熹在南康军的作为说起。①

## 一、朱熹在南康军的"省赋恤民"

淳熙七年(1180)四月,权发遣南康军(治今江西庐山)朱熹给宋孝宗上封事,言及"天下国家之大务":

> 臣尝谓天下国家之大务莫大于恤民,而恤民之实在省赋,省赋之实在治军。若夫治军省赋以为恤民之本,则又在夫人君正其心术以立纪纲而已矣。②

朱熹这里提出了两个关键,一是正君心,二是恤民,分别落于之前所说道学政治理论的两截。

朱熹如何"省赋恤民"？他于淳熙六年三月到任南康军,淳熙八年闰三月离任,任上以救荒著称,不过给孝宗上封事的时候旱灾尚未发生,故而所述即南康军的日常状态。

朱熹先说了南康军"土地瘠薄",本是贫困地区,却又"赋税偏重,比之他处或相倍蓰",故而民众岁尽力耕种,也难以了纳赋税,所以他刚上任就请求蠲减下属星子县的税钱,降低夏税折木炭钱数。但这些即使都成功了也是远远不够的,邻近地区"土田瘠薄类此者,非一郡一县而已也",赋税沉重,又"非一料一色而已也",小小减负只不过是"以杯水救一车薪之火",不足以救"剥肤椎髓之祸"。朱熹向孝宗解

---

① 关于朱熹在南康军的作为,前人已有概述。见束景南《朱子大传》,福建教育出版社,1992年,第398—462页;束景南《朱子大传:"性"的救赎之路(增订本)》,复旦大学出版社,2016年,第331—380页;胡迎建《朱熹在南康军》,《朱子学刊》第7辑,黄山书社,1995年,第105—114页;程光裕《朱熹知南康军时之治绩》,收入《宋史研究集》第29辑,台北:编译馆,1999年,第481—512页。本节主要剖析朱熹的省赋之举及相应的财政处境。

② 朱熹《晦庵集》卷一一《庚子应诏封事》,《朱子全书(修订本)》20,第581页。

释了"剥肤椎髓"的由来:

> 夫有田则有租,为日久矣。而今日民间特以税重为苦者,正缘二税之入朝廷尽取以供军,而州县无复赢余也。夫二税之入尽以供军,则其物有常数,其时有常限,而又有贴纳水脚转输之费,州县皆不容有所宽缓而减免也。州县既无赢余以给官吏、养军兵,而朝廷发下离军归正等人又无纪极,支费日增,无所取办,则不免刱于二税之外别作名色,巧取于民。①

朱熹提到的问题是:沉重的养兵之费迫使宋朝力行财政中央化之举,常规的夏秋两税收入"尽以供军"(实际上中央占据的赋税远不止两税)。结果就是地方财政困难,"无赢余以给官吏、养军兵"以及应对越来越大的各项开支。在这种情况下,地方各种非法的"创收"项目就出现了。

朱熹举了不少例子:

> 且如纳米收耗,则自七斗八斗以至于一倍再倍而未止也;豫借官物,则自一年二年以至三年四年而未止也。此外又有月桩、移用诸杂名额,抛卖乳香、科买军器、寄招军兵、打造铁甲之属,自版曹总所以至漕司,上下相承,递相促迫。今日追究人吏,明日取勘知通,官吏无所从出,不过一切取之于民耳。盖不如是,无以补旧欠、支目前,虽明知其一旦发觉,违法抵罪,而不及顾也。夫以罪及其身而不暇恤,尚何暇于民之恤乎?以此观之,则今日民贫赋重,其所从来亦可知矣。②

两税及附加税,月桩、移用诸杂名额,抛卖乳香、科买军器、寄招军兵、打造铁甲等地方财政负担,都是朱熹在南康军的亲眼所见,许多自然也是全国普遍的现象。

可见,朱熹所不满的不是个别的赋税名目,而是一套自上而下的

---

① 朱熹《晦庵集》卷一一《庚子应诏封事》,《朱子全书(修订本)》20,第582页。
② 朱熹《晦庵集》卷一一《庚子应诏封事》,《朱子全书(修订本)》20,第582—583页。

刻剥体制,朝廷榨取地方政府、地方政府榨取百姓,官府层层"递相促迫",最终对百姓"剥肤椎髓"。朱熹对孝宗言"正君心"以正天下,自然是试图从根本上解决问题。但他(包括他的后学)身为地方官,又如何在这套刻剥体制中寻找"恤民"的空间以践行"絜矩之道"呢?

1. 两税与附加税

两税包括夏税和秋税,先从秋税说起。秋税主要征收粮食,称为苗米。南康军的秋苗米额是每年 46 519 石①。在朱熹到来之前一年,即淳熙五年,南康军秋税苗米每 1 石连同耗米共征收 1.76 石(再之前是 1.96 石),他上任后减到 1.66 石。不过秋苗实际征收应不及额:"若无水旱灾伤、非泛支遣,更以别色官钱多方籴补,亦可仅免旷阙。"②说明在朱熹到南康军的时候,两税实收已不及额,须用其他货币收入收籴补足。

另据朱熹说,4.6 万余石的秋苗米中,4 万石要上供,余下的 6 000 石左右桩留在南康军③。上供的 4 万石米,南康军要运输至建康府或临安,所用水脚之费亦由南康军承担④。水脚费之类都会转化成货币化的附加税,由百姓承担。秋苗附加的水脚、雇船、起纲、头子、市例等各种货币化的附加税,朱熹定为 670 文/石,税钞的"勘合促零钱"则按照实际征收⑤。如按照朱熹所定比率,4.6 万余石秋苗的货币化附加税至少在 3.11 万余贯,这些都要分隶到各财政名目之下。

桩留在军的 6 000 石余米,转运司的命令是不许地方支用,但实际情况并非如此。朱熹对吕祖谦说,这宗米"往往亦催不足",已催到的

---

① 朱熹《晦庵集》卷一六《乞截留米纲充军粮赈粜赈给状》,《朱子全书(修订本)》20,第 740 页。
② 朱熹《晦庵集》卷九九《减秋苗》,《朱子全书(修订本)》25,第 4594 页;卷一六《乞截留米纲充军粮赈粜赈给状》,《朱子全书(修订本)》20,第 741 页。
③ 朱熹《晦庵集》卷三四《答吕伯恭》,《朱子全书(修订本)》21,第 1486 页;黎靖德编、王星贤点校《朱子语类》卷一〇八《论治道》,第 2681 页。《朱子语类》说:"以三万九千来上供,所余者止七千石。"略有不同。
④ 朱熹《晦庵集》卷二六《与颜提举札子》,《朱子全书(修订本)》21,第 1149 页。
⑤ 朱熹《晦庵集》卷九九《受纳秋苗晓谕》,《朱子全书(修订本)》25,第 4593 页。

米南康军不能用、转运司没什么用,所以"但陈腐积压,消折见欠数"。这意思是米还在,所以他请求把这宗米拨给南康军,应付四五个月的军粮①。不过,朱熹对转运司所说却有不同:

> 况今来除上供已起外,自余未发米数,系诸县先因旱涝,有逃移死亡及零残拖欠无户可催之数,纵有催到,非惟不多,又且累政随即借兑,目今虚挂欠籍。……(欲乞台慈)将淳熙三年、四年、五年未起零残之数悉从蠲免。②

可见这笔粮米早就是虚籍了。《朱子语类》亦载朱熹言:"那里有? 年年侵使了,(每监司使公吏下来检视,州郡又厚赂遗之,使去。)全无颗粒。"这说明,转运司桩留在南康军的上供余米本就催收不足额,催到的部分也没什么"陈腐积压",而是年年被地方政府支用。理由很简单:"若更不得支此米,何从得赡军? 然亦只赡得两三月,何况都无。非天雨鬼输,何从得来?"③这宗米只能支两三个月军粮也是比较符合实际的(见下文)。

很不幸,淳熙七年是大旱之年,秋苗征收更加困难。最终当地减放 8 成多,计米 3.74 万余石,实应催纳只剩下 9 000 余石,朱熹还请求把这 9 000 余石粮食也拨付给南康军④。若如此,南康军当年的秋苗米全无上供,或检放,或归南康军级财政支用。

夏税与秋税不同,主要征收钱帛。淳熙六年朱熹到任之初,就请求蠲减星子县税钱,"紬绢一千五十余匹、钱二千九百余贯"⑤,这应即指夏税。朱熹请求蠲减的这些夏税,具体内容不太清楚。他罢任后说及了其中 140 余贯的来源:

---

① 朱熹《晦庵集》卷三四《答吕伯恭》,《朱子全书(修订本)》21,第 1486 页。
② 朱熹《晦庵集》卷二六《与王漕札子》,《朱子全书(修订本)》21,第 1149 页。
③ 黎靖德编,王星贤点校《朱子语类》卷一○八《论治道》,第 2681—2682 页。
④ 朱熹《晦庵集》卷一六《奏借兑上供官钱籴米并乞权行倚阁夏税钱帛状》《乞拨赐检放外合纳苗米充军粮状》,《朱子全书(修订本)》20,第 745—746 页;《晦庵别集》卷一○《申仓部及运司检三县苗米数》,《朱子全书(修订本)》25,第 5031 页。
⑤ 朱熹《晦庵集》卷一六《乞蠲减星子县税钱第二状》,《朱子全书(修订本)》20,第 737 页。

> 按本县所管庐山一带,多是高岩峭壁、穹石茂林,其间虽有些小田段,类皆硗瘠寒冷,所入不多。而经界官吏起纽税钱数目浩瀚,难以输纳,以故绍兴年中守臣徐端辅者因寺院之请,减去一百四十余贯。减之诚是也,然初不请命于朝而辄私减之,既又虑夫经税之或亏也,则妄引经界以前不明文帐,将人户下田升作中等,中田升作上等,亦有径自下等而升上等者,按籍履亩而横加其税,计钱一百四十余贯,以阴补所免庐山税钱之数。①

据此可知,南康军星子县夏税钱重是因"经界官吏起纽税钱数目浩瀚",即绍兴年间经界增税后的结果。故朱熹言:"日前兵乱流移,民方复业,而官吏节次增起税额及和买折帛数目浩翰。"②之前的守臣徐端辅先是减了140余贯庐山一带寺院的夏税钱,接着又增加了其他民户的税额以补其失。

徐端辅这种做法,基本暗示了朱熹在请求减免税钱时的遭遇:朝廷确实同意蠲减,但户部下转运司,"责以对补",也就是用其他的收入代补,朱熹对此极为愤慨:

> 今乃限以对补之说,不附其说则远县穷民永无苏息之期,必从其说则势无从出,不过剜肉补疮,以欺天罔人。③

朱熹"剜肉补疮"的评价把自己和他的后学拉开了距离——下文将会说明,大多数道学门徒都接受了被朱熹抨击为"剜肉补疮"的代输之法,还将其标举为善政。一直到淳熙八年朱熹离任,切实蠲减夏税的请求也没有得到同意。

朱熹还请求减少另一项与夏税钱相关的苛敛——木炭钱。所谓木炭钱,是指南康军下辖都昌县民户承担的冶炼所用木炭负担,这是以夏税钱为基准征收的:起初,民户税钱每20文折征木炭1秤(15

---

① 朱熹《晦庵集》卷一三《延和奏札》,《朱子全书(修订本)》20,第651页。
② 朱熹《晦庵集》卷一六《乞蠲减星子县税钱第二状》,《朱子全书(修订本)》20,第736页。
③ 朱熹《晦庵集》卷一六《乞蠲减星子县税钱第二状》,《朱子全书(修订本)》20,第737页。

斤),但绍兴十五年(1145)以后每秤木炭改为折征 150 文足钱,绍兴二十四年后增加到每秤 260 文足;而当时木炭的市价不过每斤 5—6 文,也就是每秤 75—90 文,仅仅是官府折价的三分之一①。经朱熹向提点江淮铸钱司申请,从淳熙七年开始,建昌县的木炭钱减少到 220 文省/秤②,全县总共减木炭钱 2 000 贯③。照此推算,建昌县所征木炭总额在 5 万秤,折钱 1.1 万贯。

朱熹所做与夏税相关的减负善政,还有更改下户的畸零绢交纳方式。本来,朝廷为了优恤下户,令下户不足匹的畸零绢按照每尺 100 文足的价格折纳,但南康军的绢价每匹不过 3 000 文足,合 30 文/尺,由此导致南康军下户不但没有减轻负担,反而增加负担,故朱熹向转运司申请改纳本色绢④。

淳熙七年旱灾发生后,夏税该怎么办呢?其处置方式与秋苗检放大不同:

> 窃见本军今年所理夏税,缘自省限起催以来,即苦旱干……遂不敢严责诸县依限催理,只令劝谕人户自行输纳。至今截日,方据纳到绢九千四百匹、钱一万六千七百三十五贯二百五十九文省。……其余人户所欠钱绢数目尚多,而民间自今以往饥饿寒冻之忧日甚一日,渐次无力可以供输,臣诚不忍更行催督,以速其流离转死之祸。敢冒万死,复以上闻。欲望圣慈更赐哀怜,许将本军今年人户未纳夏税钱帛权行倚阁,令候来年蚕麦成熟,却随新税带纳,庶几饥饿余民得保生业,不胜万幸!⑤

---

① 朱熹《晦庵集》卷二〇《论木炭钱利害札子一、二》,《朱子全书(修订本)》21,第 917—918 页。
② 朱熹《晦庵集》卷九九《减木炭钱晓谕》,《朱子全书(修订本)》25,第 4592 页。
③ 朱熹《晦庵集》卷二六《与江东王漕札子》,《朱子全书(修订本)》21,第 1161 页。
④ 朱熹《晦庵集》卷九九《夏税牌由》,《朱子全书(修订本)》25,第 4592—4593 页;卷二〇《乞听从民便送纳钱绢札子》,《朱子全书(修订本)》21,第 920—921 页。
⑤ 朱熹《晦庵集》卷一六《奏借兑上供官钱籴米并乞权行倚阁夏税钱帛状》,《朱子全书(修订本)》20,第 745—746 页。

朱熹的建议只是将未收的夏税钱帛"倚阁",也就是暂缓征收,等待来年夏税时,再一并交纳,即"随新税带纳"。这种处置方式与秋苗米 8 成多检放形成了鲜明对比。最终,朝廷部分同意朱熹的方案:

> 倚阁本年第三等以下人户未纳畸零夏税、折帛钱二万三千三百一十五贯四百六十五文,本色绢三千八百一十六匹九尺六寸。①

朝廷只是同意倚阁三等以下人户未纳钱帛,一二等户不在倚阁范围。如果把已纳到数和倚阁数相加,则南康军的夏税至少是绢 1.32 万余匹、钱 4 万余贯。

朝廷看起来非常慷慨地检放了淳熙七年 8 成以上的秋苗米,但如果考虑到这部分苗米本来就是不足额征收、需要地方官府用货币收籴,这个慷慨就打了折扣。而一旦涉及两税及附加税中的货币化窠名,朝廷可谓锱铢必较,朱熹在这方面的减负努力收效甚微,他也完全无法认可朝廷给他的减负方案——代输(对补)。

2. 月桩、移用诸杂名额

宋代还有大量的杂征敛,许多都是依托于两税的。比如,南宋朝廷向地方征调的财赋中,有一项非常重要的"经总制钱"。

勘合钱是经总制钱的窠名之一。民户交纳两税后须写文钞交给官府验证,官府收勘合钱。原来是每钞纳钱 30 文,乾道二年(1166)后改为按照每贯石匹两数征收 20 文。勘合钱外,宋朝在包括两税征收的各种钱物出纳场合征收头子钱,到乾道初年固定为 56‰②。无论是勘合钱还是头子钱,很大程度上是其他税种征收过程中附加的手续费③。此外,南宋地方政府还有一项重大负担——月桩钱。绍兴初年,为了保证驻扎建康的韩世忠大军的供给,江南东路转运司每月固定要

---

① 朱熹《晦庵集》卷二〇《乞除豁经总制钱及月桩钱状》,《朱子全书(修订本)》21,第 903 页。
② 查籥《论勘合钱比旧增重状》,收入程敏政辑撰,何庆善、于石点校,易名审订《新安文献志》卷四,黄山书社,2004 年,第 159—161 页;汪应辰《文定集》卷五《论勘合钱比旧增重疏》,学林出版社,2009 年,第 41—42 页。
③ 汪圣铎《两宋财政史》,中华书局,1995 年,第 353—360 页。

给钱 10 万缗,这就是月桩钱;此负担后来逐渐扩大到江西、湖南、两浙路。这不是一项新的赋税,而是将本来的酒税、上供、经制钱等稟名划拨作月桩钱①。

淳熙七年南康军夏税倚阁、秋税八成检放之后,正税既亏,则勘合钱、头子钱、月桩钱等钱的征收与划拨就很困难了。但负责征收经总制钱的提刑司、总领所,依旧"催发本军去岁未发钱四千六百余贯,并今年未发钱三万九千五百四十余贯",而因为夏季以来的大旱,秋季经总制钱只收到 7 463 贯多,冬季则尚待来年正月起发,朱熹请求"据所属实收到钱数批历入账,拘收起发,免以递年季分比亏"②。由此可知,经总制钱是按季度起发的③,所谓淳熙七年"未发钱三万九千五百四十余贯",应是夏、秋、冬三季之额。照此推测,南康军一年的经总制钱额至少有 5.2 万余贯。

到淳熙八年,朱熹请求豁除经总制钱、月桩钱④。关于经总制钱,朱熹说,淳熙七年检放八分以上苗米导致经总制钱中的勘合钱、头子钱共 6 372 贯余失收;倚阁夏税钱帛又导致勘合钱、头子钱共 2 925 贯余失收;总计 9 297 贯余。根据惯例,因秋苗减放而失收的勘合钱、头子钱(6 372 贯余)可以豁除;但夏税只是倚阁,所以其相应的勘合钱、头子钱(2 925 贯余)仍然要征收,朱熹希望可以全部豁除。

关于月桩钱,朱熹说,南康军"系于夏、秋二税并场务出纳钱物收到头子、经总制无额钱及酒税课利分隶桩办",而因为旱伤后苗米减放、部分夏税倚阁,所以淳熙七年最后四个月的月桩钱也部分失收,最终共收到 13 913 贯余、失收 620 贯余,这个实收比率相当之高;淳熙八年正月开始则无从桩办,朱熹请求"据本军每月实桩到钱数起发"——

---

① 包伟民《宋代地方财政史研究》,中国人民大学出版社,2011 年,第 101—104 页。
② 朱熹《晦庵集》卷二〇《报经总制钱数目札子》,《朱子全书(修订本)》21,第 924 页。
③ 朱熹弟子陈宓亦提及:"盖每月则有板帐之常供,每季则有经总制之定额。"见陈宓《复斋集》卷七《安溪县试诸生策问三》,第 337 页。
④ 朱熹《晦庵集》卷二〇《乞除豁经总制钱及月桩钱状》,《朱子全书(修订本)》21,第 903—904 页。

也不是不桩办。按照朱熹这里的数字推算,南康军每月月桩钱3 600贯余,年额为4.3万余贯。

朱熹请求蠲免倚阁夏税附收之经总制钱、月桩钱据实(而不是据额)起发,后者可能不得已只能如此,前者则大概率不会得到支持——既然夏税减免需要带补,则相应的经总制钱不可能会被豁除。

经总制钱中,还有一项是"转运司移用钱"①,朱熹也提到了。乾道九年(1173)以后,南康军负担每月1 200贯余,也就是一年1.44万余贯,"均于城下及两县酒税务趁办",但近年来诸县场务经常亏欠,所以南康军在朱熹上言时已经拖欠了4个月的移用钱(4 800贯余)。朱熹希望转运司能够削减南康军的移用钱额②。因为南康军地处交通要道,所以其"财计取办于税务,税务课额仰给于客旅",即财政相当依赖过境税,"今者本军得蒙使司蠲减苗米水脚钱每石至一百三十九文,农民固已幸甚,独往来商旅,州郡场务以课额浩大,不容优恤",可知转运司蠲免了部分秋苗的附加税水脚钱(名义上是一种运输费),但却没有减少商税。可能因为秋苗失收,所以减少水脚钱大概也顺理成章。朱熹希望借减少移用钱额的机会减轻南康军财政的负担,然后就可以考虑减轻商税,招来客商以为久远之利。该申请的结果未知。

另外,为了便于采购米斛,朱熹按照惯例免去了粮船的力胜钱、本船杂物税钱③。不过,米斛力胜钱本来就是朝廷三令五申须免的。

根据朱熹提供的信息,南康军淳熙七年承担的经总制钱大概是5.2万余贯,朱熹希望在减6 372贯余的基础上,再减2 925贯余;月桩钱4.3万余贯,朱熹希望据实解发;转运司移用钱1.44万余贯,朱熹希望削减额度。

---

① 李心传撰,徐规点校《建炎以来朝野杂记》甲集卷一五《总制钱》,中华书局,2000年,第318页。
② 朱熹《晦庵集》卷二〇《乞减移用钱额札子》,《朱子全书(修订本)》21,第924—925页。
③ 朱熹《晦庵别集》卷九《措置两县到岸米船事》《招诱客贩米斛免收力胜杂物税晓谕》《措置客米到岸民户收籴不尽晓谕》《晓示乡民物货减饶市税》《免流移民船力胜》,《朱子全书(修订本)》25,第5005、5006、5007页。

3. 招军、造甲

涉及南康军地方财政的问题,朱熹还提到了招军、造甲两项。据朱熹后来讲:

> 某守南康,旧有千人禁军额,某到时才有二百人而已,然岁已自阙供给。本军每年有租米四万六千石,以三万九千来上供,所余者止七千石,仅能赡得三月之粮。三月之外,便用别擘画措置,如斛面、加粮之属。又尽,则预于民间借支……如此犹赡不给。①

照此说法,200人的禁军每个月消耗2 000余石的军粮,故六七千的上供余米仅可供3月之用。照此,每年的军粮消耗就是2.4万—2.8万石。朱熹说,南康军军粮岁用27 513石,就是指禁军所耗,须用附加税、预借的方式筹集,很可能货币化程度也较高;淳熙七年大旱后,朱熹请求不要将当年未检放的9 000多石秋苗米、淳熙六年未起米5 000余石上供,而是拨充军粮②。

淳熙八年,朝廷令"招填缺额禁军及抛买军器物料",要求从原来的200人增加至500人,朱熹说:

> 其添招禁军三百人,每年合用粮米五千四百石,料钱八百六十四贯文省,春冬衣绢一千三百五十匹,䌷一百五十匹,绵四千五百两,衣钱七百六十五贯,委是数目浩瀚,即无合拨窠名可以支遣。③

朱熹这里说的"每年合用粮米五千四百石",则单个士兵月粮1.5石,符合南宋地方禁军的一般标准④。但这与实际开销应有巨大差距:如果原来的200名禁军每年需要2.7万余石军粮,那么新召的300名禁

---

① 黎清德编,王星贤点校《朱子语类》卷一〇八《论治道》,第2681—2682页。
② 朱熹《晦庵集》卷一六《乞拨赐检放外合纳苗米充军粮状》,《朱子全书(修订本)》20,第746页。
③ 朱熹《晦庵集》卷二〇《乞住招军买军器罢新寨状》,《朱子全书(修订本)》21,第901页。
④ 南宋禁军士兵的月粮大概是1.2—1.5石白米,王曾瑜《宋朝军制初探》(增订本),中华书局,2011年,第292—295页。

军至少应需要4万余石的军粮。这大概是南康军无法承受的数字,因此朱熹请求仍旧以200人为额,或者以每年10人的节奏、用30年的时间增加300人。

朱熹不但请求缓招禁军,还希望能裁减一个营寨①。该营寨在都昌县,是不久之前的淳熙五年增创的,本以禁军100人为额,实际上已有军兵30人加统兵官1员。朱熹认为,都昌县原本就有5个营寨、土军额四五百人,县城内又有一个县尉司、弓手额75人,而新创的营寨也在都昌县城,是为叠床架屋、徒费粮饷,故而建议把新创的都昌寨撤销(已有军兵并归到其中一个营寨)、把弓手增加到100人即可。朱熹的财政考虑是:土兵、弓手所费不多,但禁军100人的耗费不菲。

招军之外,还有军器物料。淳熙八年,朝廷"抛买第十一料至十五料甲叶、牛皮",朱熹希望在大旱之后能暂停两三年②。此外,朝廷还每年要求南康军"打造步人弓箭手铁甲,一年以三百日为期,两日一副",也就是每年150副铁甲,"计用皮铁匠一万八千工,钱五千二百贯余"。朝廷拨下的经费有现钱、有乳香,"尚欠七百贯余";乳香是实物,还要南康军自己去变现,但当时"变卖不行,不敢科抑,又兑支过一千一百八十贯余"(这就是朱熹对孝宗说的"抛卖乳香"),也就是说,不算人工,南康军要为150副铁甲贴补1800贯余现钱。这些铁甲也并非亟需之物,造成之后还是让南康军桩收,故朱熹请求以后不再打造③。朝廷给降的现钱,部分应是从南康军本应交的经总制钱中截留,计1 895贯④。

总结一下朱熹谈及的南康军财政负担以及他的措置:

---

① 朱熹《晦庵集》卷二〇《论都昌创寨札子》,《朱子全书(修订本)》21,第908—910页;同书同卷《乞住招军买军器罢新寨状》,第902—903页。
② 朱熹《晦庵集》卷二〇《乞住招军买军器罢新寨状》,《朱子全书(修订本)》21,第902页。
③ 朱熹《晦庵集》卷二〇《与曾左司事目札子》,《朱子全书(修订本)》21,第897—898页。
④ 朱熹《晦庵集》卷二〇《报经总制钱数目札子》,《朱子全书(修订本)》21,第923页。

表 1

| 事项 | 数额 | 朱熹的作为 |
| --- | --- | --- |
| 秋苗 | 年额 46 519 石（4 万上供、6 000 桩留在军）；货币化附加税至少 3.11 万余贯（须分隶） | (1)淳熙七年检放米 3.74 万余石,实应催纳 9 000 余石。(2)请把桩留部分划拨给南康军。 |
| 夏税、折帛钱 | 至少绢 1.32 万余匹、钱 4 万余贯 | (1)淳熙七年倚阁第三等以下人户未纳畸零夏税、折帛钱 2.33 万贯余、绢 3 800 余匹。(2)请蠲减星子县税钱"紬绢一千五十余匹、钱二千九百贯余",朝廷许以其他方式代输。 |
| | 木炭钱,原额 1.3 贯（减后 1.1 万贯） | 减 2 000 贯。 |
| 经总制钱 | 年额 5.2 万余贯 | 淳熙七年 6 372 贯余可豁除,请再减 2 925 贯余。 |
| 月桩钱 | 年额 4.3 万余贯 | 请据实起发。 |
| 转运司移用钱 | 年额 1.44 万余贯 | 请减额,以便减商税。 |
| 供军 | 岁用 27 513 石 | (1)请以淳熙七年 9 000 余石秋苗米、淳熙六年未起发米 5 000 余石拨充军粮。(2)请勿增加禁军数、裁减禁军军寨。 |
| 铁甲 150 副 | 1 800 贯余（南康军负担） | 请不再打造。 |
| 买甲叶、牛皮 | 未知 | |

办公经费、官吏俸禄朱熹都没有提到。朱熹也没有提到南康军财政最大的依赖——商税数额。

从上表可见,朱熹"省赋恤民"的举措是很直接的:减少上供数、控制供军之费。他所有减负努力中,最成功的就是检放了 3.74 万余石淳熙七年秋苗米,相应的经总制钱也减少了 6 372 贯余。朱熹说,南康军旱灾发生时,粮价尚未高涨,则每石米的价格是 2.1 贯左右①,检放之粮相当于 7.85 万余贯现钱,对南康军来说不可谓不多。但是,南康军的上供除了秋苗米,就朱熹所提及的负担而言,至少还有钱 14.6 万余贯,绢 13.2 万余匹,用于本地的供军粮 27 513 石(相当于 5.7 万余贯钱)。这些才是南康军最大的负担,因朝廷极不愿豁除货币化的赋税,军粮又是必不可少的开支。

朱熹在南康军要求蠲减赋税窠名、控制禁军数、裁撤军寨、停造铁甲,皆需要朝廷的许可才能实现。商税则地方多有自主权,但朱熹未曾措手——因为他必须要在其他负担(如转运司移用钱额)已经减轻的基础上才能减商税,否则空洞无法填补。此外,朱熹所不能认同但在当时已然开始流行的减负方式就是对补,也就是用其他名目的赋税代输特定赋税,朱熹视之为"剜肉补疮"。

在整体战争状态之下,朱熹依赖朝廷许可的"省赋恤民"主张,基本是难以实现的。因此,在南康军及其他州军所见的后续减负行动,并不在他预料之中。

## 二、陈宓在南康军

淳熙八年(1181)闰三月朱熹离任知南康军。35 年以后,也就是嘉定九年(1216)十月十五日,他的弟子陈宓(1171—1230)到了知南康军任上。陈宓是陈俊卿之子,莆田人,号复斋,少登朱熹之门,长从黄榦游,是朱子学的嫡传。

南康军所在的江南东路在嘉定八年夏遭遇了严重的旱蝗之灾,幸得转运副使真德秀与提举常平李道传、提点刑狱谯令宪(1155—1222)通力合作,百姓方才渡过饥荒,此第一章已述及。陈宓到南康军之时,正值大灾之后。更不幸的是,嘉定九年南康军再度遇到旱灾。陈宓

---

① 朱熹说,24 052 贯 555 文钱可以买到 11 570 石米。见《晦庵集》卷一六《奏借兑上供官钱籴米并乞权行倚阁夏税钱帛状》,《朱子全书(修订本)》20,第 745 页。

说,他上任之后,"入境延见吏民,躬行阡陌,问之老农,则曰三年之间两旱一涝,今岁之旱大类前岁,比屋雕残,逃移在目,入冬向深,(若)[苦]为存活"①。他到任后的主要工作也是救灾。

检放秋税米是必须的。这时候南康军的苗米额是4.7万余石,比朱熹的时候多出不到1 000石,陈宓到任后检放约3.3万石②。

陈宓到的时候已是冬天,但仍然有未起发的夏税折帛钱1.7万余贯,被他借用来籴米或直接赈济③。既然是借用,将来大概是要还的。到嘉定十年春,朝廷又拨下了30道度牒(大约合2.7万—3万贯官会④),转运司、提举常平司拨下米斛约1.35万石⑤。救灾在嘉定十年四月结局⑥。

除了救灾,陈宓在南康军也有一系列的省赋恤民之举,有追随朱熹的成分,也有明显不同。

---

① 陈宓《复斋集》卷一四《南康到任与三府札》,《续修四库全书》1319,第440页。
② 陈宓《复斋集》卷一四《南康到任与三府札》,第440页;《与赵(石)[右]司札》,第442页;《与江州俞侍郎札》,第452页。陈宓时与朱熹时秋苗额差异如下表,星子县减1 000余石,建昌县增近2 000石:

| 县份 | 都昌 | 星子 | 建昌 |
| --- | --- | --- | --- |
| 朱熹时 | 1.98万石 | 0.65万石 | 2.02万石 |
| 陈宓时 | 几2万石 | 0.5万余石 | 2.2万余石 |

数据见朱熹《晦庵别集》卷一〇《申仓部及运司检放三县苗米数》,《朱子全书》26,第5031—5032页;《复斋集》卷一四《与江东俞运使札一》,第447页。
③ 陈宓《复斋集》卷一四《又上三府札》,第441页;《与宋总领钧札》,第449页;《与真西山一》,第453页;《回勉斋黄先生一》,第455页。
④ 嘉定时期,东南地区度牒价格在每道800—1 000贯官会。见程民生《宋代物价研究》,人民出版社,2008年,第438—439页。据陈宓言,他向提点刑狱谯令宪请求换易5道度牒,谯令宪付给他官会1.6万贯,陈宓说"乃过所云换易之数三倍",是知当时度牒约折1 000贯/道。不过,急欲换易度牒须每道减"百千",则约900贯/道。见《复斋集》卷一四《与江东谯提刑令宪札四》,第444页。
⑤ 陈宓《复斋集》卷一四《与真西山一》,第453页;《与江东章提举札四》,第446页;《与江东俞运使札五》,第449页。
⑥ 陈宓《复斋集》卷一四《与袁州郑毅斋札》,第454页。

## 1. 军粮采购

陈宓与朱熹一样有筹备军粮的压力。嘉定九年冬陈宓到任后,立即以公使库钱1万贯左右籴米4 000石,大概可供一个半月到两个月的军粮;而从当年十二月到来年九月共10个月的军粮约2万石尚无着落①。据此可知,陈宓时南康军一年的军粮消耗量约2.4万石,略少于朱熹时。

缺的2万石军粮怎么办呢?陈宓向朝廷求助:

> 今已狼狈,来日尚长,军粮缺一万九千余石,非六万余缗不足了此荒,然不知所措……所有度牒,只乞早赐,照例给降五十道下本军,逐旋变卖,充来年春夏至秋军粮支遣。②

若以1万贯采购4 000石米的价格,2.4万石军粮共需6万贯,所以陈宓说的"非六万余缗不足了此荒",说的是总额,而不是缺额。陈宓请求朝廷拨下50道度牒(合4.5万—5万贯官会)以采购军粮,但朝廷最后拨下了30道度牒(合2.4万—3万贯官会),时间是嘉定十年二月十一日③,不止用于军粮,还用于赈灾④。

到嘉定十一年秋,陈宓说:

> 去冬一旱,本军为军粮者以三万缗计,近得朝廷给助其半补苴,尚尔未平,思之寒心。诸邑皆无以为计。今岁不一稔,则郡县皆不可为矣。⑤

---

① 陈宓《复斋集》卷一四《南康到任与三府札》,第440页;《与赵(石)[右]司札》,第442页;《与江东章提举札一》,第445页;《与江东俞运使札一》,第447页。
② 陈宓《复斋集》卷一四《又上三府札》,第441页。
③ 陈宓《复斋集》卷一四《与史丞相札》,第441—442页。
④ 陈宓《复斋集》卷一四《与江东谯提刑令宪一》(第443页)云:"计到官初,首尝以军粮、赈粜告庙堂,乞援近(北)[比]给降度牒,尚未蒙报。"卷一一《与邹给事应龙札三》(第397页)云:"而军食并无所仰,加以救荒后时,控告庙堂,援引近比,求给度牒为军粮、赈贷籴本,已蒙札下仓司应副。"可知度牒所兑楮币既用于军粮,也用于赈贷粮。
⑤ 陈宓《复斋集》卷一二《与江州丁大监焴札二》,第401页。

可知嘉定十年冬南康军又旱,其军粮采购缺口为3万贯(会子),约为嘉定九年冬时的一半。不过,嘉定十一年朝廷补助了一半,即1.5万贯左右。嘉定十一年的情况尚可,到嘉定十二年闰三月,陈宓说,"收籴已可支至八月及食新矣"①,即采购了半年左右的军粮储备。

与朱熹时相比,陈宓时南康军的军粮完全需要收籴,他径用6万余缗、3万缗这些货币化的方式形容军粮缺口。嘉定十年初领到度牒之后,陈宓致札江东提刑谯令宪:"又蒙教诲以钱不必待米,深中事几,盖米未尝无,饥民无所得钱,诚可痛伤。"②在他们两位路、州军长官看来,问题在于如何获得货币,然后可以收籴粮米解决所需。

2. 摊派和籴

须政府采购的不止救灾粮、当地军粮,供应前线大军的军粮也须和籴。和籴的任务由江东转运使司下派,嘉定九年冬,陈宓到任未久,任务就来了:

> 连领使牒,催籴米一万三千石。某未到任前,已蒙三分减一,今此日见狼狈,某岂敢饰虚词罔严听,以一郡之民将滨沟壑隐蔽不闻,为罪滋大。用是不揆么微,辄陈悃愊,伏惟台慈察其实非避事,特赐免催,行下得熟州军收籴。③

江东转运使俞建多次下文,要求南康军纳和籴米1.3万石,而这还是减免三分之一的结果,以此可知南康军嘉定九年和籴额是2万石左右,按照当时的采购价,大约合5万贯。陈宓请求转运司改去其他未受灾州军收购。

经争取,所催额改为7 000石,进而又减为3 000石,但陈宓觉得南康军连3 000石也无法承受,故而请求全免;或者请转运司"发下官会",容他去江西路收购,且要稍宽期限④。嘉定十年春,俞建同意了

---

① 陈宓《复斋集》卷一四《与王总干书》,第457页。
② 陈宓《复斋集》卷一四《与江东谯提刑令宪四》,第444页。
③ 陈宓《复斋集》卷一四《与江东俞运使札一》,第447页。
④ 陈宓《复斋集》卷一四《与江东俞运使札二》,第448页。

陈宓发下官会的请求,进而又全部免除了南康军的和籴之额①。

嘉定十年,南康军可能未被派和籴。嘉定十一年八月,又有和籴任务:

> 昨日(遭)[漕]司又行下和籴万石,此间土产皆占米,晚禾不多,船粟闻此,恐不敢来。②

当时陈宓还提到:"此月初以来不雨,星子、都(日)[昌]田晚禾绝少,独建昌邑大,苗米居多,遭此,晚稻大可虑。"可见南康军晚稻虽不多,但又有旱灾之虞,故 1 万石米的和籴颇显艰难。不久后,陈宓提及了灾情,说八月到十一月连续四个月未下雨,其中建昌县受灾稍重③。最终建昌检放"及半月军食之数"④,也就是大概 1 000 石。相对于建昌县 2.2 万石的苗米额来说,这次检放不多。

实际情况可能比检放要严重,因为陈宓称:"邑中未免啬于蠲减。"⑤故嘉定十一年冬,陈宓又向转运使俞建诉苦:

> 宠谕令本军和籴,在属吏敢不禀承,事有利害,不容嘿嘿。本军连岁旱饥……今年虽(旱)[早]禾(未)[大]熟,然自八月不雨,至十一月,杂种荞麦,一切不收,米谷行已告竭,全籍米舟往来,价直幸未甚长。
>
> 今所在和籴,本军方欲施行,而米商闻之,来者便觉稀少,若抑之使粜,市价必增,贫民愈见皇皇。今本军晚禾既损,无可收籴,客舟又不愿和籴,不免差官吏于江西收籴,非三数月不办。欲乞照先准使台指挥,容本军逐急多方收籴三千石,其余二千石敢望台慈俯加怜察,特赐免籴,实一郡百姓之幸。⑥

---

① 陈宓《复斋集》卷一四《与江东俞运使札四》,第 448 页。
② 陈宓《复斋集》卷一二《与江州丁大监焞札二》,第 401 页。
③ 陈宓《复斋集》卷一一《与曹侍郎彦约札三》,第 393—394 页;卷一二《与危宫讲科札》,第 405 页。
④ 陈宓《复斋集》卷一四《与王总干书》,第 456 页。
⑤ 陈宓《复斋集》卷一三《与李司直燔札》,第 419 页。
⑥ 陈宓《复斋集》卷一四《与江东俞运使札四》,第 448—449 页。

从这封书札可见,南康军已经完成了一半之额,只是当年秋冬之旱影响了南康军的晚稻收成,故当地粮食供应已"全籍米舟往来",即向客商采购。而因为官府和籴往往抑价而为,所以客商避之不及,若强行推动,那必然导致当地必需的救荒粮、军粮采购不足。因此,陈宓请求减去 2 000 石之额。

3. 采购木料、造甲

嘉定九年陈宓到任后,立即就遇到了一桩江淮制置司派下的木材采购任务。他致札主管制置司公事(知建康府兼江东安抚使)李大东:

> 伏领台翰,俾拨淮西总所万缗收买寨木。……实缘庐阜大非昔比,江湖之冲民贫,以木为活,牛山之伐未足以(谕)[输]。某尝至山间,见小民担擎至城者甚不多,今招诱于郡门内致场收买,详见公状。欲乞念小垒旱荒特甚,亟赐支拨钱物下军,遂旋收买。所有总司钱既无许兑之文,徒致扞格,无益于事。①

制置司要求淮西总领所支付 1 万贯钱,由南康军采购制司所需木料,不过从陈宓的信看来,这 1 万贯实际未曾支付。到嘉定十一年秋,这项任务还未完成:

> 制置买寨屋木万缗,馨(休)[林]薮未必可供。②
> 缘制司以万缗来此市木,辞之不可,今已得过半,而所在皆牛山矣。某之定力不能牢辞,遂贻害于三邑。言之流汗。③

一年多后,南康军还只完成了一半额度。南康军木料采购的困难有二:一是总领所一直未拨下本钱,或本钱不足用;二是南康军所产木料不足以供所需。到当年冬至,陈宓说已改往袁州(治今江西宜春)采购木材④。

---

① 陈宓《复斋集》卷一四《与江东李安抚札》,第 451 页。
② 陈宓《复斋集》卷一二《与江州丁大监焴札二》,第 401 页。
③ 陈宓《复斋集》卷一一《与曹侍郎彦约札三》,第 394 页。
④ 陈宓《复斋集》卷一一《与曹侍郎彦约札四》,第 394 页。

大约在嘉定十年三月，陈宓又收到了"括金造甲之令"①。这项任务，可能就是朱熹时每年150副铁甲的延续，不过已经不止铁甲。陈宓写信给临近的知江州丁焴，向他请教"造甲于何色目内钱支"②，应该是得到了一些启发，至当年秋，他说：

> 纸甲且令诸邑于合解官钱内支造，郡以试券纸予之。铁甲既皆一出于郡，无一毫科诸邑。今此纸甲，只令诸邑办不为过。仁贤之虑犹恐有扰，则量给助之可也。姑俟造毕，别当申禀。③

据此，由南康军级财政负责铁甲；纸甲则摊派给三县，但"于合解官钱内支造，郡以试券纸予之"，即南康军供给物料（纸），又用县本应解军之钱支付，亦是一种"对补"。这些铁、纸甲最终费钱几何未知。

4. 月桩钱、军衣钱、不系帐钱

陈宓与朱熹一样遇到了月桩钱困境。朱熹时，南康军每月月桩钱3 600贯余，年额为4.3万余贯。陈宓也深觉月桩难以负担，向淮西总领宋钧请求减免④，又向真德秀诉苦：

> 都昌月桩欠（谁）[淮]东总所七千缗，不获已，郡为每月带补六百千，新年所欠又复，未知指准，大率不可为。⑤

根据这一描述，南康军都昌县欠下的月桩钱7 000贯余都由南康军代交。

嘉定十年春，陈宓提到了一项南康军的重大负担"军衣钱"：

> 兹有不容已之恳，冒昧申控：本军春衣当万五千余缗，目今尚阙五千缗，内二千六百五十缗乃使台赡用米水脚钱，每年依指挥截二千贯。连年旱涝不收，彷徨四顾，无策可施，已具公状，欲乞

---

① 陈宓《复斋集》卷一四《与袁州郑毅斋札》，第454页。
② 陈宓《复斋集》卷一二《与江州丁大监焴札一》，第400页。
③ 陈宓《复斋集》卷一二《与江州丁大监焴札二》，第401页。
④ 陈宓《复斋集》卷一四《与宋总领钧札》，第449页。
⑤ 陈宓《复斋集》卷一四《与真西山二》，第454页。

> 照数取未支二千六百五十贯余,应副春衣支遣,不胜幸甚。①

这里的春衣钱1.5万贯,很可能是指南宋朝廷对江、浙州军征调的"淮福衣"②,而不是本地禁军的军衣钱。陈宓到任时,南康军春衣钱1.5万余贯中的5 000贯尚无着落,他请依照惯例截转运司的"赡用米水脚钱"2 650贯余。

嘉定十年春,陈宓向同行请教"不系帐钱"事:

> [阙]行下诸州,取累政交割不系帐钱[阙]每郡[阙]不知大府不系帐若干? 尽以解否?③

这里的"不系帐"应该是指"不系省帐",也就是相对于"系省钱"而言的"不系省钱"。所谓省是省司之义,系省表示地方所留用钱物的所有权仍然归于中央④。不系省钱则在名义上有不属中央、地方自行支配之意,但实际上南宋的不系省钱也需要定期上报账目,朝廷有最终支配权⑤。公使库钱是不系省钱的大宗,前言陈宓到任后即以公使库钱1万贯左右籴米4 000石,说明南康军确实有一些家底。陈宓所说的"取累政交割不系帐",指朝廷要求将账目所见不系省钱上供,最终南康军上解了多少不清楚。

5. 住催军用与代输

从前述可知,陈宓在两个场合采用了代输、对补方案。一是南康军为都昌县代输所欠月桩钱,二是诸县从应上解钱内支付造纸甲之费。陈宓试图就南康军可统筹的范围缓解属县的财政压力。

嘉定九年冬陈宓到南康军后,向朱熹之子朱在陈述本军之困,特别是都昌县:

---

① 陈宓《复斋集》卷一四《与江东俞运使札五》,第449页。
② 包伟民《宋代地方财政史研究》,第104—107页。
③ 陈宓《复斋集》卷一二《与江州丁大监焴札一》,第400页。
④ 包伟民《宋代地方财政史研究》,第49页。
⑤ 王曾瑜《宋朝系省、封桩与无额上供钱物述略》,《中国经济史研究》2018年6期,第5—10页。

> 都昌通放八分以上，游宰所欠官物无所从出，但高卧慨叹。某招致到郡，见其所说财赋率多凿空，况此旱歉，彼惟有去志。不得已为申上司，其余军用只得尽已①。

都昌的游县令欠下不少官物，其中既有上供者，又有"军用"。这两种亏欠要用不同的办法处理。前者是申上司，或免或减或缓不得而知；后者是南康军所属钱物，即《永乐大典》引《南康志》所言"军用"——"军用系应副本军细碎支用"②，就是南康军自己的日常经费，故陈宓可以"尽已"，即停催。

陈宓后来说：

> 都昌一邑，连十余任不克终，盖皆非民不可治，自是少当才者。近年惟一邓宰政事可法，人至今思之。游宰大宽弛，常赋失催，前岁大歉，民颇安之。某不免以本军撙节之余代其补解诸司八千余缗，郡计缘此殊窘。③

> 此（问）[间]三邑，独都昌游宰、陈尉奋身儒学，刻意爱民，某今年只有两削，各以举之。……都昌月桩欠淮东总所七千缗，不获已，郡为每月带补六百千，新年所欠又复，未知指准，大率不可为。已力勉其究心耐事，郡中月解不敢趣之，而为其输上司之赋，不然则彼有去志，邑益坏矣。源流非一日，诚可叹也。④

此两信分别作于嘉定十年、十一年。其中所言，一是南康军为都昌县代输"上司之赋"，每年都在七八千贯，主要是指欠淮东总领所的月桩钱，已见前说；二是南康军停止向都昌县催"郡中月解"——此"郡中月解"就是前面所说的"军用"。

陈宓给了建昌县免催的优待，其他两个县自然也要参照施行：

---

① 陈宓《复斋集》卷一四《与朱寺（亚）[丞]在札》，第450页。
② 《永乐大典》卷一三二〇二引《南康志·军用》，许仲毅编《海外新发现永乐大典十七卷》，上海辞书出版社，2003年，第323页。
③ 陈宓《复斋集》卷一二《与章都大提刑札》，第404—405页。
④ 陈宓《复斋集》卷一四《与真西山二》，第454页。

> 而星子一岁亦三千余缗,悉皆蠲之,取办郡中撙节之费。建昌见两邑蠲减之多,不能无望,亦不敢督迫,与之分限。①

> 星子、都昌两县凿空取民之数一切蠲之,直以税务代输,若得数月,民力少宽。但恐愚顿不能集事,亟以罪去,不及见田里无愁叹耳。②

> 今仓中无兼月之粮,前后多为民户代输。③

上节提到,朱熹讥代输为剜肉补疮。但其实他离开不久,南康军就用了代输之法。绍熙四年(1193)四月,守臣主动请求用其他钱物代百姓输和买绢62匹,朝廷从之④。这只不过是在朱熹知南康军十余年后。到了陈宓之时,南康军代输属县赋税更是成了常见的举措。当然陈宓的代输颇因人下菜碟,比如看重都昌游县令、陈县尉故住催军用,星子县一年亦减3 000贯,建昌县则未必有这种力度。

### 6. 商税

南康军财政十分依赖商税收入。朱熹救灾之时,曾按照惯例减免了粮船力胜钱和部分杂物税钱,但商税没有调整。前人研究已经指出,很多地方的州军财政相当依赖商税⑤,尤其是南康军这样地处交通要道的州军。

但商税是把双刃剑,商税固然为南康军提供了财政收入,但过高的税负对依赖向客商收籴米斛的南康军来说也是阻碍,特别是在灾荒时节。受灾同时也带来大量的粮食采购需求,即对客商的需求,因此就把减商税的需求提了出来。嘉定九年冬,陈宓说:

> 目今蠲去市税及舟税等税以来,米商米亦有至者。⑥

---

① 陈宓《复斋集》卷一四《与朱寺(亟)[丞]在札》,第450页。
② 陈宓《复斋集》卷一四《与江东李安抚札》,第451页。
③ 陈宓《复斋集》卷一四《与袁侍郎燮札》,第452页。
④ 徐松辑,刘琳等校点《宋会要辑稿》食货70之84。
⑤ 汪圣铎《两宋财政史》,第541页。
⑥ 陈宓《复斋集》卷一四《与江东谯提刑令宪一》,第443页。

市税指商税（住税、过税），舟税应指力胜钱。嘉定十年春，他又说：

> 偶因蠲其力胜之税，米商四集，所及下过市井。①
> 征商昔称苛细，悉与宽减，以是商旅粗免怨嗟。②

正因减免了一些商税，商人运米至南康军有利可图，故市场上粮食充足，价格不高，以致提举常平司认为"市籴之平，未当赈济"。

陈宓在任期间一直维持了这个减税政策，每年所减商税 4.4 万缗，力胜钱减额尚不在其中③。据陈宓称，他到任以后"首惩河税苛刻，蠲减过半"④；"不得已削其太甚，减就中额"⑤。可知陈宓蠲减了约一半的商税额。作为对比，熙宁十年（1077）南康军的商税额为 29 344 贯⑥，考虑到物价、货币种类等因素，嘉定时 8 万多贯的商税额不算是很高的数字，若减到 4 万余贯（楮币），则确实已较低。有时候陈宓还给关系较好的邻官免税，如一次给知抚州赵师夏免除了 20 千⑦。

又据陈宓到任之初给朱在的信：

> 税务、盐袋外钱，照数年前例蠲减，一岁约折二三万缗，今无它策，只有洗手奉职，贬衣削食而已⑧。

"盐袋钱"当指食盐包装袋在工本费以外征收的某项息钱，应是商税的附加税之一⑨。据此信所述，蠲减税钱之前亦有人为之，只是数额不如陈宓多。

商税是南康军财政收入的大宗，故南康军财政若要维持下去，那么商税的减放必是有限度的，陈宓说：

---

① 陈宓《复斋集》卷一四《与江东谯提刑令宪二》，第 443 页。
② 陈宓《复斋集》卷一一《与邹给事应龙札三》，第 397 页。
③ 陈宓《复斋集》卷一一《与王侍郎居安札》，第 395 页；卷一四《与真西山二》，第 454 页；卷一二《与危宫讲科札》，第 405 页。
④ 陈宓《复斋集》卷一四《与江东章提举札一》，第 445 页。
⑤ 陈宓《复斋集》卷一四《南康到任与三府札》，第 440 页。
⑥ 徐松辑，刘琳等校点《宋会要辑稿》食货 16 之 11。
⑦ 陈宓《复斋集》卷一四《与抚州赵司直札》，第 453 页。
⑧ 陈宓《复斋集》卷一四《与朱寺（亟）[丞]在札》，第 450 页。
⑨ 郭正忠《宋代盐业经济史》，第 260—261 页。

> 郡仰商征以为用,某到官一岁所蠲已四万四千余缗矣,而士夫有不相察者,必欲尽蠲而后已。以此不能无谤,兹尤不宜久留于此。①

### 7. 陈宓的"成就"

陈宓大力蠲减、主动为属县代输、住催军用,但等他离任之前,财政竟然还有盈余。他说,得益于数年"中熟",他能在"经费外得钱万缗,籴粟五千斛以备水旱";又"铢寸所积,得缗钱七千",复建济民库,用借贷利息修筑南康军子城②。嘉定十二年闰三月,陈宓总结自己知南康军的表现:

> (某)误作此来,料理凋瘵,百弊近方小革。大抵军食比三年前加三之一,它费称是。每仰河征,某为蠲减,一岁至四万余。惟纲运挟商者不得志,往往腾谤。今将三政出纳计财为一册,洞见本末,虽使巧者欲为奸,有不可得。苟苴一味断绝,三县有无名之赋悉与蠲之,入少出多,郡计仅不至乏则幸矣。以此得罪于人不少。③

陈宓自言财政成就是:1)军粮、其他经费之储备增加了三分之一,收籴的军粮已经可以维持到八月秋收;2)蠲减了4万多贯的商税;3)严禁贿赂、蠲除三县不合理的赋敛;4)编制了连同自己在内三任出纳计财册。

第四点可能颇为重要。有了历任出纳计财册,其后南康军历任知军大体都须跟随陈宓的脚步——他所定下的财政收支规模。这也就意味着,他的蠲减或会成为故事,被后人所遵循。第一章所言宁国府李道传减加耗就一直被沿用下来,哪怕宁国府财政陷入困境。

可以从30余年后看到些许证据。据《永乐大典》引《南康志》:

---

① 陈宓《复斋集》卷一一《与王侍郎居安札》,第395—396页。
② 陈宓《复斋集》卷九《南康利民抵当库记》,第351—352页;卷七《南康筑子城说》,第334页;卷一四《回勉斋黄先生二》,第456页。
③ 陈宓《复斋集》卷一四《与王总干书》,第456页。

"军用系应副本军细碎支用。名色虽多,数目甚少,见皆住催。"①这条材料的前半句已见前引,以说明"军用"的性质。这里要提示的是后半句——"见皆住催"。《南康志》下文详细罗列了南宋宝祐元年(1253)南康军军用总额及各县所解数②,"见皆住催"意谓此时各县所负担的"军用"已经全部被南康军免除。

所免的"军用"到底有些什么窠名？数量是多少？把《永乐大典》本《南康志》所载数字校正后列为表2。从中可知,当年陈宓所免除的都昌县"郡中月解",如果就狭义来说,就是899贯的"月解钱"("月解军用"),此外军用预买钱每月10贯、役钱月解100贯、卖田钱月解15贯,合计1024贯/月。若广义而论,则还要加上其他以年为单位向南康军提供的粮米钱帛。这些在宝祐元年前"皆住催"。

表 2

| 窠名 | 南康军总额 | 星子 | 都昌 | 建昌 |
| --- | --- | --- | --- | --- |
| 粳、占正苗米(石,成年额) | 15 202 | 5 522(占米,加七耗) | 5 213(占米,加七耗) | 4 466(粳米加六耗,占米加七耗) |
| 赡用单筹米(石,宝祐元年) | 3 293 | —— | —— | 3 293(每年增86) |
| 糯米(石) | 1 024 | 523(加六耗) | 502(加六耗) | |
| 小麦(石) | 249(旧额,今无) | | | |
| 春衣绢(匹) | 194 | | | 194 |
| 春衣钱(贯) | 1 510【原阙,据建昌县数】 | | | 1 510 |

---

① 《永乐大典》卷一三二〇二引《南康志·军用》,《海外新发现永乐大典十七卷》,第323页。
② 《永乐大典》卷一三二〇二引《南康志·军用》,《海外新发现永乐大典十七卷》,第323—325页。

（续表）

| 窠名 | 南康军总额 | 星子 | 都昌 | 建昌 |
| --- | --- | --- | --- | --- |
| 冬衣绢（匹） | 1 601 | 18 | 500【原误作春衣绢】 | 1 083 |
| 冬衣绵（两） | 6 298 | —— | —— | 6 298（每年增36） |
| 冬衣钱（贯） | 1 725【当系都昌县水脚钱、建昌县冬衣钱之和】 |  |  | 1 675 |
| 水脚钱（贯） |  | —— | 50 | —— |
| 属县月解军用（贯/月） | 3 127【原阙，据都昌、建昌县数合计】 |  | 899 | 2 228 |
| 系省军粮军衣钱 | 1 110 | —— | 308 | 801 |
| 军用预买钱（贯/月） | 10 | —— |  | 10 |
| 役钱 | 3 840贯（成年） | 480贯/年 | 100贯/月 | 180贯/月 |
| 鱼池过步等钱（贯，成年） | 242 | —— | 242 | —— |
| 卖田钱（贯/月） | 45 | —— | 15 | 30 |
| 锡宴钱（贯，十八界会） | 500 |  | 200 | 300 |
| 大礼年分催赏给钱 | 2 678 | 250 | 500 | 1 928 |
| 助修贡院钱（贯，十八界会） | 650 | —— | 250 | 400 |
| 鹿鸣筵钱（贯，十八界会） | 130 | 50 | 40 | 40 |
| 楼店务地钱（文/日） | 107 | 107 | —— | —— |

（续表）

| 窠名 | 南康军总额 | 星子 | 都昌 | 建昌 |
| --- | --- | --- | --- | --- |
| 房廊白地赁钱<br>（文/日，现钱） | 316 | 316 | —— | —— |
| 房廊白地赁钱<br>（贯/日，十七界会） | 8.6 | 8.6 | —— | —— |

说明：

1.（）中的文字为原文所有，【】中的文字为笔者所加，——表示该县无此项负担；因贯石以下细数不计，总额与各县之和略有出入。

2. 有些钱额以17、18界会子计，而第17界会子是端平元年（1234）、第18界会子是嘉熙四年（1240）发行的①，故以17、18界会计者当非陈宓时代所有。

陈宓之后到宝祐元年间的"省赋"成就留下了很多问题，核心疑问是：州军到底用什么神奇手段，既应付了上供财政，又解决了本军所用，还减免大量本该征收的赋税？要排除的一点是：南康军财政始终宽裕。淳祐八年（1248）知南康军方岳说：

> 本军财赋上供十九，军用十二。向来郡计丰裕，犹欠三月军粮，比年以来，狼狈特甚。某以三月十二日交事，二十四日打请，凡该二千四百余石，而在仓见管三百石耳。②

所谓"打请"2400余石，大概也就是请领一月军粮，但当时南康军在仓只有300石，可见郡计"狼狈"。

如何在郡计不宽裕的情况下省赋恤民？陈宓的叙述其实已提供了部分答案。首先，他请求路、总领所、中央的减免或资助。但这在相当程度上是随机的，有赖于个人关系、荒歉等特殊时机。其次，陈宓时代较为彻底的货币化财政提供了可能性。如果财政仍然是以实物为主，突然把本军和籴、市木之额转到其他州军是不可能的；在实物财政下，代解也是不可能的，因为军府不可能短时期自备所有的物资。那么南康军用什么手段补足蠲减、代解、住催留下的空洞呢？

---

① 汪圣铎《两宋货币史》，第674页。
② 方岳《秋崖集》卷二四《与蔡宪书》，《景印文渊阁四库全书》1182，第440页。

卸任数年以后,陈宓对真德秀说:"某顷右星江,见事迟顿,(不)欲罢酒禁,夺于同寮之言,至今恨之。"①这说明,陈宓还曾考虑过开放酒禁而未成,所谓"夺于同寮之言",大概也就是财政收入不足之虑。陈宓这句话给人无限遐想:是不是还有许多如"酒税"之类他没有提及的"刻剥"之政以支撑各种所谓的"省赋恤民"之举呢?南康军的代输是不是能避免朱熹所痛批的"剜肉补疮"呢?

好在代输不是一个罕见的现象,往往以代纳、代解、对补、对减名目出现在各种场合。既然南康军的材料不足以回答上述问题,下文就其他地方的材料加以分析。

## 三、"代输"的形式与实质

代输、代纳在宋代史料中很常见,北宋的代输一般是指民户代邻户交纳赋税、欠官钱物,属于恶政之一。南宋仍然有这种用法,但更多指官府、官员代输百姓之赋税。有些材料提到,地方官员会以私俸代输百姓赋税,这一定不是普遍的状况,此处不论。那么,若用官钱代输赋税,代输的来源是什么呢?下面分析几个个案。

1. 袁甫在衢州的代解

宋理宗宝庆二年(1226),杨简的弟子袁甫知衢州(治今浙江衢州),到任之后按照惯例上"便民五事",其中就涉及蠲减百姓负担。

衢州下属西安、龙游、常山三县,多年以来两税"催科无方",亏欠衢州大量官钱,于是袁甫提出两个办法,一是蠲欠,二是代解。袁甫说,嘉定十七年(1224)之欠已"断不可催",当蠲且易蠲;宝庆元年之欠,有人认为还有可能催到,故难蠲;宝庆二年则谁都认为应该催还,无人认为当蠲。他的想法是:"蠲所易蠲,不足以苏民瘼;蠲所难蠲,乃可以纾民气。于是将二年通欠,亦行斟酌倚阁。"衢州的财政收入因此减少,那就只能节省开支。

---

① 陈宓《复斋集》卷一一《回真西山书二》,第381页。

衢州可以节俭度日，但上供钱不同，"皆系起解朝廷，诸色窠名分毫不可违欠"。既不能违欠，又不能再向诸县催纳，只能用"代解"之法：

> 本州适有岁卖江山酒息钱，前政旧管一万缗，益以臣到任之后今岁新收，可得二万五千缗。臣不免尽捐之三邑，以充代解之数。镂之板榜，揭之通衢，阖郡之民，欢声四起。臣所谓代解者，此也。既与蠲阁旧欠，又与代解官钱，即此两项合八万二千余缗。凡前日积累豫借，皆可整行销豁。宿弊一洗而尽，目今悉是正催。①

袁甫提出了一个看起来颇为妥善的解决方案：用江山县的酒息钱为三县代输上供官钱，共约2.5万贯。蠲欠加代输，就解决了三县旧欠的问题（合8.2万贯），"宿弊一洗而尽，目今悉是正催"——意思是，旧账就清了，以后就是当年催当年的。这就说明，袁甫的代输是一次性的。

为什么不能持续代输？袁甫接着说了"江山煮酒钱之弊"。先看袁甫的结论：

> 臣酌取中制，于旧例三万锱之内，三分杀一，止取二万，以新收息钱并旧管，尽以代三县起解上供诸色官钱。此今岁之数然也，来岁以后，此酒可以勿取。纵如今岁费用之多，亦可如臣所减之数，行之以渐，此酒断可住罢。臣愚欲望朝廷札下本州，证今来所申，限以二年，务要免行取卖江山煮酒，是亦宽民力之一端也。②

结论很简单，为了宽民力，江山煮酒钱也应在二年之后全面罢废。所以不可能以这宗收入永久代输。为什么江山酒息钱（煮酒钱）须罢呢？他说：

> 契勘本州创取此酒，岁有增数。其初止因入夏之后，官酝将竭，无以接续，则取此酒以佐之。在官有倍称之息，在民无阙沽之

---

① 袁甫《蒙斋集》卷三《知衢州事奏便民五事状》，《景印文渊阁四库全书》1175，第363—364页。

② 袁甫《蒙斋集》卷三《知衢州事奏便民五事状》，第364—365页。

患,不可谓非权宜之策也。一二年来,所取至三万缗,数益多弊益甚。其收买也,吏缘为奸,钱不时支,于是有酒户患苦之弊;其搬运也,舟陆有费,破损责偿,于是有人夫怨嗟之弊;其发卖也,官督吏胥,强以高价,于是有出卖不行之弊;其收息也,轻空渗漏,一切代还,于是有笞棰监系之弊。呜呼! 始欲谋利而终至繁刑,仁人君子亦何忍为此!①

煮酒是相对于黄酒澄清之后的生酒(清酒、小酒)而言的,生酒煮后即是熟酒(大酒)②。《宋人佚简》提到,当地三月到十一月卖"常酒",即生酒;十二月至二月卖煮酒。从袁甫提供的信息来看,江山县的煮酒出售季节是夏季,且煮酒是酒户所酿,然后官府向酒户采购煮酒,故有"吏缘为奸,钱不时支"之患;煮酒搬运过程中若破损,则人夫有赔偿之责,此亦一患;煮酒价格较高,出卖较难,为了完成课额就须层层下压,此又一患;有些民间买扑酒务者若不能完成课额,那么就要被收监以责其用家产补足,或者令邻保代还,此又为大患。因此,每年3万贯(袁甫减为2万)的课额,最终会传导到百姓身上,成为他们的负担。

可见,袁甫的代输之所以是一次性的,是由代输之来源决定的——袁甫认为,江山煮酒息钱本就是刻剥而来,须被废除。若代输持续下去,则只不过是把西安、龙游、常山三县百姓的痛苦转嫁到了江山县而已,正符合朱熹所谓"剜肉补疮"。

2. 吴潜代纳江东下户折帛钱

吴潜(1195—1262)为江东宁国府(治今安徽宣城)人,嘉定十年(1217)状元,上篇已提及他两任宰相事。吴潜的师承,《宋元学案》说他是邹斌的弟子,也就是陆九渊的再传③。当然也不能排除他父亲吴柔胜的家传,而吴柔胜被《宋元学案》列入朱熹的私淑弟子之中④。笼

---

① 袁甫《蒙斋集》卷三《知衢州事奏便民五事状》,第364页。
② 李华瑞《宋代酒的生产和征榷》,第21—23页。
③ 黄宗羲原著,全祖望补修,陈金生、梁运华点校《宋元学案》卷七七《象山门人·司石邹南堂先生斌》,中华书局,1986年,第2588页。
④ 《宋元学案》卷四九《晦翁私淑·正肃吴先生柔胜》,第1596页。

统而言,吴渊就是朱陆之学的再传。

绍定末端平初,吴潜出任淮西江东总领。他说自己"虽曰以赋为职,然未尝不为根本之虑"①。"根本之虑"即恤民,表现在:1)上任以后,蠲除了诸州军所欠17万余石米、18万余贯钱,释放了"数十百户"押纲官吏、船户以及被摊派的百姓。2)把诸州军应向总领所交纳的钱物降到合理的数字,"不敢律以祖额"。3)应付了一年四个月的经常之费及战争导致的非常之费,而原来交割到的钱米仍"桩管见存,不曾侵动"。4)拟用一笔钱代替江南东路第四、第五等户交纳端平元年夏税折帛钱。

这笔钱的来历与数目是:

> 偶有趱剩到钱七十八万贯文;又自到任以来,应干事例并诸司问(去)遗例册桩到钱七万贯文,两项通计八十五万贯文。臣既不敢以事苞苴囊橐,又不欲以羡余上污朝廷。窃见江东一路九州四十三县,频年水旱,加以官吏刻剥,民不聊生,田里细民尤为憔悴。臣尝取到各州县第四、第五等下户每年所纳夏税折帛之数,计该八十四万八百三十贯九百五十四文。臣欲将上项钱代纳端平元年两等人户夏税折帛钱一次,庶几闾阎畎亩之民稍苏目睫,或可以上称明时培植根本、爱养元元之意。②

这里提到了代纳所用钱的三个来源,一是"趱剩到钱"78万余贯,即总领所积累的结余经费,这是最大宗的;二是"事例"钱;三是"诸司问遗例册"钱。

关于结余经费,吴潜说,"前政总领商硕,在任两年零四个月,尝趱剩到钱五十万贯文,申献朝廷",可见趱剩钱并不罕见,但常见的处置方式是以羡余的名目上交朝廷。而吴潜则用以代纳下户折帛钱。

事例钱则是一种广泛存在于各种场合的手续费之统称。比如,

---

① 吴潜《许国公奏议》卷一《奏以趱剩、事例并诸司问遗例册钱代纳江东一路折帛事》,《续修四库全书》475,第105页。
② 吴潜《许国公奏议》卷一《奏以趱剩、事例并诸司问遗例册钱代纳江东一路折帛事》,第105页。

北宋熙宁时期,监安上门郑侠提到,市易务就收头子钱、市例钱(市利钱):

> 当立法时,取专拦所得市利钱以供专栏逐月食钱。不日事例钱,而以市利名之者,盖取孟子所谓"有贱丈夫,左右望而罔市利"之意以为名,是贱之也。①

这是交易中的事例钱,用于吏人逐月食钱。此外,黄榦提到:"盖苗税之所输者,有所谓事例钱者,县得之则以修廨舍、造器用、供过客、宴同官。"②黄震则提到,盐仓吏人乞"食例钱",就是"事例钱"之一种:"然事例既减,仓众亦何能尽给?"③

史料中还可见"常例钱",概因某种事例沿袭已久而成常例。如李昴英提及受纳苗米事例钱:

> 朝廷置仓受纳苗米,所以给诸军月请,计民之产而取之,甚非得已也。民之输官,剜肉补疮,岂其所乐哉!官员吏卒,每石立为定数而诛求之,不知作俑于何时,沿袭既久,目为常例。吏卒小人不足责也,官员自有俸禄,差充坐仓董纳,亦职分中事,乃公然取受,略无愧怍,习以成风,所在皆然。而钱数未有如江西之多也,故于未开仓之前,争营求为受纳官,上官或委之私人,明言照顾之,盖有一年在仓而获数千缗者,此钱何从来哉?皆民之膏血也。④

据李昴英言,各种事例钱多是法外之征,且刮分事例钱的有吏人,也有官员。可知最终落入官府账册中的事例钱,只是实际征收中的一部分,甚至是一小部分。

---

① 郑侠《西塘先生文集》卷一《市利钱》,《宋集珍本丛刊》24,线装书局,2004年,第506—507页。
② 黄榦《勉斋集》卷三七《催科辩》,《儒藏精华编》240上,第647—648页。
③ 黄震《黄氏日钞》卷八〇《所委官回申定秤裁食例等》,张伟、何忠礼主编《黄震全集》7,浙江大学出版社,2013年,第2250页。
④ 李昴英《文溪集》卷一一《蠲除受纳官事例钱判》,《景印文渊阁四库全书》1181,第182页。

吴潜又言"诸司问遗例册钱","问遗"即馈赠之意,诸司问遗钱即公使钱(公用钱)。所谓例册,即公使钱的合法收支名目。如北宋大观二年(1108)臣僚言,路长官及属官"巡历所至,止许收例册内馈送。仍乞今后于旧例册外别作诸般名目收受,并同监主自盗法立赏,许人陈告,仍不以赦降、去官原减"①。因此,所谓"诸司问遗例册钱",也就是指合法名义的公使钱结余。

公使钱的收与支在很多时候都是糊涂账②。孝宗淳熙九年(1182)赵汝愚知福州,言及福州公使钱从北宋初年的 500 贯增加到淳熙年间的 7 万余贯。这个惊人的增幅,在福州"多是于系省钱内取拨,全无限制"③。实际上公使钱来源并无一定之规,差不多的时间,朱熹劾知台州唐仲友:"违法收私盐税钱岁计一二万缗入公使库,以资妄用,遂致盐课不登,不免科抑,为害特甚。"④是为法外征收公使钱。

黄震还提到广德军(治今安徽广德)添差通判厅的公用钱来源:

> 本厅费用,如纲解遣人,如诸司缴匦,如迎新送使地里口券,国忌行香之有五更灯烛,院子茶酒司之有逐日油炭,与夫笔墨纸札、邸报承受、茶汤厨传、过客须索,凡费不可悉数。而考其费用之所仰,仅有契纸分数纸,每纸五十文,月可积三五贯官会。其余取给,乃分引日监县吏,使之以白撰公事钱供给,名曰办什物钱。……每见县吏之钱全出于推狱之手,拷掠人肌肤,破坏人家业,然后仅得之,分文以上,皆是冤痛。此正官司所当时时禁戢,安有为官反与日日分赃?岂惟分之,是又倡之,使之借为话柄,肆行无忌,此何等弊例而可袭之?⑤

---

① 徐松辑,刘琳等校点《宋会要辑稿》刑法 2 之 48—49。
② 参见佐伯富《宋代の公使钱について(上)(下)——地方财政の研究》,《東洋学報》47-1,1964 年 6 月,第 1—31 页;《東洋学報》47-2,1964 年 9 月,第 41—64 页。黄纯艳《论宋代的公用钱》,《云南社会科学》2022 年 4 期。
③ 黄淮、杨士奇编《历代名臣奏议》卷一九二,第 2519 页。
④ 朱熹《晦庵集》卷一八《按唐仲友第三状》,《朱子全书》20,第 830 页。
⑤ 黄震《黄氏日抄》卷七四《榜放县吏日纳白撰钱申乞省罢添倅厅状》,《黄震全集》6,第 2141—2142 页。

时度宗咸淳四年(1268)也。黄震所在的广德军添差通判厅之办公经费,除了每月三五贯会子来自固定窠名外,其余全部来自所谓"办什物钱",此钱全靠县吏推狱,"拷掠人肌肤,破坏人家业"而得之。黄震于此深感愧疚,他感慨:"盖凡官司之钱无一不出于民。明取于民者,是为科敛,其害犹小;不明取于民而取之吏者,是为椎剥,其害极大。"广德军的添差通判厅公用钱来自科敛加椎剥,其他州军大抵如此。

黄震痛感民间之苦,于是"榜放旧例日监县吏应办钱",即取消了县吏日供公事钱之旧例。为此,广德军拨下了别的窠名供其使用:"特拨在城地钱、张恩乡役钱两项以充本厅公用。"但黄震清醒地意识到这一操作可能的黑暗所在:"一窠名必有一支用,孔孔着实,必无空闲,未知前项所收在使军元准何用?今将何以充之而可移拨?"①他知道,在城地钱、张恩乡役钱原来肯定是有支用处的,今若移拨为添差通判厅的公用钱,那么其空缺必然需要用别的办法弥补,因此拒绝接受知军的好意。

如此,审视吴潜在江东路的代输,若不问其来源,则为甚善之举,但若追问总领所的趱剩钱、事例钱、公使钱之来源,则又难逃朱熹所谓"剜肉补疮"之讥。

3. 漳州代输丁钱

宋代赋税以资产为宗,丁口之赋逐步除放。具体到漳州(治今福建漳州)身丁钱,是在知建宁府兼福建运判袁甫、知漳州赵以夫的措置下,以他钱代输的结果②。其事在端平元年,具体内容见赵以夫的上札、刘克庄的记文。

赵以夫言:

> 照得本州民户丁钱,岁额一万七千六百九贯四十省,而累政相承不革罢者,盖以此项丁钱乃是转运司系省窠名,难于蠲免。

---

① 黄震《黄氏日抄》卷七四《回申本军拨隶窠名状》,《黄震全集》6,第2142页。
② 梁太济《宋代身丁钱物的除放过程》,原载《国际宋史研讨会论文选集》,河北大学出版社,1992年;收入《梁太济文集·史事探研卷》,上海古籍出版社,2018年,第540—556页。

则此丁钱积弊为害,有不容不罢者。窃考本州常赋之外,别有一项不济寺院租利钱,本是管下寺院无人住持,官司递年拘收田产花利桩管,以为州郡支遣,不知几十政矣。计其岁入,克除正赋外,次第可当丁钱之数。盖本州不曾经界,财赋多所失陷,前后州郡借此挨补,十数年来又有增入,凡苞苴互送厨传之供,胥此焉办。今世道清平,此等浮费可以痛节。欲捐此项钱,令桩一库,专为百姓代纳递年身丁,以宽民力。实计一州财赋之数,量入为出,略可支吾,方敢措置。乞赐主盟,备申朝省,特降指挥,永为定式。①

根据赵以夫所说,漳州丁钱每年 1.7 万余贯之所以一直不能免除,系因其乃系省窠名,非本州所能决定。最终所谓的免除身丁,不过是用"不济寺院租利钱"代纳,而此钱是官府所没入的寺院田产之收益,故于系省钱无所损。

问题也随之产生。赵以夫明确讲,"不济寺院租利钱"是一项历史悠久的窠名,"以为州郡支遣,不知几十政矣"。且漳州经费还颇依赖这笔收入,"前后州郡借此挨补""苞苴互送厨传之供胥此焉办",其实就是漳州的公用钱之一源。既然如此,以没官寺田租利代纳丁钱就没有看起来那么美好——因代纳导致的公使钱缺口 1.7 万贯又如何补上呢?是否会产生别的法外征敛呢?

《漳州府志》所载可能是赵以夫给路分长官的公札。据刘克庄记文:

> 安抚使真公某、大漕袁公某闻而击节,上于朝曰:"漳州此举,可为分符守土者法。"诏可其奏。②

当时真德秀知福州兼福建安抚使,袁甫知建宁府兼福建转运判官。史载,当年六月,"建宁府兼福建运判袁甫奏乞蠲漳州岁纳丁米钱,泉州、

---

① 赵以夫《代民户纳丁钱札》,陈洪谟修《(正德)大明漳州府志》卷一八,厦门大学出版社,2012年,第1063—1065页。
② 《刘克庄集笺校》卷八八《漳州代输丁钱记》,第3765页。

兴化军一体蠲放",朝廷从之①。故可能最终上朝请代纳的是袁甫,据《宋史·袁甫传》:"丁米钱久为泉、漳、兴化民患,会知漳州赵以夫请以废寺租为民代输,甫并捐三郡岁解本司钱二万七千贯助之。"②则可能袁甫用"三郡岁解本司钱"为泉州、兴化军代纳了丁钱,故三郡得以一体蠲放。所谓各郡每年向转运司所解之钱,一定也需要以其他的方式、在其他的地方补足。

以上三个案例基本上可以说明南宋大多数作为善政的"代输"之实质:用以代输之钱若来自固有窠名,那么必会在另一个地方以别的形式加诸百姓,甚至可能更为残酷。因此,这种普遍流行的代输其实是一种极为异化的善政,这正是朱熹拒绝它的最根本原因。

4. 取官田租代输

既然如此,若要使代输成为切实的而非形式化的善政,就不能在原有的赋税体系之内进行。即代输所用钱物,不应出自赋税。用官田之租代输,正是不同的思路。

(1)杨汝明泸州赡军田

绍定元年(1228),杨汝明(绍熙四年进士)知泸州(治今四川泸州)。杨汝明完成了一些一次性的代输,同时还购买田产设置永久性的代输机制。本来,朝廷出钱4万贯,在当地籴米2万石供应军粮。但到了绍定年间,因货币贬值、物价增长,每石米的价格已在10贯以上。如此,2万石米实际需要20余万贯钱,而朝廷下拨经费仍是4万贯,于是16万贯以上的缺口都要以各种形式摊派到泸州百姓身上。杨汝明到来之后,用泸州结余的20万贯钱购买了一批田产,"岁取租以代民输"。

杨汝明用官田之租代替百姓被摊派之和籴,这个做法令魏了翁深有感触。他认为,很多人都看到了供军给百姓的沉重压力,于是往往重复着"兵农合一"的主张,意图以此节约赡军开支。但魏了翁说,这

---

① 佚名撰,汪圣铎点校《宋史全文》卷三二,第2688页。
② 《宋史》卷四〇五《袁甫传》,第12239—12240页。

种方案原则上是对的,只是"有其义而无其制"。后儒以《司马法》臆测三代之制,使得井田制看起来反而是"厉民"之政:若75人出1革车、3甲士、4马、12牛,民众恐怕不可能承受。至于其他的营田、屯田之法都无法持久。相比之下,杨汝明"市田以供军"之策,真可谓"简而可久","使我喜闻而乐书之,庶几闻风而胥效"①。

杨汝明之策最大的特点,一是用官田,二是收实物租而非货币赋税。但是,在南宋末年的公田法之前,朝廷的基本策略是抛售官田②。财政货币化的程度更是日益加深,此已见前述南康军的案例。

数年以后,绍定六年魏了翁知泸州,有机会见证杨汝明之策的运行结果:

> 念民困于科籴,岁以四万缗籴二万斛,前官虽尝市田代输,而行之仅二年,乃以疆事之兴,鬻田以佐用度,此事中废。予为出少府余财,斛增直二千。虽然,不惟小惠不可遍也,亦恐人心不能尽同,行之久近未可知也。③

结局令人唏嘘。杨汝明所购之田,因为供军压力太大,被迫出卖折现,代输自然也就终止了。魏了翁自己也未能再兴此事,只是象征性地增加了2贯/石的收购价,且不知能维持多久。根据魏了翁的记载,泸州应还掌握着一些官田,他把田租分给了社仓、养济院、义冢之用,一如常例。

(2)叶武子处州代输折帛钱

绍定二年,曾经受学于朱熹的叶武子(?—1246)知处州(治今浙江丽水),在任上提出了一个代纳百姓折帛钱的方案,得到了朝廷的批准④。

叶武子所说的折帛钱是和买折帛。和买赋税化以后,就按照百姓

---

① 魏了翁《鹤山集》卷四八《泸州赡军田记》,《儒藏精华编》242,第769—770页。
② 漆侠《宋代经济史》,中华书局,2009年,第324—327页。
③ 魏了翁《鹤山集》卷四五《泸州社仓、养济院、义冢记》,《儒藏精华编》242,第727页。
④ 阮元编《两浙金石志》卷一一《丽水县奏免浮财物力札付碑》,《石刻史料新编》第1辑14,台北:新文丰出版公司,1982年,第10459—10461页。

的资产（物力）摊派，而物力又分为实业物力和浮财物力。实业物力指田产，在处州丽水县，一亩田根据其等次定为物力钱 5.9 贯到 0.4 贯不等。根据绍兴年间的规则，每 1 贯实业物力钱要折纳绢 3.89 寸，绢又须再折成钱交纳，比率是每 1 匹绢折 4.68 贯钱。最终，自壹等至肆等户（五等免），实业物力总计 86.85 万余贯。浮财物力类似于动产，自然就没有不动产土地那么好确认、计算，"凡行商坐贾、负贩营生之家，视其财利之丰约，以为物力之多寡，计利起敷"。绍兴年间确定的浮财物力祖额为 14.2 万余贯。丽水县的折帛钱，就从实业、浮财物力钱总 101.1 万余贯折绢帛，绢帛再折钱，总数 1.8 万余贯。此即折帛钱之由来。

在以资产为宗的赋税体制下，高资户会千方百计隐寄资产、降低户等以减轻自身负担。户等降低后，物力钱也随之降低。所以到了绍熙（1190—1194）年间，丽水县物力钱总额已降到 85.51 万余贯，于是地方政府只能提高折价，将每贯物力钱从折绢 3.89 寸增加到 4.6 寸，这样才能足额征收。此后处州有一次经界，经界后仍维持每贯物力钱折 4.6 寸绢的标准，但这只能完成祖额的实业物力部分，14.2 万余贯浮财物力相应的和买折帛钱无所从出，总计绢 1 140 余匹，折钱 5 300 余贯（作者案，1 140 余匹绢对应的物力钱应是 24 万余贯，而非 14 万余贯）。叶武子所要措置代输的就是这部分。他说：

> 近者州吏□□等盗用军资库官钱事发，臣已将各人断配，而簿录其田亩，填还官钱。今不敢出卖，止欲桩留此田，以岁收苗利约计壹千贯余，为民间代输上项浮财物力。尚欠肆千余缗，本州多方撙节用度，自为抱认，豁去县解之额。

代输来源有二，一部分是新没官田，"岁收苗利约计壹千贯余"，这是将田租变现后的数字。另一部分 4 000 贯余，由"本州多方撙节用度，自为抱认，豁去县解之额"，即处州自行筹措，免去丽水县之负担。这样看来,真正得自官田的代输仅是其中的 1 000 贯余,其余由州代输的 4 000 贯余,仍然是在原赋税体系内的移东补西。

所有这些案例,都说明了在地方治理中避免"剜肉补疮"式的"善政"是何等困难。唯一能避免代输黑暗面的,只有官田租代输。但杨汝明在泸州很快被迫将田出卖、得钱供军;处州叶武子用新没官田代纳折帛钱并无不妥,但却是相对微薄的来源。回到南康军,从嘉定到宝祐年间持续的代解或住催属县赋税,到底是以何种方式实现的就大抵可知了——恐不可能是官田租,而主要是货币化的剜肉补疮。

### 四、本章结语

本章分析了朱熹及其弟子陈宓在南康军的检放苗米和其他一系列"省赋恤民"努力,更分析了为何货币化代输是一种剜肉补疮式的异化善政。绍定三四年间,吴潜之兄吴渊知平江府,借他人之口述说自己的政绩:

> 子自开藩以来,减租蠲赋,弛征代输,修黉宫,治书院,葺浮梁,整仓宇,居养济,皆当为而为,宜也。乃若园池亭榭,毋乃不必若是乎![1]

蠲减、代输租赋,修文教,建便民工程,造供士大夫游憩之园林,是吴渊最得意的善政,也就是当时地方官员最认可的为政模式了。看来蠲减、代输皆已深入人心,广泛流行。这就有必要在南宋地方财政运作的整体逻辑之中理解这些"善政"的作用。

前文已经一再提及,货币化财政提供了移东补西的最大便利,是"代输"的前提之一。到了南宋后期,货币化财政也面临一些重大挑战。嘉熙二年(1238)冬,程元凤说及当时军粮缺乏,且在钱、米二者之

---

[1] 吴渊《太平郡圃记》,收入陈起编《江湖小集》卷七一,《景印文渊阁四库全书》1357,第 545 页。

中,"钱犹可办,米实难求",于是他提出了一策:

> 州县之间,岁纳苗斛,若以上[供]郡计论之,姑以一岁万石为准,使其所取亦止万石,是有定数,谁复议之?而斛面之赢余,名色之科取,以少而计,率一倍焉。故取一石则有二石之收,取五千则有[一]万之获,上供郡计便自可足,余五千石却另折钱。然此钱者上不解之朝廷,下不藏之州县,往往官吏视为己物,巧立名色,掩而有之。而况上供郡计之需,其数虽上万石,而人户合催之额,万石之外有赢,亦是折钱,并皆掩有。今天下之州县不知几百万石,而前所谓一岁万石者,姑约言之耳。夫当军士嗷嗷待哺之际,而州县合取之米乃公然而化为私藏;当国家皇皇窘匮之时,而官吏掩有之弊乃姑息而惮于改作。每一言及,令人短气。
>
> 臣前来之说,本是欲取所折之钱。由今而思,不若尽纳本色之米,各州各县多置仓廒,随处桩留,准备科拨。知通令佐通管簿书,不许侵移,不许折价。如有违戾,监司奏闻,下至士民亦许告首。如是则一岁之入可以得两岁之收,诸处之积可以蓄缓急之备。州县收米既富,又可宽之一分,官无苛征,民乐输纳,而公私之利不可胜计矣。不愈于费本而和籴,创名而横敛乎?①

程元凤此札与其他奏札混杂,这里所引是其中意思较为完整的一部分。他说及的问题是:1)地方州县在满足上供苗米额之外,增收大量附加税,少说也比原额多一倍,而这些额外附加税皆折钱征收。2)这部分折钱征收的赋敛大多落入官吏个人的腰包,所谓"上不解之朝廷,下不藏之州县,往往官吏视为己物,巧立名色,掩而有之"。3)他建议把地方秋苗额之外折钱征收的赋税改纳本色米,并桩留以供军,这样就可以减免和籴及其他苛敛。

程元凤提到的问题一,即多出一倍以上的附加税,又重重折钱征收,都是符合实际情况的。下篇第一章提及,张忠恕在宁国府时,苗米

---

① 程元凤《戊戌十月二十三日奏为州县受纳苗米不当折钱合尽纳本色以备军食》,程樟辑《明良庆会录》卷三,国家图书馆藏明刻本,第36a—37a叶。

实际征收额是原额的 2.6 倍。吴潜亦言及此种现象的普遍性：

> 臣闻五代乱世,苗米每石额外多取三斗,史犹讥之。今自江以南,二浙、江东西、湖南、福建诸郡,一石之苗有量至二石五六者,有至二石三四者,少亦不下二石一二。折纳之价有一石至二十千者,是曾五代不若也。……朝廷之斛,不过文思所降而已,两淮乃有所谓市斛,或一斛而当文思之三,或一斛而当文思之二。州县散钱不过一斛之价,其量于民则以市斛,其交于朝廷若上司则以文思。由此朝廷若上司虽降一百万缗,州县但以五十万缗已得一百万缗之米,所余皆归之官吏。①

加耗、大斛斗、重价折钱,这都是常用的额外赋敛手段。

程元凤和吴潜都说,这些额外赋敛大多落入官吏个人腰包,显然不符合实际。从张忠恕的例子来看,落入个人腰包的必然是少数,多数还是用作地方财政开支了,即所谓州用、军用。也正是这一点保证了"剜肉补疮"能落实下去。正因如此,程元凤的建议是不现实的:若将地方州县的附加税尽数归于朝廷,只会导致两个结果——或是地方政府的破产,或是地方政府再用别的形式法外加敛,椎剥百姓。

程元凤已经触及了一个非常根本的问题:为何南宋政府从未增加两税本色额以解决军粮供应问题呢?按照程元凤和吴潜的叙述,即使不考虑以两税为基准的苛捐杂税,两税的实际征收应该一直在增加,只不过增加的不是实物,而是货币。

这个问题若放在"省赋恤民"的思路下就可以得到部分解释。朱熹和陈宓提供了切实的例子,最直接的善政就是检放两税。而检放以分数进行,意味着两税额越高,检放数量越大。因此,维持凝固的两税额实际上给频繁、大规模检放两税设定了一个不怎么高的上限,若增加两税本色额反而导致朝廷税收的损失更大。下篇第一章所言宁国府是一个例子:宁国府的秋苗额原为 26 万余石,后来大概是 25 万余

---

① 吴潜《许国公奏议》卷一《应诏上封事条陈国家大体治道要务凡九事》,《续修四库全书》475,第 114 页。

石,但到了宝祐元年(1253),孙梦观言其在任之前的五年两税实收只有每年6—10余万石,其余皆因灾伤检放、转运司寄纳、诸县截留、远年逃阁、人户拖欠而失收,这里除转运司寄纳与人户拖欠外,其余三项皆与减负有关。这实收的数万石苗米,最终落到地方上"以充府用者,止万余石",但需要支出的官兵请给等各项杂支却有6万余石,故而宁国府"移东补西,委难支吾"①。

再以同在江南东路的饶州(治今江西鄱阳)为例,其秋苗本18万石,但到了宋理宗淳祐五年(1245),实际每年仅收8万石。其原因何在呢?据刘克庄的总结是:

> 某等窃郡计所以狼狈不可为者,非一朝一夕之故。询之郡人,以为自顷朝廷和籴,上户规避,各将产钱飞寄。昔日之上中户,皆化为下户,缘此苗米失陷。今须重新讨理板籍一番,一也。
> 
> 又自端平初,提举司因台臣建请,将本州斛面,每斛减二斗五升,岁失斛面二万五千斛。十二年间,计失米三十万斛,二也。
> 
> 鄱阳一县,财赋最多。数年缺知县,以往往人望而畏,莫肯注授,三也。
> 
> 自绍定元年至今十八年间,惟八年得稔,而十年皆以水旱减放,四也。拖照旧牍,绍定三年四年五年六年,袁提刑四次检放十七万八千余石。嘉熙三年,史提刑检放八万余石。此三数年内,租赋十分之中,失其七八。②

刘克庄所言原因有四:1)因为和籴据家产摊派,故上户为了规避负担,千方百计隐寄家产,降低户等,如此版籍失实,导致两税失收。2)在朝廷的号召之下,将"斛面"也就是附加税减少,每年少收2.5万石米,12年间失米30万石。在理宗朝,朝廷不断重申州县苛取两税秋苗米的

---

① 孙梦观《雪窗先生文集》卷一《癸丑轮对第二札(论州县财计)》,《宋集珍本丛刊》85,线装书局,2004年,第387页。
② 《刘克庄集笺校》卷七九《与都大司联衔申省乞为饶州科降米状》,第3536页。

禁令①,所以这也不是饶州所特有的状况。3）因缺官导致鄱阳县税收管理不善；前文提及,陈宓在南康军也有类似的情况。4）大规模、频繁的灾伤检放,18 年之中竟然有 10 年皆以水旱减放两税,其中最大宗的如袁提刑即袁甫四次共放 17.8 万余石,史提刑即史弥巩一年放 8 万余石。这两人都是极有政声的道学官僚。袁甫已见前,他于绍定二年任江东提举常平,绍定三年冬又兼提刑,"前后持节江东五年,所活殆不可数计",所为有检放、有住催,还多次申请朝廷度牒、钱物补助。② 史弥巩(1170—1249)字南叔,亦杨简弟子③,是权相史弥远的从弟,于嘉熙元年(1237)提点江东刑狱,亦以赈荒知名④。

以上信息有助于说明道学家推动的"减负"在南宋地方财政运作中占据何种位置。

蠲减赋税（包括减斛面、灾伤检放）是两税实物失收的重要原因,其影响当不亚于版籍失实。这带来的结果,一是其规模之大,限制了南宋直接提高两税额以解决供军问题的可能。两税额不得不被限制在一个固定的数字内,既是检放的上限,也成为其他征敛的基准。二是实物赋税的缺乏导致更加彻底的货币化财政,苗米本身、其他的供应军国物资、地方支用皆须用货币。而对大宗货币赋税的渴求,自然是各种法外苛敛的最大动力所在。

至于代输,本身自然不是刻剥的原因,但其背后是无尽的黑暗面。为了实现代输在内的种种对补（孙梦观所言"移东补西"）,地方州军将非法之敛打包在合法之征的形式中,尽可能提升财政收入,以增加回旋余地,就如前引程元凤所言。从这个意义上讲,张忠恕这样汲汲于财利、苛敛的道学官僚其实是常态,因为只有这样才可能维持地方财政平衡,进而落实蠲减、代输"善政"。宋代的财政困境肯定不是道

---

① 佚名撰,汪圣铎点校《宋史全文》,第 2624、2649、2677、2741、2751、2790、2795、2802、2816、2884、2905、2912 页,时间从宝庆元年(1225)一直到景定三年(1262)。
② 《宋史》卷四〇五《袁甫传》,第 12238—12239 页。
③ 黄宗羲原著,全祖望补修,陈金生、梁运华点校《宋元学案》卷七四《慈湖学案》,第 2484 页。
④ 《宋史》卷四二三《史弥巩传》,第 12637—12638 页。

学家导致的,但他们普遍的蠲减、代输行动与货币化军事财政的结合,加剧了问题的复杂性,省赋恤民已经异化,"天下平"绝不可能在这样一个逻辑下实现。

南宋末年的"公田法"在这种情势下就呼之欲出了。经界、限田自然是长久以来的呼吁,但必须要有一种动力,让人们认识到长期被忽视的官田的重要性,这就是货币化财政下异化的善政。实践证明,只有以官田租代输才是唯一可能避免剜肉补疮的做法。"公田法"由朝廷大规模推行,不是个别人的零星作为,它是实物化的官田租代和籴而不是剜肉补疮,它还是限田之法。

# 第四章　南宋末年的公田法与道学、道学家

南宋的货币化财政最终陷入了"和籴—造楮"的恶性循环："和籴"已变为抑配征购，侵害了百姓特别是主户的利益；朝廷为筹集军费又不得不超量发行楮币，严重影响了财政运转、百姓生计。为解决和籴害民与楮币超发两大问题，南宋末的权臣贾似道行公田法，冀扶大厦于将倾：其法以限田为名，将浙西太湖流域六郡官民户逾限之田回买①，设置官庄，收租以供军。由于回买过程中存在的种种问题，公田法引起了官僚、地主的强烈反对，贾似道身后之恶名相当程度与此政策有关。

公田法是南宋晚期史中被关注较多的课题。周藤吉之探讨了公田法的社会、财政、理论背景，实施过程，相关争议，公田经营等等②，其研究最早也最全面。此后中日学者在上述各方面作了进一步的探索③。不过，这些研究皆没有分析公田法的倡议、实施者的背景，尤其

---

① 六郡即安吉州（治今浙江湖州）、嘉兴府（治今浙江嘉兴）、平江府（治今江苏苏州）、常州（治今江苏常州）、江阴军（治今江苏江阴）、镇江府（治今江苏镇江）。
② 周藤吉之《南宋末の公田法》（上、下），《東洋學報》35、36卷，1953年3月、6月，第31—63、45—65页。
③ 较为综合的研究有：任崇岳《南宋末年买公田述论》，《河南大学学报》1990年4期，第57—61、22页；赵雅书《贾似道与公田法》，《第二届宋史学术研讨会论文集》，台北：中国文化大学，1996年，第607—624页；何忠礼《"为政不难，不得罪于巨室"——论贾似道的公田法》，《宋史研究论文集》第11辑，巴蜀书社，2006年，第253—270页。其中以何忠礼文最为全面。侧重从土地制度方面讨论的有：华山《南宋统治阶级分割地租的斗争——经界法和公田法》，《山东大学学报》1960年1期，第70—84页；吴旭霞《论南宋末年的公田法》，《江西社会科学》1986年6期，第89—93页；漆侠《宋代经济史》，第327—331页；杨际平《宋代"田制不立"、"不抑兼并"说驳议》，《中国社会经济史研究》2006年2期，第18—19页。侧重公田法渊源的研究有：草野靖《賈似道公田法の系譜》，《日野開三郎博士頌寿記（转下页）

是思想背景。而这一点正是本章所要着重用力的地方。本章试图说明:公田法是贾似道利用道学门徒推行的一项事业,它实际上是道学"絜矩之道"的落实。

此外,传统的认识是:道学尤其是其中的朱子学在南宋末年以空虚、不应世务著称,"略不知兵财政刑为何物";而道学的流行及其在现实面前的无能,又使得它成为贾似道揽权、败政的棋子①。现代学者大体继承了这种认识②。但是,对南宋末年公田法的考察,说明了道学家在持续落实"絜矩之道"的过程中对于南宋王朝军事财政的改造。

## 一、公田法的倡议者

公田法由何人倡议?《宋史全文》载,宋理宗景定四年(1263)二月,殿中侍御史陈尧道、右正言曹孝庆、监察御史虞虑及张晞颜提出以限田之法"救今日之急":官府购买官户逾限之田,收租以为军粮,进而也解决和籴一造楮的困局,"诏从之,寻置官田所,以刘良贵为提领,陈

---

(接上页)念论集:中国社会・制度・文化史の诸问题》,福冈:中国书店,1987年,第118—138页;刘复生《理想与现实之间——宋人的井田梦以及均田、限田和正经界》,《四川大学学报》2006年6期,第92—98、105页。侧重公田法财政、军事意义的研究有:汪圣铎《两宋财政史》,第180—188页;寺地遵《南宋末期、公田法の背景》,《史学研究》231,2001年1月,第22—37页;小林晃《南宋后期における两淮防卫军の统制政策:浙西两淮发运司から公田法へ》,《历史学研究》第923号,2014年10月,第1—17页,中译文收入邓小南等主编《过程・空间:宋代政治史再探研》,北京大学出版社,2017年,第272—291页。学位论文有:陈正庭《贾似道与晚宋政局研究》,中兴大学硕士学位论文,2009年,第83—112页;吕月忠《贾似道的公田法研究》,宁波大学硕士学位论文,2014年。

① 周密撰,吴企明点校《癸辛杂识》后集《贾相制外戚抑北司廒学校》,中华书局,1988年,第68页;《癸辛杂识》续集下《道学》,第169—170页。

② 廖寅《"小元祐"考:论南宋后期学术对政治的影响》,原刊《宋史研究论丛》第6辑,河北大学出版社,2005年,收入氏著《从内地到边疆:宋代政治与社会研究散论》,科学出版社,2018年,第78—90页;《"福华编":贾似道与南宋末年政治》,原刊《宋史研究论丛》第14辑(肖崇林、廖寅《"福华编":南宋末年贾似道执政时代述论》),河北大学出版社,2013年,收入《从内地到边疆:宋代政治与社会研究散论》,第91—117页。此外,英语世界的研究更关心道学思想与地方士人"地方转向"之间的联系,在某种程度也沿袭了南宋末年对道学"末流"的批评。参见本书前言。

訾兼检阅"①。据此可知,倡议公田法的有陈尧道、曹孝庆、虞虑、张晞颜四人。

又据周密《齐东野语》:

> 景定三年壬戌,贾师宪丞相欲行富国强兵之策。是时刘良贵为都漕尹天府,吴势卿饷淮东入为浙漕,遂交赞公田之事。欲先行之浙右,候有端绪,则诸路仿行之。于是殿院陈尧道、正言曹孝庆等合奏……御笔批依,而买田之事起矣。时势卿已死,良贵独任提领之职,以太府丞陈訾为(简)[检]阅官以副之。②

《咸淳遗事》则言,"先是都漕刘良贵、浙漕吴势卿、陈尧道、曹孝庆合奏"云云③。按,两处"都漕"当作"都曹",即都司,刘良贵景定五年八月以司农少卿兼知临安府之前,即任尚书省左司郎官④。又,吴势卿于景定三年八月为两浙转运判官,十一月为运副,十二月致仕⑤,则其以"浙漕"身份上言必在景定三年。

合诸书而论,当先有景定三年都司刘良贵、浙漕吴势卿之倡言公田法,后有景定四年陈尧道等四台谏之合奏,最终以刘良贵为提领、陈訾为检阅而施行。因此,公田法之倡议者当为刘良贵、吴势卿、陈尧道、曹孝庆、虞虑、张晞颜六人,尤以刘良贵、吴势卿为关键。

1. 刘良贵

刘良贵字贵德,温州人,淳祐元年(1241)进士⑥。刘向来被视为

---

① 佚名撰,汪圣铎点校《宋史全文》卷三六,第 2915—2916 页。
② 周密撰,张茂鹏点校《齐东野语》卷一七《景定行公田》,中华书局,1983 年,第 313 页。
③ 佚名《咸淳遗事》卷上,《景印文渊阁四库全书》408,台北:商务印书馆,1986 年,第 799 页。
④ 潜说友纂修《咸淳临安志》卷四九《秩官七》,第 3789 页。案,《宋季三朝政要》载此事云:"时刘良贵为都曹,继尹天府。"表述准确无误。见佚名撰,王瑞来笺证《宋季三朝政要笺证》卷四,中华书局,2010 年,第 286 页。
⑤ 潜说友纂修《咸淳临安志》卷五〇《秩官八》,《宋元方志丛刊》4,第 3796 页。
⑥ 佚名撰,张富祥点校《南宋馆阁续录》卷七,中华书局,1998 年,第 270 页。

贾似道党人①,前言其于景定年间任都司,亦可见深为贾所器重。也正因与贾之关系,宋末士人或称其为"贱丈夫"②,或称其为"贪墨之吏"③。

宋末元初的陈著(1214—1297)有多份给刘良贵的谢、贺启札。刘良贵任浙东提举常平后,陈著言:"晦翁条画,多见举行。"④概因朱熹曾任浙东常平。刘良贵任浙东帅后,陈著言:

> 恭惟某官揭斗之光,维岩其望。接起居先生之裔,斯道有传;居水心老子之邦,其文可法。以大规模而用世,有实事业之过人……续《荒政录》,不特寿朱晦翁之心;记清白堂,又将广范希文之志。⑤

此处又以朱熹事恭维刘良贵,更重要的是"接起居先生之裔,斯道有传"点出了刘良贵的家学渊源。

"起居先生"当指程颐的弟子刘安节(1068—1116),曾任起居郎⑥。刘黻(1217—1276)在其母《解氏墓志铭》中说,其弟应奎"继叔宝章阁待制、新知福州、兼福建路安抚使良贵后"⑦。可知刘良贵乃是刘黻之叔父。而刘黻为其从姑刘氏所作墓志铭云:"曾祖安仁,祖大年,父康民。余与从姑同曾祖云。"⑧如此,刘良贵之曾祖或即刘安仁。史载刘安节有弟安上、安礼、安义,其中"安义为叔氏后"⑨,未见安仁。

---

① 宋濂等《元史》卷一七三《叶李传》,中华书局,1976年,第4047页。
② 周密,张茂鹏点校《齐东野语》卷一七《景定彗星》,第320页。
③ 高斯得《耻堂存稿》卷二《八月十五日进故事》,《景印文渊阁四库全书》1182,第41页。
④ 陈著《本堂集》卷七〇《贺刘帅良贵升直宝章阁兼浙东仓札》,《景印文渊阁四库全书》1185,第354页。
⑤ 陈著《本堂集》卷六九《贺刘仓良贵浙东帅札》,《景印文渊阁四库全书》1185,第352页。
⑥ 朱熹编,戴扬本点校《伊洛渊源录》卷一一《刘起居》,《朱子全书(修订本)》12,上海古籍出版社、安徽教育出版社,2010年,第1066—1069页。
⑦ 刘黻《蒙川先生遗稿》卷四《母昌元郡太夫人解氏墓志》,《宋集珍本丛刊》86,线装书局,2004年,第571页。
⑧ 刘黻《蒙川先生遗稿》卷四《从姑刘氏墓志》,第572页。
⑨ 许景衡《横塘集》卷一九《宣义刘公墓志铭》,《宋集珍本丛刊》32,第354页。

这样看来,宋末元初的刘良贵、刘黻叔侄当非刘安节的直系后裔。

刘黻之学,在《宋元学案补遗》中被归入"慈湖私淑"之列①,即宗陆九渊门人杨简。这可能是因为刘黻曾建慈湖书院,而他早年因上书攻丁大全被安置南安军(治今江西大余)时:

> 尽取濂、洛诸子之书,摘其精切之语,辑成书十卷,名曰"濂洛论语"。②

看来,刘黻实际可能与程朱之学更为亲近。刘黻曾作朱熹、张栻、吕祖谦、陆九渊四人像赞,比较起来,对朱熹"振斯文""继绝学"的定位自是高于陆九渊的"卓学迈伦"③。因此,从陈著对刘良贵的恭维之词、刘良贵的家世及其侄刘黻的思想取向推测,刘良贵应是朱子学的门徒。

2. 吴势卿

吴势卿字安道,号雨岩,建安(治今福建建瓯境内)人,淳祐元年进士。弘治《八闽通志》载吴势卿小传:

> 宝祐中知处州,大旱,行义仓法,计口劝分。松阳盗起,纠率民义剿除悉平。尤留心学校,亲讲"四书"、《西铭》以淑后生。④

行义仓法、留心学校、讲"四书"与张载《西铭》,都显示了吴势卿极为鲜明的道学色彩。而且吴势卿自己在《祭蔡参政文》中也陈述了自己的师承:

> 天运难测,天意难明。朱夫子卒于庚申,而公薨于己未。甲子甫一周,哲人之萎者二,天运竟何如耶!翁季师友之并,自季公至公子孙父子也,而处其道不为不行,而亦未得以尽行其道,天意

---

① 王梓材、冯云濠编撰,沈芝盈、梁运华点校《宋元学案补遗》卷七四,中华书局,2012年,第4311页。
② 《宋史》卷四〇五《刘黻传》,第12242页。
③ 刘黻《蒙川先生遗稿》卷四《四先生像赞》,第570页。
④ 陈道、黄仲昭纂修《弘治八闽通志》卷六四《人物》,《四库全书存目丛书·史部》178,齐鲁书社,1996年,第479页。

竟何如耶！……呜呼痛哉！某辱公门墙,深自植立,梁木其坏,榱桷何为！①

"公薨于己未"指蔡杭(1193—1259)于开庆元年(1259)七月自参知政事致仕后即卒②。祭文中之季公为蔡元定(1135—1198),字季通,于朱熹在师友之间,故祭文云"翁季师友之并"。蔡杭为蔡元定之孙、蔡沈(1167—1230)之次子。吴势卿作为蔡杭的门人,可谓相当嫡系的朱子学门徒。

在南宋判例集《名公书判清明集》中,吴势卿留下了25篇判词③,其中最为突出的内容就是对豪民、奸吏的惩治。此外,刘克庄所作制词颇称许吴在淮东总领任上的表现,称其"于财殚粟竭之际,收士饱马腾之效";"承泽竭之余,当水毁之后。招诱有方,措置得宜。无疾声大呼,不低估高量,而岁额五十万斛告足"④。吴势卿在总领所任上负责和籴,必然亲见其弊,故后来力主公田法就可以理解了。

3. 陈尧道

景定四年倡议公田法的台谏官陈尧道、曹孝庆、虞虑、张晞颜四人留下的材料已不多,惟陈尧道可略赘数语。

陈尧道字敬之,兴化军(治今福建莆田)人,端平二年(1235)进士⑤。陈有《平湖集》行于世,刘克庄为其序云:

> 公之文多万言,少千字,出入经史,贯通伦类,操笥立就,初不经思。虽踏壁冥搜者不能逮,及其研理学,衍师说,章分句析,千条万绪,会归于一,虽立雪饱参者有愧色。至于表、笺、启、记、序、

---

① 此文原载《翰苑新书》别集卷一二,惟作者误作吕雨岩,《全宋文》编者察而正之,见《全宋文》349,第25页。
② 《宋史》卷二一四《宰辅表五》,第5638页。《宋史·宰辅表》误作蔡抗。
③ 陈智超《宋史研究的珍贵资料——明刻本〈名公书判清明集〉介绍》,收入中国社科院历史所宋辽金元史研究室点校《名公书判清明集》附录七,中华书局,1987年,第682页。
④ 《刘克庄集笺校》卷六九《吴势卿除军器监依旧淮东总领》,第3229页;同卷《吴势卿籴足五十万石特转朝奉大夫》,第3230页。
⑤ 佚名撰,张富祥点校《南宋馆阁续录》卷八《官联二·秘书郎》,第309页。

铭、跋、古律诗,汇分胪列……可谓无昆体之偏,而得洛学之全矣。①

刘克庄称赞陈尧道"研理学,衍师说",其文"无昆体之偏,而得洛学之全",且《宋史·艺文志》载陈撰《中庸说》十三卷②,这些都说明陈尧道是程朱之学的传人。宝祐四年(1256)陈尧道给新修《仙溪志》作序,表彰仙游县"尧舜道统之传盛于孔子,而尊经有阁;周程道统之传恢于朱子,而肖像有祠"云云③,表现出典型的朱子后学色彩。

## 二、提领、督催与分司官

前已提及,公田法开始后,以刘良贵为提领,而陈訔为检阅官以副之。周密《齐东野语》又载:

> 遂檄府丞陈訔往湖、秀,将作丞廖邦杰往常、润,任督催之职。六郡则又有专官:平江则知郡包恢,抚参成公策;嘉兴则知郡潘墀,抚干李补,寓公焦焕炎;安吉则知郡谢奕煮,寓公赵与訔,抚干王唐珪,临安察判马元演;常州则知郡洪穗,运属刘子耕;镇江则知郡章坰,漕司准遣郑梦熊;江阴则知军杨珏,准遣谢司户、黄伸。并俟竣事,各转一官。选人减一削,守臣并以主管公田系衔。……
> 遂立四分司:王大吕平江,方梦玉嘉兴,董楷安吉,黄震镇江、常州、江阴三郡。……至咸淳戊辰正月,遂罢庄官,改为召佃……时提领官编修黄梦炎也。既而常、润分司刘子澄力陈毗陵向来多买虚数之弊……④

据此可知,参与公田法实施的官员可分为四类:

---

① 《刘克庄集笺校》卷九八《序·平湖集》,第4117页。
② 《宋史》卷二〇二《艺文一》,第5052页。
③ 陈尧道《仙溪志序》,收入《仙溪志》卷首,《宋元方志丛刊》8,第8270页。
④ 周密撰,张茂鹏点校《齐东野语》卷一七《景定行公田》,第314—316页。据刘一清撰,王瑞来笺校考原《钱塘遗事笺校考原》卷五《公田专官》校改,中华书局,2016年,第139页。"刘子耕"或作"刘子庚"。

一、提领官：刘良贵、黄梦炎，检阅官陈訔为副；

二、督催官：陈訔（安吉州、嘉兴府）、廖邦杰（常州、镇江府）；

三、分司官：王大吕（平江），方梦玉（嘉兴府），董楷（安吉州），黄震、刘子澄（镇江、常州、江阴军）；

四、各郡专官：包恢、成公策（平江府），潘墀、李补、焦焕炎（嘉兴府），谢奕瀿、赵与訔、王唐珪、马元演（安吉州），洪穟、刘子耕（常州），章垧、郑梦熊（镇江府），杨珏、谢司户、黄伸（江阴军）。

史料所见以上官员共计25人，大致可分两大类：一是提领、督催与分司官，为中央派出，或统管公田事，或一人分管一郡至数郡；二是郡专官，以知郡为首，辅以幕职、寓公，每郡二至四人。本节先述前者，人数最多的各郡专官将在下节考述。

1. 提领官黄梦炎

首任提领官刘良贵已见上节，咸淳四年（1268）时的提领官为"编修黄梦炎"。黄梦炎（1203—1272）是元代著名文人黄溍（1277—1357）的曾祖，故有较详细的传记资料传世。下面以黄溍《记高祖墓表后》《桂隐先生小传》为基础[①]，结合其他材料，对他的履历略作考述。

黄梦炎为婺州义乌（治今浙江义乌）人，淳祐十年（1250）进士，曾入京湖制置大使吴渊（1190—1257）幕府担任准备差遣，此当在吴渊任京湖阃的宝祐三年三月至五年正月间[②]。京湖幕之后，黄梦炎又入淮东幕；而自淳祐十年三月至开庆元年担任淮阃的是贾似道[③]。据黄溍所言，黄梦炎在地方任职期间的功绩主要是平反冤狱、蠲放租税。景定元年，黄梦炎在临安任武学教谕，与吴渊之弟宰相吴潜关系颇深[④]。

---

① 黄溍著，王颋点校《黄溍集》卷一〇《记高祖墓表后》，浙江古籍出版社，2013年，第365—366页；卷一九《桂隐先生小传》，第701—702页。
② 佚名撰，汪圣铎点校《宋史全文》卷三五，第2841、2855页。
③ 钱大昕《十驾斋养新录》卷八《两淮制置》，陈文和主编《嘉定钱大昕全集》（增订本），凤凰出版社，2016年，第230页。
④ 吴潜《许国公奏议》卷四《十四日具奏论士大夫当纯意国事》，《续修四库全书》475，第201页。吴潜提到，程元岳"教令武学谕黄梦炎致曲于臣"。

继而黄梦炎出通判平江府,同年吴潜被贬谪,黄梦炎受牵连,罢职奉祠而归。不过,可能是因为曾入贾似道之幕,他不久即入淮东制置司幕。而景定年间的淮阃为李庭芝①,系贾似道之旧僚。

度宗咸淳初,黄梦炎被召至临安任司农寺丞,曾为内藏库征列郡欠负事上言,乞加变通。咸淳四年,黄梦炎任公田提领官时还是枢密院编修官,而咸淳五年七月其系衔是朝散大夫、行太常丞、枢密院编修官、兼权尚右郎官②。据黄溍所记,此后黄梦炎"历兼右司及吏部之尚右郎官、户部之左(官)曹郎[官],皆仍兼编修"。这些经历一则可说明黄梦炎多次担任财政职务,当长于理财;二则枢密院编修官、右司郎官为宰相之属,非得宰相贾似道之器重不能得。但黄溍说,黄梦炎正是不愿意奉行贾似道风指,故而"久在朝行,不过庶僚;乞补一郡,亦靳弗予",最终引年致仕,显系不实之词。

2. 督催官廖邦杰

公田督催官有陈訔、廖邦杰,陈訔还担任公田检阅官,为刘良贵之副手,但其人事迹不详。

廖邦杰为南剑州顺昌(治今福建顺昌)人,据《嘉靖延平府志》:

> 廖邦杰字怀英,顺昌人,淳祐间知建宁县,修学官、增学廪、辟贡士庄、建惠宁仓、创仁寿庐。岁饥疫,治药饵糜粥以济民,全活者甚众。咸淳间以帅参摄军事,尝修图经,他政绩亦多。③

可知廖邦杰在地方颇行善政:兴修学校、设贡士庄资助士人、建义仓、创仁寿庐以养疾病之人。他某种程度上是在模仿朱熹高弟廖德明:仁寿庐正是廖德明庆元二年(1196)知兴化军莆田县时所创:"即县南为舍

---

① 钱大昕《十驾斋养新录》卷八《两淮制置》,第230页。
② 黄梦炎《报忠观置田记》,单庆修、徐硕纂《至元嘉禾志》卷一七,《宋元方志丛刊》5,第4539页。
③ 陈能修,郑庆云、辛绍佐纂《嘉靖延平府志》卷一八《人物志四续附》,《天一阁藏明代方志选刊》29,上海古籍书店影印,1961年,第28b叶。

一区,牓曰'仁寿之庐',使凡道路往来疾病之民咸得以托宿而就哺。"①

咸淳九年,廖邦杰在顺昌县建双峰书院,书院祭祀杨时、廖刚、朱熹、廖德明;因廖刚学于杨时,廖德明学于朱熹,故而廖氏二人在"伊洛之道"南传中有相当特殊的地位,廖邦杰此举为的就是"著道南渊源之学"②。刘辰翁(1232—1297)、刘将孙(1257—?)父子先后为双峰书院作记。刘辰翁云:

> 自绍兴中丞公刚以谏显,至庆元间运使公义刚为朱文公高第,又百有余年而其孙邦杰持乡节过之,乃以运使公配中丞公祀,为双峰书院,养生徒。③

刘辰翁此言庆元间"运使公义刚为朱文公高第"云云,殊费解,据刘将孙之记:

> 所祀二廖公,盖邑人高峰尚书刚,字用中,与龟山游,学问名节推重建炎绍兴间,没谥文肃。槎溪经略德明字子晦,为晦庵高弟,《语录》中问答最多。宋咸淳中,提举廖邦杰以里族持乡节,奏建书院邑中,奉四先生。④

可知双峰书院所祀二廖为廖刚、廖德明无疑,则刘辰翁所谓廖义刚当即廖德明。既然如此,廖邦杰就是廖德明之孙辈了。廖邦杰建双峰书院自可增重自己程朱之学嫡传的身份。

文天祥称赞廖邦杰说:

> 传心正学,行世清规……收海若之波涛,定夫正学;布浙江之雨露,朱子常平……惟君子之祥刑,自圣门之恕学。推广不冤之

---

① 朱熹《晦庵集》卷八三《书廖德明仁寿庐条约后》,《朱子全书(修订本)》24,第3941页。
② 陈道、黄仲昭纂修《弘治八闽通志》卷四五《学校》,《四库全书存目丛书·史部》178,第187页。
③ 刘辰翁《须溪集》卷二《南剑双峰书院记》,《景印文渊阁四库全书》1186,第427页。
④ 刘将孙《养吾斋集》卷一五《重修南剑路顺昌县双峰书院记》,《景印文渊阁四库全书》1199,第141页。

条贯,发挥无讼之本原。①

此为廖邦杰任湖南提刑后文天祥之交代启,彰显了廖氏朱子后学的色彩。不过,一向在地方行仁政的廖邦杰,在推行公田法时却颇有酷吏之风:"邦杰之在常州,害民特甚,民至有本无田而以归并抑买自经者。"②

3. 分司官

分司官应是公田分司干办公事之简称③,景定分司官同时有四人,即王大吕、方梦玉、董楷、黄震,咸淳时刘子澄当为黄震之后任。此外,《宋史·徐经孙传》言,徐经孙"所荐陈茂濂为公田官,分司嘉兴"④。

王大吕、方梦玉、陈茂濂的材料不多。董楷为台州临海(治今浙江临海)人,宝祐四年进士,"初为绩溪簿,直冤狱、赈饥馑、修城捍水;擢守洪州,有惠政,终吏部郎";而且他曾"从潜室陈器之得朱子再传之学,所著有《克斋集》,又尝合程朱《易》为一书"⑤。按陈埴字器之,号潜室先生,朱熹晚年弟子⑥。这样的话,董楷也是朱子学的第三代人物。

方梦玉和董楷执行公田法应相当尽力,另一位分司官黄震提到,他曾经接到尚书省札,"备坐董提干、方提干连衔条画公田事件,札某照应遵守"⑦。董提干、方提干无疑就是董楷和方梦玉,可见他们提出的公田分司条画得到了朝廷的认可。

诸分司官中,黄震的资料最为丰富。黄震字东发,慈溪人。学界一般都认可朱熹—辅广—余端臣—王文贯—黄震这一学术脉络,且黄

---

① 文天祥《文山先生全集》卷一一《通交代廖提刑邦杰(号恕斋)》,《宋集珍本丛刊》88,第660页。
② 《宋史》卷一七三《食货上一》,第4195页。
③ 黄震《黄氏日抄》卷七七《辞免除直宝章阁兼少府长史第二申》,《黄震全集》7,第2191页。
④ 《宋史》卷四一〇《徐经孙传》,第12348页。
⑤ 洪若皋等纂修《临海县志》卷七,《中国方志丛书·华中地方》第五〇九号,台北:成文出版社,1983年,第522—524页。
⑥ 陈荣捷《朱子门人》,台北:学生书局,1982年,第219页。
⑦ 黄震《黄氏日抄》卷七三《辞省札备他官条具令遵守状》,《黄震全集》6,第2131页。

震也曾受业于张栻的再传弟子王遂,他既是朱子学的传人,也是程朱之学的"修正者"①。

黄震与公田法的关系,据《宋史》本传云:"公田法行,改提领官田所,言不便,不听,复转般仓职。"②黄震乃分司官而非提领官,此一误。而且黄震并不反对公田法,只是对施行中的弊端多有批评。他向叶梦鼎论公田法施行中的问题,学者常引及。在信中,黄震提出的意见主要是关于公田租课的:民田变成官田后,亩租原来如是一石,就降为八斗;但各县地方官机械执行此令,无论田之肥瘠,全都收八斗租,这对于那些本来产量、租课就低的田土无疑是虐政。虽然黄震提出了这些意见,但他在信中明确说,公田法本身是"大丞相赤心体国,久入思虑,欲一劳永逸,为万世建养军便民之策",只是在执行过程中各县不能执行良法美意③。

黄震还提出了其他的意见④,如认为创立分司因不经州县,吏卒无所忌惮、必将扰民,一如他反对茶盐分司的设立;二是镇江、江阴军本来不承担和籴,常州则只承担半数和籴,这些地方"或未尝种田而令纳租,或本非种稻而令纳米";三是军粮本来只要糙米,却令常州舂折白米,增加两成的负担。此外还有地方官以大斗收租。所有意见中,他对创立分司反对最为激烈。

黄震辞免公田分司官后,"复转般仓职",仍和公田法干系甚大,实际他是受命整顿公田租的仓储、转运事宜。他上任后即处理了镇江、常州等地几所官庄所纳米色粗恶的问题,并且陈述了官田租在运输、仓储环节遇到的重大困难,以致自劾⑤。

---

① 侯外庐、邱汉生、张岂之《宋明理学史》第二十二章"程朱理学的修正者——黄震及其思想",第622—644页。张伟《黄震与东发学派》,人民出版社,2003年,第172—271页。
② 《宋史》卷四三八《黄震传》,第12992页。
③ 黄震《黄氏日抄》卷八四《与叶相公(西涧)》,《黄震全集》7,第2284—2285页。
④ 黄震《黄氏日抄》卷七三《申省控辞改差充官田所干办公事省札状》《辞省札备他官条具令遵守状》《辞省札令就常州置司状》《辞省札发下官田所铸铜印及人吏状》《辞提领所帖令就常州置司状》《申提刑司乞批书离任状》,《黄震全集》6,第2129—2135页。
⑤ 黄震《黄氏日抄》卷七三《回申省札状(咸淳元年)》《申提刑司区处交米状》《申提刑司自劾乞去状》,《黄震全集》6,第2135—2137页;卷八四《与叶中岳》,第2285页。

总之，黄震的批判主要针对公田法执行中出现的问题，至谓"不知朝廷何负于士大夫，而士大夫之负国乃如此乎？"而对于以官田取代和籴的思路，他是非常赞成的，谓"自是当今之良策"①。后咸淳七年(1271)黄震知抚州，不但力请蠲减和籴以纾百姓之困，还请以本州没官田庄之租代和籴之数，谓"本州有没官三邹庄、谭胡庄、阿郑庄米三万余石，见充军饷，与浙西公租代和籴充军饷事体正同"②。这些代输与公田法一样，避免了货币化代输的剜肉补疮。黄震由仕宦所见，深觉当时民穷至极，原因就是"困于椎剥"③，公田以代和籴在他看来确实是宽恤良法。

黄震之后的镇江府、常州分司刘子澄为吉州太和（治今江西泰和）人，嘉定十三年（1220）进士④，其小传见万历《吉安府志》：

> 刘子澄字清叔，泰和人，嘉定间进士，尝为匠簿，知枣阳。后较画史厓军事，为贾似道所忌，连贬。子澄负侠气，刘将孙称其有史才，其论文欲出韩柳欧苏上。曾居赵葵幕府……壮岁为建安真氏门人，后隐庐山而终。所著有《玉渊稿》及《平淮疏》《补史》行于世。⑤

这段材料系年混乱，须结合元人刘将孙《跋刘玉渊道州九嶷山虞帝庙碑稿后》考察。

刘子澄知枣阳军（治今湖北枣阳）当是宋理宗初年事，此地为宋金前线。子澄后入两淮阃幕，刘将孙云："与诛山东之叛，著《平淮疏》

---

① 黄震《黄氏日抄》卷七三《辞省札发下官田所铸铜印及人吏状》，《黄震全集》6，第2132—2133页。
② 黄震《黄氏日抄》卷七五《乞借旧和籴赈籴并宽减将来和籴申省状》，《黄震全集》6，第2160页；《八月初一日以运司牒派和籴申省状》，第2166—2167页；《咸淳八年六月十六日乞减和籴申省状》，第2169页；《申安抚司乞拨白莲堂田产充和籴庄》，第2175—2176页。
③ 黄震《黄氏日抄》卷六九《戊辰轮对札子》，《黄震全集》6，第2069页。
④ 余之祯修，王时槐纂《万历吉安府志》卷五《选举一》，《日本藏中国罕见地方志丛刊》，书目文献出版社，1991年，第66页。
⑤ 余之祯修，王时槐纂《万历吉安府志》卷二八《艺文传》，第404页。

《史补》,繇是佐二赵。甲午入东京,贬谪道州,归居南康。"①"二赵"即赵范、赵葵兄弟,所谓"与诛山东之叛",指赵范、赵葵于绍定四年(1231)诛李全于扬州事②。"甲午入东京"则是指端平元年(1234)六月南宋以赵范、赵葵、全子才为统帅的"收复三京"之役,是役以宋军溃败告终。刘子澄是全子才军中的参议军事③,为幕僚之长,"不务持牢,而望风先偾",故而亦被责④。端平二年闰七月,全子才与刘子澄又因在蒙军进攻唐州(治今河南唐河)时夜遁而被削二秩,分别谪居衡州(治今湖南衡阳)、瑞州(治今江西高安)⑤。贬道州(治今湖南道县)当在此后。

《吉安府志》小传又云:"后较画史嵓军事,为贾似道所忌,连贬。"语焉不详亦不确。刘将孙记云:"最后从史岩之沿江参议军事。会白鹿矶入相,恚沿江争功,并按前飞语,罪谪封州。"⑥这是指开庆元年蒙古攻宋,忽必烈、贾似道于鄂州对峙事,"白鹿矶入相"指贾似道以功入相。当年十月,宋廷命史岩之为沿江制置副使,自下游应援鄂州⑦。但景定元年五月,史岩之落职解官,因为他在鄂州解围、元兵北还后才出兵⑧,刘子澄显然也被累及。

《吉安府志》小传又谓"壮岁为建安真氏门人",按真德秀卒于端平二年,则从学当是理宗朝前期之事。可知尚豪侠且出入兵间的刘子澄,也是一位道学的门徒。而他的南贬封州(治今广东封开),或许主因不在于史岩之解围怠慢,更不是贾似道怒其他阃臣争功,而是刘将孙所说的《道州九嶷山虞帝庙碑》得罪了理宗,"有摘其语怒穆陵"。

---

① 刘将孙《养吾斋集》卷二六《跋刘玉渊道州九嶷山虞帝庙碑稿后》,《景印文渊阁四库全书》1199,第 250 页。
② 《宋史》卷四一《理宗一》,第 794 页。
③ 吴泳《鹤林集》卷二一《缴全子才降一官录黄》,第 163 页。
④ 吴泳《鹤林集补遗》卷五《刘子澄降授承务郎赵楷降授宣教郎制》,第 328 页。
⑤ 佚名撰,汪圣铎点校《宋史全文》卷三二,第 2702 页。
⑥ 刘将孙《养吾斋集》卷二六《跋刘玉渊道州九嶷山虞帝庙碑稿后》,《景印文渊阁四库全书》1199,第 250 页。
⑦ 《宋史》卷四四《理宗四》,第 867 页。
⑧ 《宋史》卷四五《理宗五》,第 873 页。

很可能该碑涉及以虞舜处象影射理宗待济王①。

度宗登基以后，刘子澄很快得赦，此后事迹不详。隐居庐山前，他于咸淳间任公田分司官。《吉安府志》言其尝为"匠簿"即将作监主簿，刘将孙又称其"故国子监簿"，皆其所兼之中央职事官。元朝人认为，公田法行于浙西六郡，但镇江府为害最甚，盖因贾似道痛恨镇江人丁大全（？—1263），故而"严责所委官常润分司刘子澄、漕司准遣郑梦熊、知府张炯"欺取人户田土②。若此说不误，则刘子澄较早就任镇江分司官回买公田，亦扮演了酷吏角色。

### 三、六郡专官

前已提及，六郡专官以知郡为首，辅以路府属官、寓公。要注意的是，除个别人物如包恢外，知郡并非专为公田法而设。

1. 平江府

平江府专官为知郡包恢、浙西安抚司参议官成公策，后者资料不多。包恢（1182—1268）字宏父，建昌军南城（治今江西南城）人，嘉定十三年进士，最后仕至签书枢密院事，事迹见《宋史》本传。包恢"自其父扬、世父约、叔父逊从朱熹、陆九渊学"③，他的身上集了朱陆两个学统。但是，晚年的包恢绝非仅仅普通的朱陆后学之一而已，他自己说：

> 某之先君子从学四十余年，庆元庚申之春，某亦尝随侍坐考亭春风之中者两月。④

> 我先君从文公学四十有余年，受其启诲最多且久……庚申之

---

① 真德秀于端平元年六月十二日有三奏札，第一札即言济王事，见真德秀《西山集》卷四《召除礼侍上殿奏札一》，《儒藏精华编》241，第136—139页。读札之时，真德秀对理宗言"陛下之处济王不如舜之处象"云云，见《西山集》卷四《得圣语申省状》，第146—147页。参见本篇第一章第三节。
② 脱因修，俞希鲁纂《至顺镇江志》卷六《赋税》，《宋元方志丛刊》3，第2701页。
③ 《宋史》卷四二一《包恢传》，第12591页。
④ 包恢《敝帚稿略》卷五《跋晦翁先生二帖》，《景印文渊阁四库全书》1178，第758页。

春,又尝躬拜先生于考亭而受学焉。①

包恢之父包扬先师事陆九渊,后又入朱熹之门②。此言包扬从学朱熹四十余年,且庆元六年(1200)春,包恢得以随父见朱熹于考亭,而当年三月朱熹就去世了。到了理宗后期、度宗朝,道学群体中像包恢这样能亲见朱子者已是凤毛麟角,地位胜过普通道学门徒。比如,绍定二年(1229)夏,包恢之叔父包逊至浦城县(治今福建浦城),家居的真德秀先在县学与官员、学子同见包逊,"会于堂上者凡百数十人,闻君讲说,莫不耸动",可谓盛况空前;继而真德秀又请包逊至家塾讲学,其所讲"明白切至,听者欣然忘倦";真德秀感慨,包逊早从朱陆二先生游,而他自己生也晚,不及拜见二先生,但能获闻包逊之论,"亦足以识其师传之所自矣"③。可见朱熹亲传弟子在时人心中的地位。包恢晚年,"度宗至比恢为程颢、程颐"④。则他在当时可谓道学群体中的宗师级人物。

《宋史》本传云,包恢"历仕所至,破豪猾,去奸吏,治蛊狱,课盆盐,理银欠,政声赫然"⑤,他还有数次用兵讨寇的经历。晚年还曾为建昌军申请减免和籴⑥。不过,在公田法的施行中,包恢据说是个酷吏:"公田令行,人心不服,一路骚然。朝廷除包知平江府,专领公田。行以峻急,至施肉刑。"⑦

2. 嘉兴府

嘉兴府专官是知府潘墀、安抚司干办公事李补、寓公焦焕炎。其中李补的资料很少。

---

① 包恢《敝帚稿略》卷五《跋晦翁先生帖》,《景印文渊阁四库全书》1178,第758页。
② 黄宗羲原著,全祖望补修,陈金生、梁运华点校《宋元学案》卷七七《象山门人》,第2589页。
③ 真德秀《西山集》卷三六《跋包敏道讲义》,第827—828页。
④ 《宋史》卷四二一《包恢传》,第12593页。
⑤ 《宋史》卷四二一《包恢传》,第12593页。
⑥ 刘埙《水云村稿》卷一四《代申省乞蠲租免籴状》,《景印文渊阁四库全书》1195,第495—497页。
⑦ 刘一清撰,王瑞来笺校考原《钱塘遗事笺校考原》卷五《公田赏罚》,第140页。

## 第四章　南宋末年的公田法与道学、道学家　259

潘墀字经之,端平二年进士①,淳祐十一年(1251)七月至宝祐元年(1253)七月添差通判严州(治在今浙江建德)②。景定三年(1262)五月,潘墀以太府少卿兼国史院编修官、实录院检讨官兼太子侍读除秘书监,十二月除右文殿修撰差知嘉兴府③,次年春迎来了公田法的施行。吴师道(1283—1344)所编《敬乡录》载:

> 潘墀,金华人,尝为处州教授,因蜀人所编《朱子语类》中《论语》一门补其未备者,为《论语语类》。号介轩。④

由此可知,潘墀亦是朱学门徒。他在《宋元学案》中被列入"鲁斋学侣"⑤。鲁斋即王柏(1197—1274),既有家学,又从朱熹再传弟子何基学,王柏《跋介岩潘公帖》一文即为哭潘墀而作。⑥

焦焕炎是绍定二年武举第一人,⑦但其"以儒传家,幼有声场屋"。⑧焦炳炎、焦焕炎兄弟本宁国府太平县(治在今安徽黄山市)人,后寓居嘉兴;淳祐七年,郑清之、史宅之曾行括田之议,焕炎之兄炳炎因反对而去国⑨。焦焕炎入仕后,"除阁门舍人,兼淮西制司计议,抚督有恩,人乐为用"⑩;淳祐末知池州;⑪景定元年知镇江府⑫,为其最终之

---

① 佚名撰,张富祥点校《南宋馆阁续录》卷七《官联一·秘书监》,第249页。
② 钱可则修,方仁荣纂《景定严州续志》卷二《添差通判题名》,《宋元方志丛刊》5,第4362页。
③ 佚名撰,张富祥点校《南宋馆阁续录》卷七《官联一·秘书监》,第249页。
④ 吴师道《敬乡录》卷一三,《景印文渊阁四库全书》451,第396页。
⑤ 黄宗羲原著,全祖望补修,陈金生、梁运华点校《宋元学案》卷八二《北山四先生学案》,第2743页。
⑥ 王柏《鲁斋集》卷一二《跋介岩潘公帖》,《景印文渊阁四库全书》1186,第188页—189页。
⑦ 胡榘修,方万里、罗浚纂《宝庆四明志》卷一〇,《宋元方志丛刊》5,第5122页。
⑧ 单庆修,徐硕纂《至元嘉禾志》卷一三,《宋元方志丛刊》5,第4504页。
⑨ 单庆修,徐硕纂《至元嘉禾志》卷一三,《宋元方志丛刊》5,第4503页。刘权之修,张士范纂《乾隆池州府志》卷三七《名宦上》,《中国地方志集成·安徽府县志辑》59,江苏古籍出版社,1998年,第525页。
⑩ 黎晨修,李默纂《嘉靖宁国府志》卷八中,《天一阁藏明代方志选刊》23,上海古籍书店,1962年,第36b叶。
⑪ 刘权之修,张士范纂《乾隆池州府志》卷三七《名宦上》,《中国地方志集成·安徽府县志辑》59,第525页。
⑫ 解缙等编《永乐大典》卷一四六二七,中华书局,1986年,第6607页。

任。当公田法施行时,焦焕炎已致仕乡居,故以寓公的身份参与。

3. 安吉州

安吉州专官为知州谢奕焘、寓公赵与訔、安抚司干办公事王唐珪、临安察判马元演。景定元年,谢奕焘任将作监,制词为刘克庄所草:"尔生相阀而无贵介之习,联戚畹而有谦愻之行,出典名城以治办闻,入主剧曹以心计称。"①所谓生相阀、联戚畹,指谢奕焘为宰相谢深甫之孙辈,于理宗谢皇后为兄弟行。谢奕焘曾知衢州②,景定三年之前知嘉兴府,还因救水灾而得嘉奖③。景定三年后,谢奕焘知安吉州④,任上推行公田法。

赵与訔(1213—1265)乃赵孟頫(1254—1322)之父。赵在中央任职的时间不长,淳祐九年后主要担任的就是路分长官(转运判官·使副、提举常平义仓茶盐、提点刑狱、安抚使)、主管发运司、总领财赋、知州府,咸淳元年(1265)三月卒于户部侍郎任上,与财政相关的职任居多;其中,景定三年十月至四年九月间,他以言者免江东转运使之任,提举隆兴府玉隆万寿宫⑤,其间寓居安吉州助行公田。此前,淳祐七年郑清之、史岩之括田时,赵与訔曾为田事所主管文字⑥,这段经历或许与他被任为景定公田专官之一不无关系。

王唐珪小传见于明代方志:

> 王唐珪字廷玉……淳祐元年登进士,亲老归养,十年不仕。丙辰授绍兴府法曹,乙巳差尚书省检阅官分守平江。未几摄监察御史,(廉)[兼]察事,适当轮对,珪上封事言:平天下之道正心诚

---

① 《刘克庄集笺校》卷六一《谢奕焘将作监》,第 2923 页。
② 沈杰修,吾冔、吴夔纂《弘治衢州府志》卷八《宦绩》,《天一阁藏明代方志选刊续编》31,上海古籍书店,1962 年,第 262 页。
③ 《刘克庄集笺校》卷六六《知嘉兴府谢奕焘升直敷文阁》,第 3130 页。
④ 栗祁、唐枢纂修《万历湖州府志》卷九《郡守》,《四库全书存目丛书·史部》191,第 181 页。
⑤ 赵孟頫著,钱伟强点校《赵孟頫集》卷八《先侍郎阡表》,浙江古籍出版社,2012 年,第 217—218 页。
⑥ 周密撰,吴企明点校《癸辛杂识》别集下《史宅之》,第 292—293 页。

意为本;守令不职,实由宰辅奸邪罔上。不以副封达时[宰],贾似道怒,讽御史陈坚弹罢之。①

可知王唐珪于宝祐四年为绍兴府司法参军;乙巳为尚书省检阅官云云,"乙巳"或当作"乙丑",即咸淳元年;守平江则当为误记,或是以官田所检阅官至平江府。小传失载王唐珪景定四年以抚干任公田专官事。轮对上言为咸淳七年任司农寺主簿时事②,其完整内容已失传,观其所言"平天下之道正心诚意为本"云云,则无疑已受朱子学说的沐浴。

马元演为四明人,宝祐元年进士③。元人袁桷记云:

> 马光祖婺州人,号吏师。改署佐其府,性过急,断决无停滞,一时新进效之。乡有马元演,时为仁和县,晨坐廯决事五百,县大治,改官奏举皆出马公,后为衢州,坐杀饥民罢。④

此言马元演效法马光祖为政,改官荐举亦出马光祖。按,景定元年马光祖任沿江制置大使、江东安抚使、知建康府时作新安乐庐,马元演适在其幕任江东安抚司准备差遣,不但参与其事,且受命作记文。记文提到,他在宝祐五年任富阳县尉时就入马光祖之幕府,文末又自称门生⑤。而马光祖系大儒真德秀门人,马元演《安乐庐记》已言及,马光祖亦有自述⑥。不但如此,马光祖还深受陆学传人袁甫的影响⑦。如此,马元演不但继承了马光祖的吏师风范,也继承了他的道学。咸淳

---

① 熊子臣,何镗纂修《万历栝苍汇纪》卷一二《往哲纪》,《四库全书存目丛书·史部》193,第653页。
② 佚名撰,王瑞来笺证《宋季三朝政要笺证》卷四,第345页。
③ 马泽修,袁桷纂《延祐四明志》卷六,《宋元方志丛刊》6,第6233页。
④ 袁桷著,杨亮校注《袁桷集校注》卷三三《先君子师友渊源录》,中华书局,2012年,第1530页。
⑤ 周应合撰,王晓波校点《景定建康志》卷二三,第1113—1114页。
⑥ 周应合撰,王晓波校点《景定建康志》卷三一,第1452页。
⑦ 袁甫《蒙斋集》卷一五《马实夫字说》,《景印文渊阁四库全书》1175,第509页;同卷《深息说赠马实夫》,第511页。

五年,马元演通判临安府①,知衢州当在此后②。

4. 常州、镇江府、江阴军

三郡专官共七人:洪穟、刘子耕、章坰、郑梦熊、杨珏、谢司户、黄伸,可考者不多。

洪穟于景定四年四月知常州,五年十月罢③,他是南宋中期名臣洪咨夔(1176—1236)之犹子④。后出任过浙东提刑、度支郎中⑤。

知江阴军杨珏为绍定二年进士,四明人⑥,明成化《宁波郡志》有其小传,先述其在上虞尉、赣州教授、知饶州德兴县任上之善政,如兴修学校、追捕奸豪、设显惠仓赈贫民;次叙景定间入对条陈三策;最后述及其参与公田法事:

> 及郡县行公田,公(田)[曰]:"政所以利民,不利而行之,如吾民何?"遂[却]不行。御史朱貔孙劾之,免官归里。郡民莫不悲泣。⑦

根据这一记载,杨珏实际未曾推行公田法或推行不力而被劾。

## 四、本章结语

以上考察了近三十位公田法的倡议者、实施者,由于南宋末史料的残缺,相当部分人物无从考察,或者资料相当简略。这些人中,两任

---

① 潜说友纂修《咸淳临安志》卷五三,《宋元方志丛刊》4,第 3828 页。
② 沈杰修,吾冔、吴夔纂《弘治衢州府志》卷八《宦绩》,《天一阁藏明代方志选刊续编》31,第 262 页。
③ 史能之纂修《咸淳毗陵志》卷八《官秩》,《宋元方志丛刊》3,第 3022 页。
④ 《刘克庄集笺校》卷六五《洪穟大理寺簿》,第 3073 页;洪咨夔《平斋文集》卷一〇《题洪崖图》,侯体健点校《洪咨夔集》,浙江古籍出版社,2015 年,第 266 页。
⑤ 陈著《本堂集》卷六八《通浙水洪宪穟缴札》,《景印文渊阁四库全书》1185,第 342 页;卷六九《贺洪宪穟冬至札》《贺浙东洪宪穟除度支札》,第 347、349 页。
⑥ 马泽修,袁桷纂《延祐四明志》卷六,《宋元方志丛刊》6,第 6231 页。
⑦ 杨寔纂修《宁波郡志》卷八,《中国方志丛书·华中地方》第四九号,台北:成文出版社,1983 年,第 580—581 页。据嘉靖《宁波府志》卷二七补正,嘉靖三十九年刊本,第 24b—25a 叶。

提领官刘良贵、黄梦炎是宰相贾似道所信任的宰属,其余许多人有财政方面的专长。但这些都是不足为奇的,在零散的信息中,更引人注目的是官员们的思想倾向。

公田法可考的倡议者刘良贵、吴势卿、陈尧道皆为道学的传人;专为公田法而设的督催官、分司官中,可考的廖邦杰、董楷、黄震、刘子澄皆为道学传人。各郡专官资料有限,但专为公田法而派出的知平江府包恢是当时道学的宗师级人物,嘉兴府专官潘墀、安吉州专官王唐珪和马元演亦皆为道学门徒。因而,公田法可谓贾似道利用道学门徒推行的一项事业。宋末元初周密言贾似道"专用"道学家,有"尊崇道学"之名,上篇第二章已经就中央官员分析过此说,本章就公田法而论也确非虚言。

到南宋晚期,道学无论是在社会还是政治上都已经广泛流行,道学后人倡议、参与公田法本应理所当然。但是,前人在考察公田法思想渊源的时候,虽提及叶适(1150—1223)、魏了翁、刘克庄(1187—1269)等人的某些议论①,反而忽略了公田法所处的思想环境,而本章的考察可揭示"道学"在这一重大历史事件中的渗透。

贾似道说:"国计困于造楮,富民困于和籴,请官买公田,免和籴,住造楮。"②公田法的基本立意之一,是要缓解和籴对上户的压力,无疑属于减轻民众负担的善政。所以有人说,按此法之本意,"公家之利如此,民间之利如彼,可谓仁之至,义之尽矣"③。但是,抵制和籴的亦多为上户。故前人早已指出,公田法以"限田"为说辞,也就是以"摧兼并"为名的社会改革。

从"摧兼并"来说,道学官僚在推行公田法时表现出了严酷的作

---

① 周藤吉之《南宋末の公田法》(上),《东洋学报》第35卷,1953年3月,第33—37页。何忠礼《"为政不难,不得罪于巨室"——论贾似道的公田法》,《宋史研究论文集》第11辑,第257—258页。
② 佚名撰,汪圣铎点校《宋史全文》卷三六,第2916页。
③ 徐经孙《宋学士徐文惠公存稿》卷三《上丞相贾似道言限田》,《宋集珍本丛刊》83,第259页。

风。这方面的零星记载如督催官廖邦杰在常州致人自经,分司官刘子澄在镇江欺取田土,包恢在平江府以肉刑从事。若论以雷厉风行乃至严厉的手段推行政事,则有吴势卿、包恢、杨珏、黄震惩治豪民奸吏,包恢还曾领兵杀盗百余人①,马元演则杀饥民。咸淳七年黄震知抚州,在劝粜时严厉警告上户:"是我性命朝廷所生也,土田朝廷所保也,而富亦拜朝廷赐也,生杀予夺皆在朝廷,虽贷我粟、赋我财,或甚而夺我富,其何不可!"②他还派人至闭粜之家,强行发廪赈民③。总而言之,公田法中的道学家,表现出了酷吏而非教化长者的一面。

前人所言公田法思想渊源中,端平二年道学家魏了翁的议论最为贴合后来的公田法,他主张清查包括史弥远家族在内的浙西"豪夺武断之家"非法获取的田产,"并与代钱追赎以入于县官,则不惟可以济军实之用,亦以伸吏民久郁之气"④。同年,真德秀门人王迈建议朝廷用数千万楮币强行换取"天下数十大家以富强号于其乡者"之铜钱,以解决楮币贬值的难题,且言:"台臣尝言,权贵之夺民田有至数千万亩或绵亘数百里者,何疑而不没之官?"⑤他们的议论都展现了严苛的一面。

结合上章所论,没收豪强之私田为公田,以公田租代和籴,这种做法最接近于魏了翁甚为赞许的杨汝明在泸州买田代输和籴、叶武子在处州以没官赃田代输折帛钱,是诸多代输方案中最能避免剜肉补疮的操作。因此,公田法在取消和籴的意义上即减轻赋敛,在"限田"的意义上是挫形势豪强而保护平民,又避免了一般货币化代输的黑暗面。它可以说是一举多得、最为完备的"絜矩之道",为的就是解决"四海

---

① 包恢《敝帚稿略》卷一《奏平获浦寇札子》,《景印文渊阁四库全书》1178,第 706 页。
② 黄震《黄氏日抄》卷七八《四月十三日到州请上户后再谕上户榜》,《黄震全集》7,第 2202 页。
③ 黄震《黄氏日抄》卷七八《四月二十五日委临川周知县(滂)出郊发廪榜》《第二榜》《第三榜》《五月二十五日委乐安梁县丞发粜周宅康宅米》《六月二十日委乐安施知县(亨祖)发粜周宅康宅米》《又再委施知县榜》,《黄震全集》7,第 2206—2210 页。
④ 魏了翁《鹤山集》卷二〇《乙未秋七月特班奏事》,《儒藏精华编》242,第 357 页。
⑤ 王迈《臞轩集》卷一《乙未馆职策》,《景印文渊阁四库全书》1178,第 463 页。

困穷"的社会现实,是南宋道学家行动的最后高潮。

从道学官僚持续的"省赋恤民"之举可见,道学及道学家对南宋政治的影响,绝不仅仅发生在临安朝廷,更笼罩地方施政。在临安朝廷,道学的政治主张与实践以"明明德"为核心,容易给人政治伦理化、空疏的印象。但为了落实"絜矩之道",道学家在地方施政中绝非萎靡、迂缓、空虚,其作为亦远不止于教化、义仓等等,而是深入兵刑钱谷这些王朝生存的基础。公田法最能体现道学的"絜矩"理论,它的实行使得南宋军事财政由货币化的和籴部分转向实物化的公田租[1],造成了更强烈的社会冲击,无论其对于挽救南宋的效果如何,都是一种深刻的变化。

---

[1] 参考朱家源、王曾瑜《宋朝的和籴粮草》,《文史》24,中华书局,1985年,第132—133页;亦见王曾瑜《锱铢编》,河北大学出版社,2006年,第436—439页。包伟民《论宋代折钱租与钱租的性质》,《历史研究》1988年1期,第149—150页。

# 全书结语

本书分上下两篇,上篇关于君主支配模式,下篇关于道学对王朝的改造。基于这些论述,可以对宋王朝的形态有些什么认识呢?

今天的学者与一般读者都比较倾向于相信宋代是"士大夫政治"时代,认为宋代士大夫有强烈的主体意识,以道自任,对抗政统;又在制度上落实了诸多权力制衡机制以限制君权;甚至赋予宋代政治以强烈的现代自由主义和君主立宪色彩。

本书不同意这种判断,更愿意回到"君主专制论""家产制国家论"这两种经典的学说。这两种学说共同揭示了一点:传统君主制的核心特质,是把作为家计的主奴关系扩展于政治领域,因此君臣关系底色就是人身性的依附关系。在现实政治中,越与君主接近,臣僚的依附色彩越浓重,极端的如君主与宦官就是一种再明确不过的主奴关系。人所乐道的宋代士大夫看起来依附性不那么显著,但并不是没有。前人已经注意到科举制下的士大夫在政治、经济上对皇权的顺从、依附。在政治体制中,士大夫的面貌因离君主的远近而各不相同。

当君主支配主要、明显地依赖"近要"而展开时,就是本书所谓的"枢机制"。枢机就是近要之官的意思,因一群臣僚(包括士大夫)接近君主而形成。在唐后期,有些表现为"黑暗"的宦官专权、佞幸活跃,有些是多个宰相围绕君主,他们都是君主的附庸、延伸,与君主有着不同程度的人身依附关系。就君主的枢机而言,士大夫群体并不高于其他被贬为皇权寄生物的侧近人群。在宋代,君主枢机主要是出身于士大夫的宰执,其下有庞大的诸司诸官处理日常事务。因此,在多数时候、多数士大夫其实处在离君主较远的位置,避免了接近君主、成为枢机,从而其依附性色彩较淡。

而一旦有人从群臣中脱颖而出成为宰执,则就不同于一般官僚士大夫。他们因君主的信任而成为承担君主支配展开的枢机,在地位提高的同时,与君主的人身性关系也增强,其沉浮直接系于"主意"。若个别宰相又脱颖而出,获得君主全面的信任,则枢机制就成为"委托制"。这时候君主退居幕后高拱无为,督责大臣(权臣)有为、独运。从北宋神宗朝(1067—1085)开始到南宋(1127—1276),委托制屡屡出现,使得君主在面对变法、开边御边、政治形象工程、和战等重大挑战时更加有回旋余地。在南宋后期,因持续的战争状态又进一步衍生了宰相与前线制置使(阃臣)之间的"相阃委托",形成了君、相、阃之间的双重委托关系。第一重是君主委任权相,赋予其先行之权,第二重是权相以亲信私人为阃臣,令其贯彻自守之国是。

君主对宰相的委托可以根据形势减少、撤销、恢复,君主支配因而就在枢机制与委托制之间摇摆,由此导致政治上的许多变动。尤其在南宋后期,因为双重委托勾连南宋的内政与边防,一旦形成稳定的结构,则后续委托与否,也就是权相的出现与退场,带来的政治变动尤其深远。南宋后期政治纠葛最频繁的时段就是史弥远、史嵩之、贾似道三个权相之间的"非权相时代"。权相退场,枢机制再临,君主信任出于多而不出于一,引发君相信任危机、朝内政治纠纷;还导致原来高度私人化的相阃信任消失,对外之国是难以贯彻,或使得南宋陷入重大边防危机,或面临朝阃关系危机。

枢机制和委托制是君主支配的两种理想类型,是钟摆摆动的两极,宋以降元明清诸朝的君主支配模式大体皆可在这种摆动之中去理解,这里就不赘言。总之,理解王朝形态的关键词还是君主,而且是君主支配,决定了古代皇权不可以大小论,只能就不同支配形态论。

政治思想部分地也服务于君主支配。南宋道学的政治思想包括格物、致知、诚意、正心、修身、齐家、治国、平天下八条目,分为明明德(格物至修身)、新民(齐家至平天下)两部分;又"自天子以至于庶人,壹是皆以修身为本",天子之学与士大夫同,似乎极大地敉平了君臣之别,使人有道学、道统限制了君权的印象。

在道学看来,"政治"不是一般意义的权力世界,君主、臣僚作为统治者,是已经去除气禀所拘、恢复了其本性的先觉。最先"明明德"之人,即那些"聪明睿智能尽其性者",或是圣人,或接近于圣人。他们作为君师出现,这是政治社会的起点。既然如此,现实中的君主也应是明明德之人,或应修身以明明德。道学提供了格物致知的工夫论以达成身修、明明德。但一来所格之物即日常事物,明明德可"就而今理会",也就最大程度地兼容了君主本就在做的事项。再者,道学从未承诺格物到何时能知致,这既意味着格物需要今日格明日格的长期讲求而不能中缀,也为知未至、理未穷状态下的现实行动赋予了正当性。这样的话,"明明德"对君主来说就不再是要求,而是不断持续的过程。这就为其日常行为乃至德行之亏提供了论证:君主当下的作为、当下的不足,只是不间断格物以致知、修身以明明德的一段旅程而已。"明明德"的要求因而在宋理宗朝的政治实践中就成为现实——一个敬德、皇自敬德的君主。正因如此,权相史嵩之把宋理宗推尊为整全的道统之一环,正是一个合乎逻辑的结果。所谓"皇极",朱熹解为"人君以其一身而立至极之标准于天下",这不能被简单地理解为是对君主的要求与限制,更是以君主为王朝、政治的出发点与归宿——"极",个人的角色、政治体制的面貌都要取决于这个永恒却又个体差异巨大的"极",取决于它们与"极"的距离。

但道学意义的"统治"不是支配与被支配,而是"先觉"让被治者"复其性"而已,即先觉觉后觉,也就是"新民"或"明明德于天下"。道学的"新民"学说为官员们的地方治理提供了行动指南。"新民"的目标是天下平,所谓"平"是指人人得以践行事亲、事长诸道德法则的伦理"均平"状态。道学家当然没有幼稚到认为仅靠示范、上行下效就会实现天下平,而是需要政事——"絜矩"。他们意识到,实践事亲、事长须以家这种伦理共同体为基础,因而认定政事的根本就是在治理中贯彻"省赋恤民",以在物质上维护家的存在。

道学兴起以后,减负运动广泛流行,官员尤其乐意推动蠲减、代输赋税。但在南宋货币化财政的大环境中,省赋恤民,特别是其中的代输,意味着财政上的移东补西,最终仍会以法外之征的形式加在百姓身上,是对百姓暗中的"榷剥",故朱熹讥之为"剜肉补疮"。为了彻底纠正剜肉补疮式的省赋恤民,南宋末年推行的公田法斩断了异化的链条:它抛弃了货币化财政而回到实物财政,它以官田租米代和籴而不是移东补西、剜肉补疮式的代输,它还是限田之法以摧兼并之家。因此,公田法是道学家在"絜矩之道"指引下的最重要的行动,深刻改变了南宋军事财政的运转方式。

按照历史社会学的一般逻辑,持续的、非毁灭性的战争和相应的战争准备可缔造现代民族国家——中央集权的、组织职能分化的、有自主性并影响广泛的政治组织。但在中国古代,具备上述特点的国家早在战国末期就形成了,两宋持续300多年与周边政权的对抗,特别是南宋一个半世纪与金蒙的战争固然很大程度塑造了宋朝制度、财政、社会的面貌,却也没有使宋朝成为一个能力上"更现代"的国家。

道学的政治思想提供了部分解释。道学理想的政治社会并不是更完善的、能力更强的国家机器。道学认为,政治的本质是先觉觉后觉而非支配与服从,因而充满刻剥的现实政治社会最终须被"天下平"的伦理共同体所取代。伦理"均平"的天下是不存在支配与刻剥、各得其所的世界。因此,在"絜矩之道"的指引下,作为道学士大夫"治国平天下"行动最后的高潮公田法,实质上已把战争准备作为一种附属目标——解决供军问题须从属于"天下平"的实现。于此,道学在实践中分化了:"明明德"之说使君主成为标准,配合了君主支配;但"新民"之说却使现实政治社会成为被扬弃的对象,这种"反国家"的预设也设定了王朝国家能力发展的上限。

# 附录　宋理宗端平恢复考

宋理宗绍定六年(1233)十月,掌政26年之久的史弥远去世,十一月诏来年改元端平(1234—1236),所谓的"端平更化"就拉开了序幕。史弥远之死、宋理宗亲政是南宋史上的一个重大历史事件,南宋朝廷的人事、对外政策、政治体制等都发生了比较明显的变化。也正因如此,学界对此已有较多关注。

一般来说,"端平更化"的核心是指斥逐史弥远某些声名狼藉的亲信、引用道学正人,以缓和统治集团内部的矛盾、革除积弊[1]。不过,对外政策的变化其实才是政局变动的先手,甚至是核心。端平年号的意思,据洪咨夔言:"取端拱、咸平建号改元,欲还太宗、真宗一统太平之盛。"[2]进取中原、恢复旧疆的姿态跃然纸上。这意味着南宋国是从史弥远时代的"安靖"转向"恢复",由此带来一系列政治变动。

作为"恢复"的重要组成部分,绍定六年冬到次年春的破蔡灭金之役、端平元年夏秋的三京之役(端平入洛),已有较多讨论[3]。那么,端

---

[1] 何忠礼、徐吉军《南宋史稿》,杭州大学出版社,1999年,第297页。张金岭《宋理宗研究》,人民出版社,2008年,第105—119页。

[2] 洪咨夔著,侯体健点校《平斋文集》卷一三《简札·上庙堂札子》,浙江古籍出版社,2015年,第313页。

[3] 黄宽重《晚宋朝臣对国是的争议——理宗时代的和战、边防与流民》,台湾大学文史丛刊,1978年,第33—42页。黄宽重《辨"端平入洛败盟"》,氏著《南宋史研究集》,台北:新文丰出版公司,1985年,第19—30页。陈高华《早期宋蒙关系和"端平入洛"之役》,原载《辽金史论丛》第1辑,中华书局,1985年;收入陈高华《元史研究论稿》,中华书局,1991年,第203—230页。李天鸣《宋元战史》,台北:食货出版社,1988年,第162—188页。陈世松等《宋元战争史》,四川省社会科学院出版社,1988年,第26—105页。胡昭曦等《宋蒙(元)关系史》,四川大学出版社,1992年,第61—182页。何忠礼、徐吉军《南宋史稿》,第301—310页。杨倩描《端平"三京之役"新探——兼为"端平入洛"正名》,《宋史研究论丛》第8辑,河北大学出版社,2007年,第229—250页。张金岭《宋理宗研究》,第90—98、115—117页。董飞《史嵩之与南宋后期政治史研究》,南京大学硕士学位论文,2019年,第13—19页。

平元年八月三京之役失败之后,宋朝的恢复是不是就结束了呢？黄宽重注意到,三京之役失败后赵范、赵葵仍有再举之意①。杨倩描指出,三京之役失败后宋朝仍扼守南京应天府,并在徐州、邳州进行防御作战,试图占据部分中原地区②。董飞据《宋史·蒋重珍传》、真德秀言论注意到理宗在三京之役失败后仍有进取之志,至端平三年四月理宗方以罪己诏"悔开边"③。不过,端平恢复的过程,特别是三京之役以后南宋军事上的具体动向,目前尚无人清晰地揭示。下面就在前述研究的基础上再做一些梳理。

《宋史·蒋重珍传》言"关、洛师大衄,复进兵"④。又,端平元年九月,刘克庄提到北伐事,云："一举而偾军,然犹未惩。臣恐再举而覆国矣。"⑤端平元年十一月,真德秀又说："为今之计,功虽未可遽图,而刚毅奋发之志在陛下则当自勉；兵虽未可再举,而战攻捍御之备在庙堂则当亟谋。"⑥刘克庄和真德秀二人在端平元年秋冬都提到了"再举"之论。此外,端平二年秋,吴泳在轮对时批判了"恢复"之说,其中说到："臣之友洪咨夔尝向臣说,比以论思言用兵事,陛下曾面谕之云'恢复未尝不是',信斯言也！"⑦说明理宗此时仍在为"恢复"辩护。《宋史·乔行简传》则说：

> 寻拜右丞相,言"三京挠败之余,事与前异,但当益修战守之备。襄阳失守,请急收复。"或又陈进取之计,行简奏："今内外事

---

① 黄宽重《晚宋朝臣对国是的争议——理宗时代的和战、边防与流民》,第40页。
② 杨倩描《端平"三京之役"新探——兼为"端平入洛"正名》,第243—249页。
③ 董飞《史嵩之与南宋中后期政治史研究》,第19页。陈桱《通鉴续编》卷二二,静嘉堂藏元刊本,第9a—b叶。佚名撰,汪圣铎点校《宋史全文》卷三二,第2706—2707页。
④ 《宋史》卷四一一《蒋重珍传》,第12354页。
⑤ 《刘克庄集笺校》卷五一《备对札子二》,第2537—2538页。
⑥ 真德秀《西山集》卷一四《十一月癸亥后殿奏己见札子一》,《儒藏精华编》241,第341页。
⑦ 吴泳《鹤林集》卷一八《论恢复和战事宜札子》,第142页。

势可忧而不可恃者七。"言甚恳切,师得不出。①

乔行简任右丞相在端平二年六月,而襄阳失守则在端平三年二月下旬。若如此,则一直到端平三年春,进取之计仍在理宗的脑海中。

那么,端平元年秋天以后的"进取"或"再举"计划到底是指什么呢?前引吴泳在端平二年秋的《论恢复和战事宜札子》说:

> 京洛之败、徐邳之败、唐宿之败,精兵歼尽,劲马毙倒,征者死于场,输者偾于道,粮储器械弥满于山谷者,不知其几千万。坐是边鄙耗屈,国中疲敝,民怨召为天灾,兵贫激为内难。其所以至此者,"恢复"之名误之也。②

据吴泳此说,与三京之役失败(京洛之败)并列的还有徐邳之败、唐宿之败,皆属于"恢复"过程中的重大挫折。

端平三年春吴昌裔(1183—1240)的《论郑清之疏》也提供了一些线索。吴昌裔先是批评了郑清之发动三京之役属于"轻挑强邻",造成了兵民、粮食、器甲、舟车的重大损失,"而江淮荡然无以为守御之备",且郑清之不能惩既往之失:

> 而乃护疾弗悛,私心自用,但求已说之胜,靡恤事力之穷,复妄许于摧锋,不痛惩于覆辙。继而邳、徐、唐、泗俱以败闻,士气沮失,国威败丧。③

吴昌裔指出,郑清之在端平元年北伐失败后"复妄许于摧锋,不痛惩于覆辙",继续进取,结果遭受了重大挫折——"邳、徐、唐、泗俱以败闻"。

刘克庄还记载了丁伯桂(1171—1237)在三京之役失败后的谏言:

> 轻举之误小,遂非之误大。今移两淮粮械于邳徐唐邓等州,犹循危辙,冀雪前耻。昔斜川之退,孔明责己;枋头之辱,元温迁

---

① 《宋史》卷四一七《乔行简传》,第12495页。
② 吴泳《鹤林集》卷一八《论恢复和战事宜札子》,第142页。
③ 黄淮、杨士奇编《历代名臣奏议》卷一八五,第2437页。

怒。愈变愈差,不可不虑,盍移战力为守谋?①

杨倩描据丁伯桂之言指出,淮东宋军在三京之役失败后试图一搏,以防御的作战方式占据部分中原地区②。此说可从,只不过他忽略了丁伯桂也提到的唐邓二州。

总之,根据吴泳、吴昌裔、丁伯桂之言,南宋在端平元年北伐失败后,在邳、徐、泗、宿、唐、邓等州继续进取,以雪前耻,结果皆遭遇大败。他们提及的地方分属宋代的两大制置司——淮东(邳徐泗宿)、京湖(唐邓)。

1. 江淮战区

邳州、徐州远在淮河以北,与三京之中的应天/归德同在一线。李天鸣、杨倩描指出,三京之役失败后,宋朝仍然控制着应天、徐州、邳州等地,淮东制置使赵葵置司于淮北的泗州③。可见宋朝在淮东地区保持着一个相当突出的态势。宋朝安置在邳州、徐州的守将乃土豪国用安,他先从金降宋,又降蒙,后又降宋④。而这最后一次从蒙降宋,使得宋得以控制邳、徐,当在端平元年上半年、三京之役前夕⑤。

宋与蒙古的邳徐之战发生在端平二年正月:当蒙古军南下攻沛县时,国用安率领北军、南军前去救援,失败后退守徐州;徐州又被攻破,国用安投水而死;接着蒙军又攻破邳州⑥。从战役过程来看,似乎是蒙古的报复性南侵、宋方的防御战。但据前引丁伯桂言:"今移两淮粮械于邳徐唐邓等州,犹循危辙,冀雪前耻。"说明宋方在主动投入资源经营邳徐地区,以与蒙古对峙。方大琮曾言:"无何望洛而溃,气沮甚;今

---

① 《刘克庄集笺校》卷一四一《丁给事神道碑》,第5613页。
② 杨倩描《端平"三京之役"新探——兼为"端平入洛"正名》,第245页。
③ 李天鸣《宋元战史》,第231页。杨倩描《端平"三京之役"新探——兼为"端平入洛"正名》,第243—244页。
④ 脱脱等《金史》卷一一七《国用安传》,中华书局,1975年,第2564页。
⑤ 李天鸣《宋元战史》,第290页,注32。杨倩描《端平"三京之役"新探——兼为"端平入洛"正名》,第243页。
⑥ 李天鸣《宋元战史》,第234—235页。杨倩描《端平"三京之役"新探——兼为"端平入洛"正名》,第245—247页。

春邳徐后气索矣。"①"惜乎始折于三京,继损于邳徐,近又歼于定城,而西兵之精锐略尽矣,谁实使然?言之短气。"②李鸣复亦言:"自汴京退走,而我师之雄胆已丧,徐邳再陷,而我师之畏心愈甚。"③可见邳徐失利对于南宋的实力、士气影响颇大。

宿州与泗州的失败详情不甚清楚。端平二年曾发生宿州守将王某叛变事,宋救援失败④,当是指此。若依照吴昌裔所言:"今弃师于汴洛者不斥,歼民于邳徐者不诛,救宿而委赍粮、攻唐而弃铠仗者悉皆废法。"⑤则知救宿之败发生在邳徐之战后、唐州之败(详下文)前,即端平二年上半年。从这些资料看起来,宿州之役似也是被动防御、救援。但端平二年六月,魏了翁说:"闻徐邳宿亳之败,则第能追咎诸帅之轻举,复讥和好之难恃。然以臣愚见,咎者讥者皆是也,而未得弥变之说。"⑥闰七月,刘克庄提到:"后来庙谟专务收敛靠实,戒饬屡下,而淮东兴宿州之役,荆襄出唐州之师,皆不以闻于朝。"⑦从魏了翁"将帅之轻举"、刘克庄"淮东兴宿州之役"可知,宿州之役也是淮东宋军主动挑起的,可能是在邳徐之败后宋方试图在宿州、泗州构筑防御体系,引来蒙古军报复。端平三年二月时,臣僚建议理宗"留泗以卫招信"⑧,则应是宋失去了宿州,保留了泗州⑨。

以上战事说明,宋方在淮东战区的行动离真正的"恢复中原"相差甚远,实际是尽可能在远离腹地的区域构筑起对蒙防御体系。端平三年,吴泳言:

---

① 方大琮《铁庵集》卷一六《与王实之(迈)书一》,第12b叶。
② 方大琮《铁庵集》卷二〇《与曾太卿(式中)书》,第7b叶。
③ 黄淮、杨士奇编《历代名臣奏议》卷九九,第1351页。
④ 李天鸣《宋元战史》,第239页。
⑤ 黄淮、杨士奇编《历代名臣奏议》卷六一,第852页。
⑥ 魏了翁著、张全明校点《鹤山集》卷一九《被召除授礼部尚书内引奏事第五札》,《儒藏精华编》242,北京大学出版社,第348页。
⑦ 《刘克庄集笺校》卷五一《录圣语申时政记所状》,第2554页。
⑧ 佚名撰,汪圣铎点校《宋史全文》卷三二,第2705页。
⑨ 最晚在嘉熙元年(1237),淮东制置司的治所就从泗州移到了扬州。见余蔚《论南宋宣抚使和制置使制度》,《中华文史论丛》2007年1期,第154页。

> 淮北新复州军截自今敌退之后，画疆自守，如蔡、息、陈、颍、应天等处，只令其土豪且耕且守，时有不足，量周给之，切不可空吾有限之力，事彼无用之地。高、孝二朝无此藩篱，未尝不能立国。徐、邳、唐、邓、宿州之事，可以深鉴。①

在吴泳看来，上面提到的徐邳宿之战，以及下文将要提到的唐邓之战，目标就是要建立所谓的"藩篱"，这是所谓"恢复"的实质。又，端平二年魏了翁在提到淮东地区的失败时说："吾之士马财力方耗于三京败衂之余，而北人之在吾地者，其势必起而应之。如近日邳、徐、宿、亳之陷，皆北人从中突起，倒戈献城。此事昭然可监。"②按照魏了翁此说，邳徐之败、宿泗之败，都与南宋所招徕的北军叛变有直接关系。这说明，淮东战区在最初构筑对蒙防御体系的过程中，北来土豪、北军充当了马前卒的角色。

2. 京湖战区

在京湖地区，端平元年正月灭金以后，宋蒙以陈蔡为疆，东南为宋、西北为蒙古③。这基本是双方的实际控制线，故而京湖制置使史嵩之在灭金后所部署的防御是："孟珙还师襄阳，江海还师信阳，王旻戍随州，王安国守枣阳，蒋成守光化，杨恢守均州，并益兵饬备，经理屯田于唐邓州。"④

这一部署是有层次的：驻防核心是制司所在的襄阳，此外驻军于均州、光化、枣阳、随州、信阳，也皆在汉水—桐柏山—淮河以南。唐、邓州在这条防线以北，宋方"经理屯田"于其地。这两州于绍定六年四月、八月被宋占领⑤，其中邓州归宋之后，"宋人徙其民襄汉间，复以旧

---

① 吴泳《鹤林集》卷二〇《边备札子》，第156页。
② 魏了翁《鹤山集》卷一九《被召除礼部尚书内引奏事第四札》，《儒藏精华编》242，第343页。
③ 陈桱《通鉴续编》卷二二，第2a叶。
④ 陈桱《通鉴续编》卷二二，第2a—b叶。
⑤ 《金史》卷一八《哀宗纪下》，第398、400页；《宋史》卷四一《理宗一》，第798页；王鹗《汝南遗事》卷二，《畿辅丛书》本，第6b—7a叶。

亡人实邓"①。既然宋方把当地百姓南迁,则所谓"经理屯田"只是将北方流亡而来的百姓略加组织,并非军队驻防。

在史嵩之的这种部署下,唐邓的得失应是不足为怀的。但是,端平元年北伐失败后,南宋以赵范为京湖制置大使、知襄阳府,情况就发生了变化。赵范就任京湖阃之初,试图调遣随州的一支军队向北过樊城,被同僚杨恢拒绝②。这位被调遣的"随将",估计就是本在随州驻扎的王旻。此外,败军之将全子才、刘子澄被安排于唐邓地区,全子才的头衔是"京西湖北制置副使、同措置唐邓息等州营田、捍御边面"③,显然是有意让其经略此地,且不仅是营田。可见,三京之役失败后,赵范在京湖地区摆出了积极进取的姿态,将防线北推到了唐邓地区。

赵范还将郭胜率领的一支北军派驻到唐州。郭胜乃襄阳地区孟宗政、孟珙父子招募"唐、邓、蔡壮士"所组建的忠顺军部将:

> 端平元年正月,戊辰,以枢密院言,诏:"京西忠顺统制江海、枣阳同统制郭胜,向因所部兵行劫,坐不发觉除名,广州拘管。遇赦还军前自效有功,并叙复元受军职。"④

据此可知,端平元年正月时,郭胜尚在唐州之南的枣阳驻扎,也就是在前述史嵩之所设的防线上。但最晚到了端平二年五月,郭胜已经到唐州担任北军统制:

> 乙未五月,唐州守杨侁禀议,因言本州统制军马郭胜有异志。盖杨、郭有隙非一日矣。杨之来,郭已疑之。及杨受犒归,赵(笔者注:即赵范)乃以檄召郭胜,于是郭之反谋始决。六月二日,赵下令以襄阳簿厅置勘院,将以勘郭胜也。先是,赵幕客蒋应符往司唐州,遂泄其谋于郭。⑤

---

① 王鹗《汝南遗事》卷二,第 6b 叶。
② 黄淮、杨士奇编《历代名臣奏议》卷二四一,第 3171 页。
③ 佚名撰,汪圣铎点校《宋史全文》卷三二,第 2692 页。
④ 《宋史》卷四一《理宗一》,第 800 页。
⑤ 周密撰,张茂鹏点校《齐东野语》卷五《端平襄州本末》,中华书局,1983 年,第 80—81 页。蒋应符,《宋季三朝政要》作蒋应。佚名撰,王瑞来笺证《宋季三朝政要笺证》卷一,中华书局,2010 年,第 87 页。

乙未即端平二年。从该记载可知，郭胜是先至唐州驻扎的北军统制，而杨侁在郭胜之后出任唐州长官，他早先就与郭胜熟识，当亦为北军将领。从杨侁向赵范禀议来看，他应是被赵范派来经营此地。除了杨侁，赵范还派遣了幕府中的蒋应符去唐州协助。而正是杨侁、蒋应符的到来激成了郭胜叛投蒙古。

郭胜叛宋归蒙之后，全子才等人被逐出唐州。据李鸣复言："唐州之叛，叛者一郭胜耳，兵与民未尝叛也。全子才等握兵以出，老小之在城外者悉举而歼之，故其党遂牢固而不可破。"①紧接着，端平二年闰七月：

> 臣僚奏："京西湖北制置副使同措置唐邓息等州营田、捍御边面全子才、军器监簿刘子澄，以辄在唐州枣林下寨，相继夜遁，遗弃攻战具辎重之物，乞行褫窜。"诏子才夺二秩、衡州居住，子澄夺二秩、瑞州居住。②

全子才正是在讨伐郭胜的战事中遇到了蒙军，不战而溃③。

端平二年闰七月，刘克庄在奏事时与理宗有一番对话：

> 读至"拜表即行"处，奏云："去岁兴师，犹是朝廷有进取之意，将帅观望而然。后来庙谟专务收敛靠实，戒饬屡下，而淮东兴宿州之役，荆襄出唐州之师，皆不以闻于朝，如此，则将帅在外妄作，庙堂不能谁何之，何以为国？"圣语曰："唐州之事，亦曾申来。"④

这段对话中的"去岁兴师"指的就是端平元年的三京之役。刘克庄与理宗的对话说明：宿州之败、唐州之败，都源于南宋主动发起的战役，特别是理宗说"唐州之事，亦曾申来"，可知赵范在京湖的进取是理宗亲自认可的。

---

① 黄淮、杨士奇编《历代名臣奏议》卷一八九，第2489页。
② 佚名撰，汪圣铎点校《宋史全文》卷三二，第2702页。
③ 李天鸣《宋元战史》，第236—238页。
④ 《刘克庄集笺校》卷五一《录圣语申时政记所状》，第2554页。

与唐州之败一体的是邓州之败,其北军主将赵祥亦叛归蒙古。兵变的前因后果,见于元姚燧(1238—1313)所撰《邓州长官赵公神道碑》,不惮其烦引述:

  明年甲午,金亡。将戏下步骑数千下宋,时襄阳开制阃,改信效左军统制。

  制阃后厌降将多,恐聚此叵测,谩为受犒,欲致尽坑之。太尉江海策曰:"其人穷而来归,诛之不义。又吾闻所节度四十五军,半北人。今此加诛,则吾军北人各有心矣,徒足启猜长乱。汉北之州,独邓近,去吾闻程再日耳。北与敌邻,乘彼虚弃未成,盍遣是众先之?在彼有生降之德,在我有复地之利,一举而得两者也。"阃然之,别遣路钤呼延实将若干千人为监来戍。至则与实不相善,益愤前吾所好相下,而顾不容,将以计诛。又一军哗噪,皆言制阃不足为尽力。

  会明年乙未十月,天兵略地汉上。集将佐南门商战守宜,公扼剑前众曰……复与将佐为约……乃开门纳吾元兵,事成终朝,肆不变市。为具车马,遣实令将其军,尽还之襄阳,少不怨制阃昔者图己,而甘心此军也。①

此处纪事始于端平元年(甲午)金朝灭亡,赵祥率领部曲投宋,成为襄阳的信效左军统制,他投降时的京湖制阃可能仍是史嵩之。而上引文第二段又点出了赵祥如何从襄阳北进至邓州驻扎,其中提到的"制阃"则是京湖制置大使赵范。此言赵范欲尽坑杀北军应是不足信的,但江海提出、赵范认可的策略是:"汉北之州,独邓近,去吾闻程再日耳。北与敌邻,乘彼虚弃未成,盍遣是众先之?在彼有生降之德,在我有复地之利,一举而得两者也。"这清楚地说明,赵祥是被赵范派到邓州这一地带驻扎的,其时其地被双方"虚弃未成"。史料还提及,赵范派去了呼延实为监军,这与赵范派遣杨佺、蒋应符至唐州是类似的。呼延实

---

① 姚燧著,查洪德编辑点校《牧庵集》卷一八《邓州长官赵公神道碑》,人民文学出版社,2011年,第284—285页。

本来也是活跃在这一带的土豪①,端平元年四月降宋②。据上引史料,端平二年十月赵祥叛变后,又将同驻此地的"宋兵"由呼延实率领,遣送回了襄阳。

在邓州西南的均州,端平二年也发生了北军将领叛乱事,主角是范用吉。范用吉是端平元年南宋北伐时在开封与李伯渊同杀崔立的土豪之一③。范用吉入宋后,为赵范所用,"易其姓曰花,使为太尉,改镇均州。未几,纳款于北。后以家人诬以欲叛,为同列所害"④。所谓范用吉欲叛蒙归宋,当是淳祐六年(1246)的事了⑤。前面提到,均州在史嵩之时代是宋军驻守的汉水南岸防线之一环,但在赵范到达京湖以后,却用范用吉这样的新附北人去镇守均州,可能是当地的守军已经被抽调了。

端平三年二月,襄阳北军克敌军作乱,京湖战区的轴心襄阳城化为灰烬,南宋遭受了最重大的军事挫折,理宗乃至于四月下罪己诏。这件事的来龙去脉此处不详述⑥,正文已言及南宋相关措置。这里只提其中一个环节——这支克敌军在二月五日被派往均州:

> 二月五日,始遣王旻带克敌军往均州、光化军巡逻,逗遛不进,仅至小樊,乃以收复两郡捷闻。⑦

是知克敌军的任务是北上与均州一带的叛军作战,这是范用吉叛宋归蒙引起的连锁反应。不过,这支克敌军亦已心生异志,随后至襄阳的镇江都统李虎所部无敌军、光州都统王福所部军就激发了克敌军的叛乱。

---

① 《金史》卷一二三《姬汝作传》,第2689页。
② 《宋史》卷四一《理宗一》,第801页。
③ 佚名撰,王瑞来笺证《宋季三朝政要笺证》卷一,第21—22页;佚名撰,汪圣铎点校《宋史全文》卷三二,第2691页。
④ 《金史》卷一一四《范用吉传》,第2513页。
⑤ 《刘克庄集笺校》卷一四三《孟少保神道碑》,第5678页。
⑥ 变乱经过参见李天鸣《宋元战史》,第253—258页;亦参见熊燕军《南宋端平襄阳兵变及相关问题》,《宋史研究论丛》第12辑,河北大学出版社,2011年,第357—382页。
⑦ 周密撰,张茂鹏点校《齐东野语》卷五《端平襄州本末》,第82页。

端平三年二月襄阳兵变以后,在土豪刘廷美的努力下,南宋又一度于端平三年四五月收复樊城、襄阳,御史杜范就此提出了招用土豪的建议①。不过,最晚在端平三年九月刘廷美就已经战死了②。据《元史》:"(八年丙申十月)襄阳府来附,以游显领襄阳、樊城事。"③是知端平三年十月襄阳又附蒙。

襄阳附蒙后,游显任襄阳之达鲁花赤,但在戊戌年,即宋嘉熙二年(1238)夏遭遇了兵变,被军将执送南宋④。参与这次兵变的有刘仪(或作"刘义")、段海、呼延实⑤。这个呼延实,正是前述端平二年夏唐州赵祥叛变时被遣送回襄阳者。由此推断,回到襄阳的呼延实在端平三年十月应也参与了,至少是被裹挟进了襄阳北附蒙古的事件,又在两年以后执送襄阳达鲁花赤游显降宋。不过,钱大昕早就指出,嘉熙二年的这次归降,"在宋虽有拓边之劳,在元未有失地之实也",因为蒙古在端平三年就已经将唐、邓、均、襄的百姓迁徙到了洛阳地区⑥。

总结前后经过,端平二年夏天的唐邓之败后果极其严重,连锁反应导致汉水南岸防线洞穿,乃至京湖战区核心襄阳城化为丘墟,这一直要到淳祐十一年(1251)由李曾伯主持收复并重建。

回到问题本身:南宋在端平元年的三京之役失败以后的"进取"到底表现在什么地方?从前述梳理可见,无论是淮东阃赵葵还是京湖阃赵范,最重要举措就是将南宋的军事布防,尤其是投归南宋的北军、土豪推往汉水、淮河以北,这基本上就是延续了此前据关守河与蒙古

---

① 杜范《清献集》卷七《乞招用边头土豪札子(台中上)》,《景印文渊阁四库全书》1175,台北:商务印书馆,1986年,第658—659页。
② 方大琮《铁庵集》卷一六《与刘潜夫(克庄)书一》,信中提到刘廷美战死,又言此时"曹友闻苦于难守",第1a、1b叶。而端平三年九月曹友闻战死(《宋史》卷四二《理宗二》,第811页)。
③ 宋濂等《元史》卷二,中华书局,1976年,第35页。
④ 《元史》卷二,第36页。
⑤ 姚燧《牧庵集》卷二二《荣禄大夫江淮等处行中书省平章政事游公神道碑》,第337页。
⑥ 钱大昕《十驾斋养新录》卷八《复襄樊年月不同》,陈文和主编《嘉定钱大昕全集》(增订本),第235页。

对峙的意图。但是,这些进取都遭遇了挫折:端平二年春的邳徐之败、随后的宿泗之败;端平二年夏秋的唐邓之败、均州之叛;端平三年二月的襄阳兵变。端平三年二月襄阳兵变后,宋朝甚至仍在借助土豪的势力作最后的挣扎。但是,随着端平三年夏秋亲宋土豪刘廷美的战死、同年十月襄阳再度降蒙、唐邓均襄百姓的北迁,南宋的"恢复"彻底画上了句号。理宗从绍定六年联蒙灭金所开启的恢复宏图,在端平三年冬彻底绝望。

恢复失败对内政产生了深远的影响,"端平更化"步步维艰直至最终失败的过程,与恢复进程是息息相关的。这里就不再详论。

# 参考文献[*]

## 一、史料

班固撰,颜师古注《汉书》,中华书局,1962年。
包恢《敝帚稿略》,《景印文渊阁四库全书》1178,台北:商务印书馆,1986年。
蔡沈撰,朱熹授旨,严文儒校点《书集传》,华东师范大学出版社,2010年。
陈淳《北溪字义》,中华书局,1983年。
陈道、黄仲昭纂修《弘治八闽通志》,《四库全书存目丛书·史部》178,齐鲁书社,1996年。
陈桱《通鉴续编》,静嘉堂藏元刊本。
陈洪谟修《(正德)大明漳州府志》,厦门大学出版社,2012年。
陈亮著,邓广铭点校《陈亮集》,上海古籍出版社,2022年。
陈宓《复斋先生龙图陈公文集》(简称《复斋集》),《续修四库全书》1319,上海古籍出版社,2002年。
陈能修,郑庆云、辛绍佐纂《嘉靖延平府志》,《天一阁藏明代方志选刊》29,上海古籍书店,1961年。
陈起编《江湖小集》,《景印文渊阁四库全书》1357,台北:商务印书馆,1986年。
陈尚君辑校《全唐文补编》,中华书局,2005年。
陈著《本堂集》,《景印文渊阁四库全书》1185,台北:商务印书馆,1986年。
程颢、程颐著,王孝鱼点校《河南程氏文集》,中华书局,2004年。
程敏政辑撰,何庆善、于石点校,易名审订《新安文献志》,黄山书社,2004年。
程公许《沧州尘缶编》,《景印文渊阁四库全书》1176,台北:商务印书馆,1986年。
程颐撰,王孝鱼点校《周易程氏传》,中华书局,2011年。
程樟辑《明良庆会录》,国家图书馆藏明刻本。
崔与之撰,张其凡、孙志章整理《宋丞相崔清献公全录》,广东人民出版社,2008年。

---

[*] 以编著者姓名拼音为序。

董诰等编《全唐文》,中华书局,1983 年。

杜范《清献集》,《景印文渊阁四库全书》1175,台北:商务印书馆,1986 年。

杜佑撰,王文锦等点校《通典》,中华书局,1988 年。

范晔撰,李贤等注《后汉书》,中华书局,1965 年。

方大琮《宋宝章阁直学士忠惠铁庵方公文集》(简称《铁庵集》),国家图书馆藏明正德刻本。

方逢辰《蛟峰文集》,《景印文渊阁四库全书》1187,台北:商务印书馆,1986 年。

方岳《秋崖集》,《景印文渊阁四库全书》1182,台北:商务印书馆,1986 年。

高斯得《耻堂存稿》,《景印文渊阁四库全书》1182,台北:商务印书馆,1986 年。

韩愈《顺宗实录》,收入《韩昌黎文外集》,上海古籍出版社,1986 年。

洪迈撰,孔凡礼点校《容斋随笔》,中华书局,2005 年。

洪咨夔著,侯体健点校《洪咨夔集》,浙江古籍出版社,2015 年。

胡榘修,方万里、罗浚纂《宝庆四明志》,收入《宋元方志丛刊》,中华书局,1990 年。

黄榦撰,周国林校点《勉斋先生黄文肃公文集》(简称《勉斋集》),《儒藏精华编》240 上,北京大学出版社,2018 年。

黄淮、杨士奇编《历代名臣奏议》,上海古籍出版社,1989 年。

黄溍著,王颋点校《黄溍集》,浙江古籍出版社,2013 年。

黄震著,张伟、何忠礼点校《黄氏日抄》,收入《黄震全集》,浙江大学出版社,2013 年。

黄震《古今纪要逸编》,收入《黄震全集》,浙江大学出版社,2013 年。

黄宗羲原著,全祖望补修,陈金生、梁运华点校《宋元学案》,中华书局,1986 年。

孔安国传,孔颖达正义,黄怀信整理《尚书正义》,上海古籍出版社,2007 年。

黎晨修,李默纂《嘉靖宁国府志》,《天一阁藏明代方志选刊》23,上海古籍书店,1962 年。

黎靖德编,王星贤点校《朱子语类》,中华书局,1986 年。

李林甫等撰、陈仲夫点校《唐六典》,中华书局,1992 年。

李昂英《文溪集》,《景印文渊阁四库全书》1181,台北:商务印书馆,1986 年。

李焘撰,上海师范大学古籍整理研究所、华东师范大学古籍整理研究所点校《续资治通鉴长编》(简称《长编》),中华书局,2004 年。

李心传撰,徐规点校《建炎以来朝野杂记》,中华书局,2000 年。

李曾伯《可斋杂稿》《可斋续稿》,《宋集珍本丛刊》84,线装书局,2004 年

栗祁、唐枢纂修《万历湖州府志》,《四库全书存目丛书·史部》191,齐鲁书社,1996 年。

林希逸《竹溪鬳斋十一稿续集》,《景印文渊阁四库全书》1185,台北:商务印书馆,
    1986年。
刘辰翁《须溪集》,《景印文渊阁四库全书》1186,台北:商务印书馆,1986年。
刘黻《蒙川先生遗稿》,《宋集珍本丛刊》86,线装书局,2004年。
刘将孙《养吾斋集》,《景印文渊阁四库全书》1199,台北:商务印书馆,1986年。
刘克庄著,辛更儒笺校《刘克庄集笺校》,中华书局,2011年。
刘权之修,张士范纂《乾隆池州府志》,《中国地方志集成·安徽府县志辑》59,江
    苏古籍出版社,1998年。
刘壎《水云村稿》,《景印文渊阁四库全书》1195,台北:商务印书馆,1986年。
刘昫等撰《旧唐书》,中华书局,1975年。
刘一清撰,王瑞来校笺考原《钱塘遗事校笺考原》,中华书局,2016年。
刘宰《漫塘集》,《景印文渊阁四库全书》1170,台北:商务印书馆,1986年。
刘宰《京口耆旧传》,《景印文渊阁四库全书》451,台北:商务印书馆,1986年。
刘子实编《新编簪缨必用翰苑新书》,《北京图书馆古籍珍本丛刊》74,书目文献出
    版社,1988年。
吕午《左史谏草》,《景印文渊阁四库全书》427,台北:商务印书馆,1986年。
马蓉等点校《永乐大典方志辑佚》,中华书局,2014年。
马泽修,袁桷纂《延祐四明志》,收入《宋元方志丛刊》,中华书局,1990年。
欧阳守道《巽斋文集》,《景印文渊阁四库全书》1183,台北:商务印书馆,1986年。
欧阳修、宋祁《新唐书》,中华书局,1975年。
钱可则修,方仁荣纂《景定严州续志》,收入《宋元方志丛刊》,中华书局,1990年。
潜说友纂《咸淳临安志》,收入《宋元方志丛刊》,中华书局,1990年。
阮元编《两浙金石志》,《石刻史料新编》第1辑14,台北:新文丰出版公司,1982年。
单庆修,徐硕纂《至元嘉禾志》,收入《宋元方志丛刊》,中华书局,1990年。
陕西省社会科学院、陕西省文物局编《陕西碑石精华》,三秦出版社,2006年。
沈杰修,吾冔、吴夔纂《弘治衢州府志》,《天一阁藏明代方志选刊续编》31,上海古
    籍书店,1962年。
史能之纂修《咸淳毗陵志》,收入《宋元方志丛刊》,中华书局,1990年。
司马光编著《资治通鉴》,中华书局,1956年。
宋敏求编《唐大诏令集》,中华书局,2008年。
宋濂等《元史》,中华书局,1976年。
孙梦观《雪窗先生文集》,《宋集珍本丛刊》85,线装书局,2004年。

田琯纂修《(万历)新昌县志》,《天一阁藏明代地方志选刊》19,上海古籍书店,1964年。

脱脱等《宋史》,中华书局,1985年。

脱因修,俞希鲁纂《至顺镇江志》,收入《宋元方志丛刊》,中华书局,1990年。

王鏊等纂《正德姑苏志》,《天一阁藏明代方志选刊续编》11—14,上海书店,1990年。

王柏《鲁斋集》,《景印文渊阁四库全书》1186,台北:商务印书馆,1986年。

王鹗《汝南遗事》,《畿辅丛书》本。

王迈《臞轩集》,《景印文渊阁四库全书》1178,台北:商务印书馆,1986年。

王溥《唐会要》,上海古籍出版社,2006年。

王钦若等编,周勋初等校订《册府元龟》,凤凰出版社,2006年。

王通著,张沛校注《中说校注》,中华书局,2013年。

王应麟《玉海》,广陵书社,2007年。

王梓材、冯云濠编撰,沈芝盈、梁运华点校《宋元学案补遗》,中华书局,2012年。

汪应辰《文定集》,学林出版社,2009年

魏了翁著,张全明校点《重校鹤山先生大全文集》(简称《鹤山集》),《儒藏精华编》242—243,北京大学出版社,2022年。

魏徵、令狐德棻《隋书》,中华书局,1973年。

文天祥《文山先生全集》,《宋集珍本丛刊》88,线装书局,2004年。

吴兢撰,谢保成集校《贞观政要集校》,中华书局,2009年。

吴潜《许国公奏议》,《续修四库全书》475,上海古籍出版社,2002年。

吴师道《敬乡录》,《景印文渊阁四库全书》451,台北:商务印书馆,1986年。

吴泳著,吴洪泽校点《鹤林集》,巴蜀书社,2022年。

解缙等编《永乐大典》,中华书局,1986年。

熊子臣、何镗纂修《万历栝苍汇纪》,《四库全书存目丛书·史部》193,齐鲁书社,1996年。

徐经孙《宋学士徐文惠公存稿》,《宋集珍本丛刊》83,线装书局,2004年。

徐鹿卿《清正存稿》,《景印文渊阁四库全书》1178,台北:商务印书馆,1986年。

徐侨《毅斋诗集别录》,《宋集珍本丛刊》70,线装书局,2004年。

徐松辑,刘琳、刁忠民、舒大刚、尹波等校点《宋会要辑稿》,上海古籍出版社,2014年。

徐元杰《楳埜集》,《景印文渊阁四库全书》1181,台北:商务印书馆,1986年。

许景衡《横塘集》,《宋集珍本丛刊》32,线装书局,2004年。

许仲毅编《海外新发现永乐大典十七卷》,上海辞书出版社,2003年。

薛居正等《旧五代史》,中华书局,1976年。

杨寔纂修《宁波郡志》,《中国方志丛书·华中地方》第四九六号,台北:成文出版社,1983年。

扬雄撰,李轨等注《纂图分门类题五臣注扬子法言》,北京图书馆出版社,2003年。

姚勉《雪坡集》,《景印文渊阁四库全书》1184,台北:商务印书馆,1986年。

佚名撰,汪圣铎点校《宋史全文》,中华书局,2016年。

佚名《群书会元截江网》,《景印文渊阁四库全书》934,台北:商务印书馆,1986年。

佚名《咸淳遗事》,《景印文渊阁四库全书》408,台北,商务印书馆,1986年。

佚名编,汝企和点校《续编两朝纲目备要》,中华书局,1995年。

佚名撰,张富祥点校《南宋馆阁续录》,中华书局,1998年。

佚名撰,王瑞来笺证《宋季三朝政要笺证》,中华书局,2010年。

俞文豹撰,许沛藻、刘宇整理《吹剑四录》,《全宋笔记》第7编5,大象出版社,2016年。

余之祯修,王时槐纂《万历吉安府志》,《日本藏中国罕见地方志丛刊》,书目文献出版社,1991年。

袁甫《蒙斋集》,《景印文渊阁四库全书》1175,台北:商务印书馆,1986年。

袁桷著,杨亮校注《袁桷集校注》,中华书局,2012年。

岳珂《玉楮集》,《景印文渊阁四库全书》1181,台北:商务印书馆,1986年。

曾枣庄、刘琳主编《全宋文》,上海辞书出版社,2006年。

赵孟頫著,钱伟强点校《赵孟頫集》,浙江古籍出版社,2012年。

赵翼著,王树民校证《廿二史札记校证》,中华书局,2013年。

真德秀撰,刘光胜整理《西山读书记》,《全宋笔记》第10编,大象出版社,2018年。

真德秀撰,丁毅华、吴冰妮校点《西山先生真文忠公文集》(简称《西山集》),《儒藏精华编》241,北京大学出版社,2020年。

郑侠《西塘先生文集》,《宋集珍本丛刊》24,线装书局,2004年。

郑玄注,孔颖达疏《礼记正义》,阮元校刻《十三经注疏》,中华书局,2009年。

中国社科院历史所宋辽金元史研究室点校《名公书判清明集》,中华书局,1987年。

周敦颐撰,梁绍辉等点校《周敦颐集》,岳麓书社,2007年。

周密撰,张茂鹏点校《齐东野语》,中华书局,1983年。

周密撰,吴企明点校《癸辛杂识》,中华书局,1988年。

周应合撰,王晓波校点《景定建康志》,四川大学出版社,2007年。

朱熹《四书章句集注》,中华书局,1983年。

朱熹撰,刘永翔、朱幼文校点《晦庵集》,收入《朱子全书(修订本)》,上海古籍出版社、安徽教育出版社,2010年。

朱熹撰,王铁校点《周易本义》,收入《朱子全书(修订本)》,上海古籍出版社、安徽教育出版社,2010年。

朱熹编,戴扬本点校《伊洛渊源录》,收入《朱子全书(修订本)》,上海古籍出版社、安徽教育出版社,2010年。

## 二、论著

白钢《中国政治制度通史》第一卷《总论》,社会科学文献出版社,2011年。

包弼德著,王昌伟译《历史上的理学》,浙江大学出版社,2010年。

包伟民《宋代地方财政史研究》,中国人民大学出版社,2011年。

陈来《宋明理学》,辽宁教育出版社,1991年。

陈来《朱子哲学研究》,生活·读书·新知三联书店,2010年。

陈荣捷《朱子门人》,台北:学生书局,1982年。

陈世松《余玠传》,重庆出版社,1982年。

陈世松等《宋元战争史》,四川省社会科学院出版社,1988年

陈植锷《北宋文化史述论》,中国社会科学出版社,1992年。

陈支平《朱熹及其后学的历史学考察》,商务印书馆,2016年。

陈仲安、王素《汉唐职官制度研究》(增订本),中西书局,2018年。

程民生《宋代物价研究》,人民出版社,2008年。

戴仁柱(Richard Davis)著,刘广丰、惠冬译《丞相世家:南宋四明史氏家族研究》,中华书局,2014年。

戴显群《唐五代政治中枢研究》,厦门大学出版社,2001年。

邓广铭《辛弃疾传》,生活·读书·新知三联书店,2017年。

邓小南《祖宗之法:北宋前期政治述略》,生活·读书·新知三联书店,2006年。

渡邉将智《後漢政治制度の研究》,东京:早稻田大学出版部,2014年。

方诚峰《北宋晚期的政治体制与政治文化》(第二版),北京大学出版社,2023年。

傅璇琮《唐翰林学士传论》,辽海出版社,2018年。

沟口雄三、小岛毅主编,孙歌等译《中国的思维世界》,江苏人民出版社,2006年。

郭正忠《宋代盐业经济史》,人民出版社,1990年。

Hartman, Charles, *Structures of Governance in Song Dynasty China, 960-1279 CE*, Cambridge University Press, 2023.

和田清编著《"支那"官制发达史》,东京:中央大学出版部,1942年。

何忠礼、徐吉军《南宋史稿》,杭州大学出版社,1999年。

侯外庐主编《中国思想通史》第四卷(上),人民出版社,1959年。

侯外庐、邱汉生、张岂之主编《宋明理学史》(上卷),人民出版社,1997年。

侯旭东《宠:信-任型君臣关系与西汉历史的展开》,北京师范大学出版社,2018年。

侯旭东《什么是日常统治史》,生活·读书·新知三联书店,2020年。

胡昭曦等《宋蒙(元)关系史》,四川大学出版社,1992年。

黄宽重《晚宋朝臣对国是的争议——理宗时代的和战、边防与流民》,台湾大学文史丛刊,1978年。

黄宽重《南宋地方武力——地方军与民间自卫武力的探讨》,台北:东大图书公司,2002年;简体字本:国家图书馆出版社,2009年。

黄楼《神策军与中晚唐宦官政治》,中华书局,2019年。

Hymes, Robert P. and Schirokauer, Conrad ed., *Ordering the World: Approaches to State and Society in Sung Dynasty China*, University of California Press, 1993;中译本:谢康伦、韩明士编,刘云军译《为世界排序:宋代的国家与社会》,九州出版社,2022年。

简惠美《韦伯论中国——〈中国的宗教〉初探》,台湾大学文史丛刊,1988年。

雷家骥《隋唐中央权力结构及其演进》,台北:东大图书公司,1995年。

李超《南宋宁宗朝前期政治研究》,上海古籍出版社,2019年。

李华瑞《宋代酒的生产与征榷》,河北大学出版社,2001年。

李华瑞《宋代救荒史稿》,天津古籍出版社,2014年。

李华瑞《宋型国家的历史演进》,商务印书馆,2022年。

李锦绣《唐代财政史稿》,北京大学出版社,2001年。

李俊《中国宰相制度》,"民国丛书"第5编第24册,上海书店,1996年影印。

李全德《唐宋变革期枢密院研究》,国家图书馆出版社,2009年。

李天鸣《宋元战史》,台北:食货出版社,1988年

李泽厚《中国古代思想史论》,生活·读书·新知三联书店,2008年。

梁庚尧《南宋盐榷:食盐产销与政府控制》,东方出版中心,2017年。

梁庚尧编著《南宋朝野论王安石与新法》,台北:台湾大学出版中心,2023年。

梁天锡《宋枢密院制度》,台北:黎明文化事业公司,1981年。

廖寅《从内地到边疆:宋代政治与社会研究散论》,科学出版社,2018年。

刘成国《荆公新学研究》(增订本),上海古籍出版社,2023年。

刘复生《北宋中期儒学复兴运动》,台北:文津出版社,1991年。

刘后滨《唐代中书门下体制研究——公文形态·政务运行与制度变迁》,齐鲁书社,2004年。

刘静贞《皇帝和他们的权力——北宋前期》,台北:稻乡出版社,1996年。

刘力耘《政治与思想语境中的宋代〈尚书〉学》,中国社会科学出版社,2022年。

刘子健《欧阳修的治学与从政》,台北:新文丰出版公司,1984年。

刘子健《两宋史研究汇编》,台北:联经出版事业公司,1987年。

刘子健著,赵冬梅译《中国转向内在:两宋之际的文化内向》,江苏人民出版社,2002年。

卢国龙《宋儒微言——多元政治哲学的批判与重建》,华夏出版社,2001年。

马克斯·韦伯著,康乐、简惠美译《中国的宗教:儒教与道教》,广西师范大学出版社,2010年。

马克斯·韦伯著,康乐、简惠美译《支配社会学》,广西师范大学出版社,2010年。

马克斯·韦伯著,康乐等译《经济与历史 支配的类型》,广西师范大学出版社,2010年

毛蕾《唐代翰林学士》,社会科学文献出版社,2000年。

彭刚《叙事的转向:当代西方史学理论的考察》,北京大学出版社,2009年。

皮锡瑞著,盛冬铃、陈抗点校《今文尚书考证》,中华书局,1989年。

平田茂树《宋代政治结构研究》,上海古籍出版社,2010年。

漆侠《宋代经济史》,中华书局,2009年。

钱大昕《十驾斋养新录》,陈文和主编《嘉定钱大昕全集》(增订本),凤凰出版社,2016年。

钱穆《中国历代政治得失》,《钱宾四先生全集》31,台北:联经出版事业公司,1998年。

钱穆《政学私言》,《钱宾四先生全集》40,台北:联经出版事业公司,1998年。

钱穆《中国学术思想史论丛》(五),九州出版社,2011年。

清格尔泰等《契丹小字研究》,中国社会科学出版社,2018年。

任崇岳《误国奸臣贾似道》,河南人民出版社,1991年。

束景南《朱子大传》,福建教育出版社,1992年。

束景南《朱子大传:"性"的救赎之路》(增订本),复旦大学出版社,2016年。

松本保宣《唐王朝の宮城と御前会議:唐代聴政制度の展開》,京都:晃洋书房,2006年。

苏国勋《理性化及其限制——韦伯思想引论》,上海人民出版社,1988年。

王瑞来《宰相故事——士大夫政治下的权力场》,东京:汲古书院,2001年;中华书局,2010年。

王寿南《唐代宦官权势之研究》,台北:正中书局,1971年。

王素《三省制略论》,齐鲁书社,1986年。

王曾瑜《宋朝军制初探》(增订本),中华书局,2011年。

汪圣铎《两宋财政史》,中华书局,1995年。

汪圣铎《两宋货币史》,社会科学文献出版社,2003年。

吾妻重二《朱子学的新研究——近世士大夫思想的展开》,商务印书馆,2017年。

吴宗国主编《盛唐政治制度研究》,上海辞书出版社,2003年。

向鸿全《真德秀及其〈大学衍义〉之研究》,台北:花木兰文化事业有限公司,2008年。

谢元鲁《唐代中央政权决策研究》,台北:文津出版社,1992年。

徐国栋《罗马私法要论:文本与分析》,科学出版社,2007年。

亚里士多德著,吴寿彭译《政治学》,商务印书馆,1965年。

阎步克《士大夫政治演生史稿》,北京大学出版社,2015年。

闫建飞《走出五代:十世纪藩镇研究》,四川人民出版社,2023年。

杨宇勋《先公庾后私家——宋朝赈灾措施及其官民关系》,台北:万卷楼图书股份有限公司,2013年。

姚建根《宋朝制置使制度研究》,上海书店出版社,2010年。

余嘉锡《四库提要辨证》,中华书局,1980年。

余英时《朱熹的历史世界:宋代士大夫政治文化的研究》,生活·读书·新知三联书店,2004年。

虞云国《南宋行暮:宋光宗宋宁宗时代》,上海人民出版社,2018年;初版:《宋光宗宋宁宗》,吉林文史出版社,1997年。

袁刚《隋唐中枢体制的发展演变》,台北:文津出版社,1994年。

张春晓《贾似道及其文学交游研究》,崇文书局,2017年。

张帆《元代宰相制度研究》,北京大学出版社,1997年。

张国刚《唐代官制》,三秦出版社,1987年。

张耐冬《太原功臣与唐初政治》,中国社会科学出版社,2018年。
张其凡《宋初政治探研》,暨南大学出版社,1995年。
张伟《黄震与东发学派》,人民出版社,2003年。
张钰翰《北宋新学研究》,北京师范大学出版社,2022年。
章太炎《检论》,《章太炎全集》第1辑,上海人民出版社,2014年。
赵冬梅《文武之间:北宋武选官研究》,北京大学出版社,2010年。
赵雨乐《唐宋变革期之军政制度——官僚机构与等级之编成》,台北:文史哲出版社,1994年。
朱瑞熙《中国政治制度通史》第六卷《宋代》,社会科学文献出版社,2011年。
祝总斌《两汉魏晋南北朝宰相制度研究》,中国社会科学出版社,1998年。

## 三、论文

安倍直之《南宋孝宗朝の皇帝側近官》,《集刊東洋學》88,2002年。
包弼德《宋明理学与地方社会:一个12至16世纪间的个案》,杜永涛译,收入张聪、姚平主编《当代西方汉学研究集萃·思想文化史卷》,上海古籍出版社,2012年;Peter K. Bol, "Neo-Confucianism and Local Society, Twelfth to Sixteenth Century: A Case Study," Paul J. Smith & Richard von Glahn ed., *The Song-Yuan-Ming Transition in Chinese History*, Cambridge: Harvard University Asia Center, 2003, pp. 241-283。
包伟民《论宋代折钱租与钱租的性质》,《历史研究》1988年1期。
蔡涵墨、李卓颖《新近面世之秦桧碑记及其在宋代道学史中的意义》,收入蔡涵墨《历史的严妆:解读道学阴影下的南宋史学》,中华书局,2016年。
草野靖《賈似道公田法の系譜》,《日野開三郎博士頌寿記念論集:中国社会·制度·文化史の諸問題》,福冈:中国書店,1987年。
陈凯《通往"权相"之路——贾似道的权威建构研究》,北京大学硕士学位论文,2017年。
陈高华《早期宋蒙关系和"端平入洛"之役》,原载《辽金史论丛》第1辑,中华书局,1985年;收入陈高华《元史研究论稿》,中华书局,1991年。
陈来《"一破千古之惑"——朱子对〈洪范〉皇极说的解释》,《北京大学学报》2013年2期。
陈文龙《五代时期的内职与王朝权力结构》,未刊稿。
陈振《关于北宋前期的宰相制度》,《中州学刊》1985年6期。

陈正庭《贾似道与晚宋政局研究》，中兴大学硕士学位论文，2009年。

程光裕《朱熹知南康军时之治绩》，收入《宋史研究集》第29辑，台北：编译馆，1999年。

戴金波《真德秀研究述评》，《湖南大学学报》2008年1期。

戴显群《唐代的枢密使》，《中国史研究》1998年3期。

De Bary, W. Theodore, "A Reappraisal of Neo-Confucianism," in Arthur Wright, ed., *Studies in Chinese Thought*, Chicago: University of Chicago Press, 1953, pp. 81-111.

邓广铭《略谈宋学》，收入《邓广铭全集》7，河北教育出版社，2005年。

邓小南《近臣与外官：试析北宋初期的枢密院及其长官人选》，漆侠主编《宋史研究论文集——国际宋史研讨会暨中国宋史研究会第九届年会编刊》，河北大学出版社，2002年。

董飞《史嵩之与南宋后期政治史研究》，南京大学硕士学位论文，2019年。

杜文玉《唐代内诸司使考略》，《陕西师范大学学报》1999年3期。

杜文玉《论唐大明宫延英殿的功能与地位——以中枢决策及国家政治为中心》，《山西大学学报》2012年3期。

方诚峰《试析宋代政治史研究诸轨迹》，邓小南、方诚峰主编《宋史研究诸层面》，北京大学出版社，2020年。

方震华《军务与业儒的矛盾——衡山赵氏与晚宋统兵文官家族》，《新史学》17卷2期，2006年6月。

方震华《破冤气与回天意——济王争议与南宋后期政治（1225—1275）》，《新史学》27卷2期，2016年6月。

Frank, Herbert（傅海波）《贾似道论（1213—1275）：南宋最后的一个奸相》（胡明珽译），《世界华学季刊》1卷2期，1980年，第83—92页。（初刊："Chia Ssu-tao (1213-1275): A 'Bad Last Minister'?", Arthur F. Wright & Denis Twitchet, *Confucian Personalities*, Stanford University Press, 1962.）

宫崎市定《东洋的近世》，收入《日本学者研究中国史论著选译》第一卷《通论》，中华书局，1992年。

宫崎市定《贾似道略传》，《东洋史研究》6卷3号，1941年5月。

宫崎市定著，于志嘉译《宋代官制序说——宋史职官志的读法》，《大陆杂志》78卷1期，1989年1月。

沟口雄三《论天理观的形成》，收入沟口雄三、小岛毅主编，孙歌等译《中国的思维世界》,江苏人民出版社,2006年。

韩冠群《从宣押入内到独班奏事:南宋韩侂胄的专权之路》,《北京社会科学》2016年4期。

韩冠群《从政归中书到权属一人:南宋史弥远专权之路》,《四川师范大学学报》2017年3期。

韩冠群《从朝堂到相府:南宋史弥远主政时期的中枢政治运作》,《中山大学学报》2022年5期。

韩国磐《唐初三省长官皆宰相——〈论唐代宰相中书门下二省制〉读后》,《厦门大学学报》1997年4期。

何忠礼《"为政不难,不得罪于巨室"——论贾似道的公田法》,《宋史研究论文集》第11辑,巴蜀书社,2006年。

侯旭东《中国古代专制说的知识考古》,《近代史研究》2008年4期。

侯旭东《西汉"君相委托制度"说剩义:兼论刺史的奏事对象》,《中国中古史研究》第7卷,中西书局,2019年。

胡迎建《朱熹在南康军》,《朱子学刊》第7辑,黄山书社,1995年。

胡昭曦《略论晚宋史的分期》,《四川大学学报》1995年1期。

华山《南宋统治阶级分割地租的斗争——经界法和公田法》,《山东大学学报》1960年1期。

黄纯艳《论宋代的公用钱》,《云南社会科学》2022年4期。

黄光辉《宋代省部寺监体制研究(1080—1276)》,清华大学博士学位论文,2022年5月。

黄宽重《辨"端平入洛败盟"》,氏著《南宋史研究集》,台北:新文丰出版公司,1985年。

葭森健介撰,马彪译《唐宋变革论于日本成立的背景》,《史学月刊》2005年5期。

贾宪保《"甘露之变"剖析》,《唐史论丛》第3辑,陕西人民出版社,1987年。

贾宪保《神策中尉与神策军》,《唐史论丛》第5辑,三秦出版社,1990年。

贾艳红《试谈唐中后期的内诸司使》,《齐鲁学刊》1997年4期。

蒋凌楠《晚清"专制"概念的接受与专制历史谱系的初构》,《史学理论与史学史学刊》2015年卷,社会科学文献出版社,2016年。

昆廷·斯金纳(Quentin Skinner)撰,任军锋译《观念史中的意涵与理解》(1969),《政治思想史研究》第一卷"思想史的元问题",广西师范大学出版社,2005年。

赖瑞和《唐代宰相的使职特征和名号》,《中华文史论丛》2014 年 3 期。

赖瑞和《从使职的角度论唐代宰相的权力与下场》,《唐史论丛》第 20 辑,三秦出版社,2015 年。

劳榦《论汉代的内朝与外朝》,《"中研院"历史语言研究所集刊》13 本,1948 年 1 月;收入《劳榦学术论文集甲编》,台北:艺文印书馆,1976 年。

劳榦《汉代政治组织的特质及其功能》,《劳榦学术论文集甲编》,台北:艺文印书馆,1976 年。

李超《既用且防:史弥远与衡山赵氏家族关系考论》,《南华大学学报》2018 年 5 期。

李华瑞《唐宋史研究应当翻过这一页——从多视角看"宋代近世说(唐宋变革论)"》,《古代文明》12 卷 1 期(2018 年 1 月)。

李全德《从宦官到文臣:唐宋时期枢密院职能演变与长官人选》,《唐研究》第 11 卷,北京大学出版社,2005 年。

李全德《从堂帖到省札——略论唐宋时期宰相处理政务的文书之演变》,《北京大学学报》2012 年 3 期。

李湜《论唐代宰相中书门下二省制》,《中国史研究》1996 年 1 期。

李泽厚《宋明理学片论》,原载《中国社会科学》1982 年 1 期;收入氏著《中国古代思想史论》,生活·读书·新知三联书店,2008 年。

李振宏《朱熹絜矩思想研究》,《商丘师范学院学报》2005 年 1 期。

李振宏《絜矩:一个已消亡的文化概念》,《史学月刊》2005 年 3 期。

梁太济《宋代身丁钱物的除放过程》,原载《国际宋史研讨会论文选集》,河北大学出版社,1992 年;收入《梁太济文集·史事探研卷》,上海古籍出版社,2018 年。

刘复生《理想与现实之间——宋人的井田梦以及均田、限田和正经界》,《四川大学学报》2006 年 6 期。

刘希为《唐朝宰相制度初探》,《中国史研究》1984 年 3 期。

刘永强《大厦将倾:杨复光、杨复恭与唐末政局研究》,《唐史论丛》第 27 辑,三秦出版社,2018 年。

陆峻岭、何高济《从窝阔台到蒙哥的蒙古宫廷斗争》,元史研究会编《元史论丛》第 1 辑,中华书局,1982 年。

陆扬《9 世纪唐朝政治中的宦官领袖——以梁守谦和刘弘规为例》,《清流文化与唐帝国》,北京大学出版社,2016 年。

罗永生《唐前期三省地位的变化》,《历史研究》1992年2期。

吕月忠《贾似道的公田法研究》,宁波大学硕士学位论文,2014年。

马志立《读〈旧唐书·职官志〉札记》,《魏晋南北朝隋唐史资料》第24辑,2008年。

毛泽东《中国革命和中国共产党》(1939),《毛泽东选集》第二卷,人民出版社,1991年。

内藤湖南《概括的唐宋时代观》,收入《日本学者研究中国史论著选译》第一卷《通论》,中华书局,1992年。

宁志新《唐朝的闲厩使》,《中国社会经济史研究》1997年2期。

牛志平《唐宦官年表》,《唐史论丛》第2辑,陕西人民出版社,1987年。

牛志平《唐代宦官》,《唐史论丛》第5辑,三秦出版社,1990年。

钱穆《论宋代相权》,原载《中国文化研究汇刊》第二卷,1942年9月;收入宋史座谈会编《宋史研究集》第1辑。

钱穆《中国社会演变》,《钱宾四先生全集》30,台北:联经出版事业公司,1998年。

钱穆《朱子论敬》,《朱子新学案》(二),九州出版社,2011年。

任崇岳《南宋末年买公田述论》,《河南大学学报》1990年4期。

尚民杰《唐墓志中所见宦官诸使及相关问题的探讨》,《唐研究》第17卷,北京大学出版社,2011年。

施治生《"东方专制主义"概念的历史考察》,《史学理论研究》1993年3期。

寺地遵《史嵩之の起復問題——南宋政権解体過程研究箚記》,广岛史学研究会编《史学研究》200,1993年3月。

寺地遵《南宋末期、公田法の背景》,广岛史学研究会编《史学研究》231,2001年1月。

寺地遵《韓侂胄専権の成立》,广岛史学研究会编《史学研究》247,2005年3月;中译文:吴雅婷译,《中外论坛》2020年4期。

寺地遵《南宋末期、対蒙防衛構想の推移》,《広島東洋史学報》11,2006年。

孙国栋《唐代三省制之发展研究》,《唐宋史论丛》,中华书局,2010年。

唐长孺《唐代的内诸司使及其演变》,《山居存稿》,中华书局,2011年。

宛敏灏《吴潜年谱》,《合肥师范学院学报》1963年1期。

王静《唐大明宫内侍省及内诸司的位置与宦官专权》,《燕京学报》新16期,北京大学出版社,2004年。

王瑞来《论宋代相权》,《历史研究》1985年2期。

王瑞来《论宋代皇权》,《历史研究》1989年1期。

王曾瑜《宋朝的两税》,原载《文史》第14辑,收入氏著《锱铢编》,河北大学出版社,2006年。

韦兵《星占历法与宋代政治文化》,四川大学博士学位论文,2006年。

魏峰、郑嘉励《新出〈史嵩之圹志〉、〈赵氏圹志〉考释》,《浙江社会科学》2012年10期。

吴长庚《朱子倡言絜矩之道的历史贡献》,《朱子学刊》9,黄山书社,1998年。

吴旭霞《论南宋末年的公田法》,《江西社会科学》1986年6期。

夏福英《"帝王之学"视域下之〈大学衍义〉研究》,湖南大学博士学位论文,2015年。

夏福英、姜广辉《建构"帝王之学"的知识体系:真德秀〈大学衍义〉"格物致知之要"解析》,《中国哲学史》2015年1期。

肖崇林、廖寅《"福华编":南宋末年贾似道执政时代述论》,《宋史研究论丛》第14辑,河北大学出版社,2013年。

小岛毅《宋代天谴论的政治理念》,收入沟口雄三、小岛毅主编,孙歌等译《中国的思维世界》,江苏人民出版社,2006年。

小林晃《南宋中期における韓侂冑専権の確立過程—寧宗即位(1194年)直後の政治抗争を中心として》,《史学雑誌》115(8),2006年8月。

小林晃《南宋寧宗朝における史彌遠政権の成立とその意義》,《東洋學報》第91卷第1号,2009年;中译文收入邓小南等主编《宋史研究论文集(2012)》,河南大学出版社,2014年。

小林晃《南宋理宗朝前期における二つの政治抗争 —『四明文献』から見た理宗親政の成立過程》,《史学》第79卷4号,2010年。

小林晃《南宋後期における両淮防衛軍の統制政策:浙西両淮発運司から公田法へ》,《歴史学研究》第923号,2014年10月;中译文收入邓小南等主编《过程·空间:宋代政治史再探研》,北京大学出版社,2017年。

小林晃《南宋寧宗朝後期における史弥遠政権の変質過程—対外危機下の強権政治—》,《史朋》50,2018年3月;中译文《南宋后期史弥远专权内情及其嬗变》,《国际社会科学杂志》2020年3期。

谢元鲁《唐代御前决策会议初探》,《中国史研究》1988年4期。

熊燕军《南宋端平襄阳兵变及相关问题》,《宋史研究论丛》第12辑,河北大学出版社,2011年。

阎步克《政体类型学视角中的"中国专制主义"问题》,《北京大学学报》2012年6期。

阎鸿中《职分与制度——钱宾四与中国政治史研究》,《台大历史学报》第38期,2006年12月。

严耕望《论唐代尚书省之职权与地位》,原刊《"中研院"历史语言研究所集刊》24本,1953年;增补稿收入《严耕望史学论文集》,上海古籍出版社,2009年。

杨际平《宋代"田制不立"、"不抑兼并"说驳议》,《中国社会经济史研究》2006年2期。

杨倩描《端平"三京之役"新探——兼为"端平入洛"正名》,《宋史研究论丛》第8辑,河北大学出版社,2007年。

叶炜《信息与权力:从〈陆宣公奏议〉看唐后期皇帝、宰相与翰林学士的政治角色》,《中国史研究》2014年1期。

叶炜《论唐代皇帝与高级官员政务沟通方式的制度性调整》,《唐宋历史评论》第3辑,社会科学文献出版社,2017年。

尹航《宰属与史弥远专权》,原刊《文史》2019年第2辑;修订稿收入邓小南、方诚峰主编《宋史研究诸层面》,北京大学出版社,2020年。

余蔚《论南宋宣抚使和制置使制度》,《中华文史论丛》2007年1期。

余英时《君尊臣卑下的君权与相权——"反智论与中国传统政治"余论》,《历史与思想》,台北:联经出版事业公司,1987年。

袁刚《隋唐中枢体制的发展演变》,《社会科学家》1989年3期。

袁刚《延英奏对制度初探》,《北京大学学报》1989年5期。

张弛《法国绝对君主制研究路径及其转向》,《历史研究》2018年4期。

张金岭、吴擎华《晚宋理学家对僭越权力的加入、疏离与抗争——立足于晚宋时期理学家为济王鸣冤的考察》,《四川师范大学学报》2003年4期。

张其凡《试论宋代政治史的分期》,载邓广铭、王云海等主编《宋史研究论文集(一九九二年年会编刊)》,河南大学出版社,1993年。

张其凡《"皇帝与士大夫共治天下"试析——北宋政治架构探微》,《暨南学报》2001年6期。

赵雅书《贾似道与公田法》,《第二届宋史学术研讨会论文集》,台北:中国文化大学,1996年。

张祎《中书、尚书省札子与宋代皇权运作》,《历史研究》2013年5期。

张祎《关于北宋的"大敕系衔"》,《首都师范大学学报》2015年6期。

张亦冰《唐宋之际财政三司职掌范围及分工演进考述》,《唐史论丛》第28辑,三秦出版社,2019年。

赵和平《隋代宰相制度》,《历史教学》1985年3期。

郑丞良《谋国？忧国？试论真德秀在嘉定年间岁币争议的立场及其转变》,《成大历史学报》43,2012年12月。

郑丞良《试论南宋嘉定年间(1208—1224)对金和战议论与政策的转变》,《台湾师大历史学报》57,2017年6月。

郑小威《关于中国专制论的辩论》,邓小南、方诚峰主编《宋史研究诸层面》,北京大学出版社,2020年。

周藤吉之《南宋末の公田法》(上、下),《東洋學報》第35、36卷,1953年3月、6月。

朱家源、王曾瑜《宋朝的和籴粮草》,《文史》24,中华书局,1985年;收入王曾瑜《锱铢编》,河北大学出版社,2006年。

朱人求《真德秀思想研究述评》,《哲学动态》2006年6期。

佐伯富《宋代の公使錢について(上)(下)——地方財政の研究》,《東洋学報》47-1,1964年6月;《東洋学报》47-2,1964年9月。